AI
예감

홈페이지 | www.vegabooks.co.kr **이메일** | info@vegabooks.co.kr
블로그 | http://blog.naver.com/vegabooks
인스타그램 | @vegabooks **페이스북** | @VegaBooksCo

AI 비즈니스와 투자를 위한 격이 다른 현장 분석

AI 예감

권기대 지음

베가북스
VegaBooks

이름도 어색한 '챗GPT'에 세상이 충격받은 지 어느새 1년이 좀 넘었습니다. 혜성같이 등장했던 생성 AI에서 인공지능 개발사의 한 이정표를 본 저는 거기에 '챗GPT 혁명'이라는 이름을 붙였습니다. 처음엔 전대미문의 신기한 서비스라는 반응이 주를 이루었지요. 그러나 1년이 채 안 되어 AI는 우리 모두의 일상에서부터 모든 산업 분야와 기업의 비즈니스에 영향을 미치기 시작했습니다. 아니, 그 뿌리를 뒤흔들기 시작했다고 해야 할까요. 그 경제적 함의를 한마디로 표현하면 생산성의 경이로운 향상과 전혀 새로운 소비자 경험이었습니다. 기존의 관행과 질서를 허물고 재편하는 속도도 압도적이어서 파괴적 혁신의 상징이 됐습니다. 그뿐인가요, "이것만큼은 인간 고유의 영역이야, 넘보지 말아!"라면서 애써 버티던 '창작'의 지평까지 서서히 AI의 침입에 굴복하고 있지 않습니까. 탄생 1년 만에 먼 미래의 일로 여겨지던 AI 대중화의 꿈이 다가온 것은 물론이거니와, 인간인지 기계인지 거의 구별할 수 없다는 AGI의 구현과 커즈와일의 '특이점(singularity)' 도달조차 어느새 (일부 전문가들의 말을 빌자면) '예측이 가능한 범위' 안으로 들어왔습니다.

챗GPT가 AI 산업의 한 획을 그은 후 1년여, 어떤 일이 벌어졌을까요? AI 기술의 발달 자체는 어떤 지향점을 향해 어떤 패턴으로 혹은 어떤 특성을 띠며 이루어지고 있을까요? 급속한 AI의 개선은 주요 산업 분야와 자본의 움직임에 어떤 영향을 미치고 있을까요? AI의 확산으로 어떤 산업이 왕성하게 일어서고 있으며 어떤 분야가 쇠퇴하는 기미를 보이고 있을까요? 일과 공부와 휴식과 레저와 의료 등 개인의 일상은 AI로 인해 어떤 변화를 겪고 있을까요? AI가 바꾸고 있는 그 숱한 영역에서 어떤 기업들이 어떤 배경에서 어떤 전략으로 주도권 싸움을 벌이고 있을까요?

저는 이런 질문들을 궁리하고 답을 추구해볼 요량으로 이 책『AI 예감』을 썼습니다.

이 책의 첫 번째 PART는 챗GPT와 생성 AI 이후 AI 모델이라는 이름으로 빠르게 진화하고 있는 인공지능 기술의 몇 가지 특징을 드러내 보입니다. 다만 저는 컴퓨터 사이언스나 엔지니어링에 관한 한 영락없는 문외한이기 때문에, 기술적 측면이 아니라 주로 경제와 산업·비즈니스 그리고 투자의 측면에서 AI의 그런 발전을 고찰하고자 노력했습니다. 그리고 그 핵심을 저는 이렇게 요약해봅니다. ⑴ AI의 기능이 학습·인지·분석의 수준에서 판단·추론·계획·공감의 수준으로 발전해나가고 있음 ⑵ 방대한 데이터·자본·인력·시간을 요구하는 파운데이션 모델과 거기서 파생되어 실용적인 AI 서비스를 위해 활용되는 파인튜닝 모델로 크게 나뉘고 있음 ⑶ 텍스트 위주로 학습하고 결과물을 생성하던 AI 모델들이 차츰 음성, 이미지, 영상 등 다양한 '모드'의 데이터를 학습하고 생성하는 '멀티모델' 쪽으로 진화하고 있음 ⑷ 굳이 인터넷과 이어지지 않아도, 굳이 클라우드까지 오가지 않아도, 기기 자체에서 AI 서비스를 누릴 수 있는 '온디바이스' AI 서비스가 큰 흐름이 되고 있음 ⑸ 기존의 AI 모델들이 '다이어트' 하여 소규모의 경량화 모델로 변해 고객 맞춤형으로 나아가고 있음 ⑹ AI 기업들의 본격적인 수익성 확보 노력과 함께 투자자들의 '옥석 가리기'가 시작되었음.

두 번째 PART는 AI 기술의 발전과 함께 숨 가쁜 변화를 겪고 있는 여러 산업 분야의 생생한 현장과 그 소용돌이 안에서 치열한 경쟁을 펼치고 있는 국내외 주요 기업들(플레이어들)의 면면을 둘러보는 내용이라 할 수 있습니다. 여기에는 하루도 빠짐없이 눈을 뗄 수 없는 뉴스가 터져 나오는 반도체 산업을 위시하여, AI 다음으로 강렬하게 눈길을 끄는 로봇 산업과 제조업, 클라우드와 통신 분야, 바이오·헬스케어 산업, 미디어·광고·예술 시장, 유통과 금융업, 그리고 게임·메타버스 산업에 이르기까지 다양한 영역들이 망라되어 있습니다. 다소 부족한 감은 있지만, AI 기술과 서비스의 확산으로 '낙수효과'를 누릴 만한 분야도 잠시 훑어보았습니다.

이 책의 뒷부분에서 저는 AI 기술의 발전이 초래하고 있는 몇 가지 경제적·사회적 폐단과 문제점, 그리고 AI 기술을 악용하고 심하게는 인류를 위협할 수도 있는 위험성에 관해서도 그 실태를 나열해봤습니다. 물론 AI 모델들을 개발하고 있는 각 기업이 AI의 그런 부정적인 영향을 완화하기 위해서 어떤 노력을 기울이고 있는지도 언급했지요. 새로운 첨단 기술은 예기치 못한 문제를 품기 마련이고, 그런 문제들은 기술 발전과 더불어 해소되곤 하지 않습니까. 저는 또 이런 점이 궁금했습니다. AI 개발을 앞장서서 주도하고 있는 AI 전문가들과 석학들, 그리고 AI 산업의 경영인들은 과연 AI를 어떻게 생각하고 있을까? 그들은 어떤 'AI 꿈'을 꾸고 있으며 어떤 계획을 세우고 있을까? 그래서 저는 마지막 몇 페이지에 그들이 AI에 관해서 이런저런 기회에 직접 했던 말을 모아서 인용했습니다. 앞으로 살아가면서 가장 강력하고 지속적인 영향을 미칠 AI에 대해 독자 여러분들이 좀 더 정확하고 좀 더 건전한 '통찰'을 얻고 든든한 'AI 예감'을 느낄 수 있기를 바랍니다.

저는 챗GPT와 생성 AI가 막 우리 앞에 모습을 드러냈던 2023년 3월에 <챗GPT 혁명>이라는 책을 펴냈습니다. 지금 이 책은 그 뒷이야기라고 해도 좋을 것입니다. 그 두 시점을 잇는 AI의 변화는 신속하고 광범위하고 깊고 다채로웠지요. AI가 어쩌면 우리 곁에 영원히 있을 것 같다는 '예감'을 느끼기에 충분할 정도로 말입니다. 앞으로도 저는 눈을 크게 뜨고 그 흥미진진한 진화를 꼼꼼하게 지켜볼 생각입니다.

이 책을 쓰는 내내 베가북스 식구들이 보내준 지지와 성원은 생각이 끊기고 글이 안 써질 때마다 커다란 힘이 돼주었습니다. 저의 글을 읽어주고 다듬어주고 애써 자료를 찾고 멋진 모습으로 펼쳐준 실질적인 도움은 말할 것도 없거니와, 제가 용기를 잃지 않도록 끝까지 북돋우고 지지해준 그들의 진심에 고마움을 전하고 싶습니다. 특히 이 프로젝트를 총괄하여 물심양면으로 성원해주셨고 앞으로 홍보와 마케팅까지 물샐틈없이 진행하시게 될 베가북스의 배혜진 부대표에게 아낌없는 존경과 감사의 인사를 보냅니다.

2024년 5월 서울
권기대

차례

PART ONE

생성 AI 혁명 2년째 무엇이 달라지고 있는가

PART TWO

AI 예감: 주요 산업과 각 분야 경쟁자들

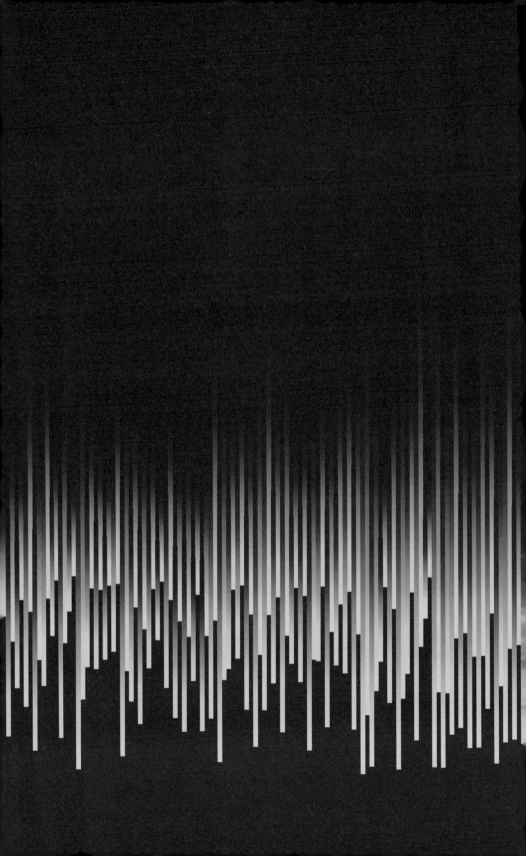

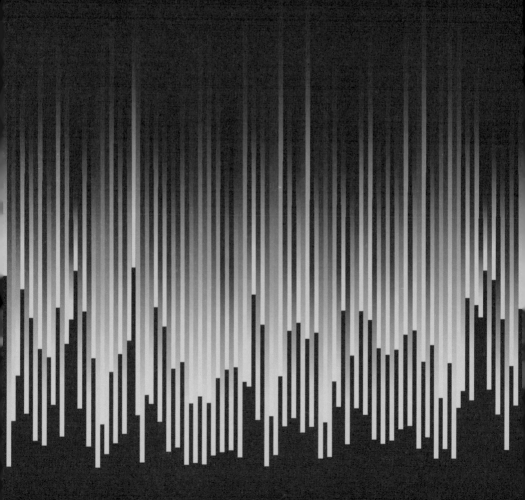

PART ONE

생성 AI 혁명 2년째
무엇이 달라지고 있는가

✦ AI 전쟁의 다윗들과 골리앗들

"역사는 반복된다."

무수히 듣는 말이다. 하지만 그 말에 고개를 끄덕여놓고도 업무와 일상에 그 진리를 명민하게 적용하고 반영하기란 여간 어려운 일이 아니다. 너도나도 숱하게 들었지만, 막상 반복되는 역사의 현상에는 속수무책인 사람들이나 기업들이 너무나 많다. 하지만 용케도 (혹은 주도면밀하게) 변화의 물결을 타고 잘 헤엄치면, 요즘 AI 시대의 'MS'가 되고 '오픈AI'가 되고 '엔비디아'가 된다. 거꾸로 역사의 반복에 무감각하거나 안일해서 흐름을 타지 못하면, 속절없이 치열한 경쟁의 장에서 사라져버린 '코닥'이 되고 '야후'가 되며 '노키아'가 되는 것이다.

AI의 거센 물결에 글로벌 기업들은 두 부류로 나뉘고 있다. 그 흐름에 편승해 이미 의미 있는 수익을 내기 시작한 기업이 있는가 하면, AI를 멀리하거나 바람직한 '궁합'을 이루지 못해 이득을 못 보거나 손실을 본 기업도 적지 않다. AI 기술을 도입해서 매출이 오르고 비용이 절감된 기업도 많지만, AI를 적극적으로 활용한다는 기업의 비중이 오히려 떨어지기도 한다. 결국, AI 시대는 왔어도 '역사 반복'의 교훈을 삶에 적용하느냐는 또 다른 문제다.

AI를 둘러싼 대기업들의 주도권 싸움도 치열하다. 막대한 자본·인력·시간을 요구하는 거대언어모델(LLM)이든, 거기서 파생된 경량화·특화 AI 모델이든, 그들을 이용한 다양한 AI 서비스든, 반도체·클라우드·에너지 등의 AI 지원 산업이든, 선두 다툼은 경쟁 정도가 아니라 전쟁이다. MS, 구글, 아마존, 메타 등 '골리앗'들이 벌이는 싸움이나, 일일이 열거하기도 어려운 수많은 스타트업들이 뒤엉킨 '다윗'들의 싸움이나, 치열하긴 매일반이다. 그리고 그런 싸움은 지금 지구촌 곳곳에서 벌어지고 있다.

✦ 21세기 비즈니스의 중심, 단연코 AI

기업이 번창하고 싶으면 미래 먹거리 투자를 멈춰선 안 된다. 엔비디아가 AI 시대의 최대 수혜 기업이 돼 AI 생태계를 주도하며 2조 달러가 넘는 시가총액을 자랑할 수 있게 된 비결이 무엇일까? 10여 년 전부터 딥 러닝에 대한 잠재수요를 '포착'했고, 이에 대비해 병렬 처리에 적합한 GPU를 꾸준히 개발해왔기 때문이다. 메모리 반도체 선두주자 SK하이닉스와 삼성전자가 HBM 시장 선점에 나설 수 있었던 것은 일찌감치 AI 반도체 생태계를 키우기 위한 밑그림을 그린 덕분이다.

미래 먹거리를 발굴하고 그걸 비즈니스로 구현하려면 산업의 흐름 혹은 트렌드를 파악해야 할 터인데, 지금 글로벌 산업 전개의 중심에는 무엇이 있을까. 단연코 AI다. AI를 활용해 새로운 성장동력을 찾는 게 그만큼 중차대해졌다는 뜻이다. 동시에 AI 시대를 미리 준비해온 기업과 'AI 열차'를 놓치지 않고 올라탄 기업들은 그동안의 투자를 성과로 바꿀 기회가 왔다는 의미도 된다.

✦ AI, 언제든 어디서든 우리 가까이

챗GPT와 생성 AI의 등장은 무엇보다 AI에 대한 접근성을 높였다. 누구나 친구와 대화하듯 손쉽게 AI와 소통하면서 AI의 위력을 깨닫고, AI의 도움을 환영하고, 심지어 AI로부터 상상력을 자극받게 된 것이다. 설사 LLM이 완전히 새로운 기술은 아니라 하더라도, 세상을 화들짝 놀라게 하고 AI 생태계의 확대를 촉발한 변곡점이 된 건 부인하기 어렵다.

주로 B2B 시장에서 활약하던 AI가 스마트폰, TV, PC 등 개인용 일상 기기로 퍼져나가고 있다. 이것은 결국 AI의 대중화, AI 기술 및 서비스의 초개인화, 그리고 나아가 'AX(AI Transformation)'로 불리는 '인공지능 전환'의 본격적인 출발을 의미한다. AI 서비스는 소비자가 사용하는 다양한 기기에 AI 기능을 탑재하는 방향으로 나아가고 있으며, 이를 위해 업계는 더 작고, 더 빠르며, 에너지를 덜 소모하는 초고효율 기술 개발에 매진하고 있다.

이렇듯 AI는 현실이며, 이미 우리 삶에 들어와 있다. 어떤 전문가들은 AI를 가리켜 '제2의 아이폰 모먼트'라고 부른다. 아이폰이 세계인의 삶의 방식과 문화를 바꾼 내력에 AI를 견준 것이다. 어쨌거나 챗GPT 혁명 이후 1년 동안, 생성 AI 열풍은 기업과 개인 모두에 일찍이 상상하기 어려웠던 근원적인 변화의 가능성을 제시했다.

✦ AI, 업무를 넘어 개인의 일상까지

생성 AI를 개발한 빅 테크들은 지난 1년간 AI 대중화에 앞서 주로 기업용 AI 서비스에 집중해왔다. 한번 계약하면 많은 사용자를 유치할 수 있고, 직원들의 사용 패턴이 규격화되어 파악하기도 수월하기 때문이다. 워드·엑셀·파워포인트 등의 기능에다 생성 AI를 적용해 효율을 현저히 올려준 MS의 'Copilot(코파일럿)' 서비스가 대표적인 예다. 뒤이어 구글은 개인들의 콘텐트 공유 플랫폼인 Google Spaces(구글 스페이시즈)에 생성 AI를 탑재해 'Duet AI(듀엣 AI)'라는 기업용 AI 서비스를 출시했고, 아마존 역시 일찌감치 기업 고객을 위한 AI 챗봇 'Q(큐)'를 내놓은 바 있다.

하지만 이제 빅 테크들은 기업을 넘어 개인으로 서비스를 확대하는 추세를 보이고 있다. MS가 개인이 사용하는 MS 오피스 프로그램에 생성 AI인 GPT-4를 접목하여 '코파일럿 프로'란 이름의 개인용 서비스를 시작한 것이 시작이었다. 코파일럿 프로는 가령 월별 매출액 등이 담긴 엑셀 파일을 첨부하면 자동으로 매출 추세를 분석해준다든지, 워드에 회의 내용을 적은 파일을 첨부하면 그걸 기반으로 비즈니스 제안서 초안도 만들어준다. 개인 고객은 GPT-4 외에 오픈AI의 이미지 생성 AI DALL·E 3(달리 3)도 활용할 수 있다.

또 MS는 코파일럿에 재무 분석을 위한 기능을 추가해, 재무 전문가를 위한 'Copilot for Finance(코파일럿 포 파이낸스)'를 공개하기도 했다. AI가 데이터를 모으고 기본적인 보고서를 작성해준다. 과거 데이터를 기반으로 다음 분기 실적 전망치도 내준다. 시간을 많이 잡아먹는 일을 빠르고 효율적으로 자동화해, 채팅 방식으로 기업의 재무 데이터를 관리·분석할 수 있고 재무적인 의사결정도 돕는다. 말하자면 프롬프트로 대화하는 성능 좋은 맞춤형 AI 비서다.

✦ '자율적' AI 비서, 알아서 챙겨드립니다

개개인의 업무와 일상 측면에서 생성 AI가 진화하는 방향 혹은 추세는 자율 AI 에이전트로 요약할 수도 있다. 사용자에 대한 지식을 기반으로 다양한 작업을 수행할 수 있는 소프트웨어를 가리켜 '자율 AI 에이전트(AAA; Autonomous AI Agent)'라고 부른다. 컴퓨터로 내 작업을 수행하는 수준이 아니라, AI와 내가 소통하면서 원하는 결과를 얻는다는 뜻이다. 내가 하고 싶은 일을 그냥 기기를 향해 일상어로 말하기만 하면 될 뿐, 작업마다 이런저런 앱을 사용할 필요가 없다. 그러니까, 누구든지 AI로 구동되는 개인비서를 두는 셈이며, 좀 더 실감 나게 말해서 영화 「아이언맨」의 'J.A.R.V.I.S.(자비스)'를 거느리게 된다는 얘기다. 이러한 AAA는 컴퓨팅 영역에서 가장 큰 혁명을 가져올 것이며, 앞으로 5년 안에 상당히 널리 보급되리라는 것이 전문가들의 의견이다.

내가 원하는 텍스트, 이미지, 코드 등을 생성하는 게 기존의 생성 AI였다. 하지만 AAA는 내가 명령만 하면 결과에 이르는 모든 과정을 알아서 처리해준다. '게임 체인저'라는 이름을 붙여도 되지 않겠는가. MS, 구글, 오픈AI 등 선두주자들은 지금 AAA 개발에 여념이 없다. 가령 오픈AI는 PC용(업무 자동화)과 개인용(웹 기반 개인 작업) 두 종류의 AAA를 개발하고 있다. 구글은 이용자에게 맞춤형 답변을 주는 'Project Ellmann(프로젝트 엘만)'이라는 이름의 AI 에이전트를 개발 중이다. 메타는 SNS, 채팅 앱, 가상현실 기기까지 망라하는 AI 챗봇 'Meta AI(메타 AI)'를 이미 공개했다.

바야흐로 사물인터넷(IoT) 시대가 한 차원 더 발전해 '사물인공지능(AIoT; AI of Things)'의 시대, 즉, IT 기기가 AI와 어우러지는 시대가 왔다. IoT는 사람의 신경계와 견줄 수 있고, AIoT는 우리 두뇌에 비유할 수 있다. 챗GPT와 생성 AI가 AI 혁명을 싹틔우더니, 1년 남짓 사이에 AI 기술과 초소형 신경망 반도체의 결합으로 주변 만물이 AI 구현의 무대로 변하고 있다. 이처럼 AI의 진입장벽이 현저히 낮아져, 마음만 먹으면 누구나 AI를 활용해 새로운 서비스를 개발할 수도 있다. 말하자면, 전문성을 갖춘 개발자들 사이의 경쟁이 이젠 모든 개인 간 혹은 모든 기업 간 경쟁으로 바뀌고 있다는 뜻이다. 그만큼 AI 리터러시(문해력)가 한층 중요해진 거다. AI를 모르면 그저 약간 불편한 정도에 그치는 게 아니라, 아예 이야기 축에도 못 낀다는 얘기다.

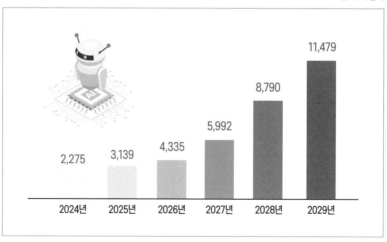

무럭무럭 자라는 글로벌 AI 시장

(단위 : 억 달러)

연도	금액
2024년	2,275
2025년	3,139
2026년	4,335
2027년	5,992
2028년	8,790
2029년	11,479

※ 전망치 기준

자료 : 프레시던스 리서치

제1장

백가쟁명을 방불케 하는
거대언어모델 LLM

AI 산업은 크게 두 개의 축으로 나눠 볼 수 있다.

⇨ AI 모델을 개발해 초거대 AI 플랫폼을 구축하려는 빅 테크 기업(MS, 오픈AI, 구
글, 메타 등)
⇨ 그런 AI 모델을 기반으로 하는 AI 응용 서비스(수없이 많은 크고 작은 AI 업체들)

챗GPT 혁명 이후 AI 반도체 등 하드웨어가 급속히 발전해왔고, 클
라우드 서비스 이용도 손쉬워서 어떤 기업이든 쉽게 AI 기술에 접근할
수 있게 됐다. 더불어 인간의 지능에 점점 가까워지는 AI의 등장으로
'AI 생태계'가 본격적으로 모습을 드러냈다. AI가 일상과 산업에서 핵심
이 되는 AIoT 시대가 열리기 시작한 것이다.

생성 AI의 출발점이었던 LLM은 크게 파운데이션(foundation) 모델과
이를 미세 조정해 만든 파인튜닝(fine-tuning) 모델로 나뉜다. 파운데이션 모
델은 워낙 만들기가 어려워, 세계적으로도 그런 기술력을 지닌 업체가

손에 꼽을 정도다. 파운데이션 모델에서 미세조정을 거치면 여러 가지 파인튜닝 모델이 만들어지게 되는데, 그 쓰임새가 다양하다. 대표적인 파운데이션 모델로는 챗GPT 혁명을 주도한 장본인 오픈AI의 GPT 시리즈, 구글의 제미나이, 메타의 라마, 알리바바의 큐원(通义千问; Qwen), 네이버의 하이퍼클로바X 등을 예로 들 수 있다. 반면, 한국 AI 인프라 설루션 기업 모레가 개발해 최고의 성능을 인정받은 MoMo-70B는 알리바바의 큐원을 미세조정해 만든 파인튜닝 모델이고, 업스테이지의 '솔라' 같은 AI 모델도 같은 범주에 속한다.

오픈AI, 챗GPT 혁명
그 이후

오픈AI가 2018년 출시한 최초의 양방향 파  운데이션 모델은 3억4천만 개의 parameter('퍼래 미터'; 매개변수)와 16GB의 데이터 세트로 훈련되었다. 우리의 기억에 생생 한 챗GPT는 그 기반 모델이 매개변수 1,750억 개의 GPT-3.5이었다. 이어 반년도 채 지나지 않은 2023년 3월에는 1조 개의 매개변수와 45GB의 훈 련 데이터 세트로 학습시킨 GPT-4 버전을 공개했다. 그와 동시에 기업 용 챗GPT를 출시하며 수익화에 나섰고, 여기에 이미지 생성 AI 달리 3 을 통합하기도 했다. 뒤이어 숨 고를 틈도 없이 이를 한층 더 개선해 내놓 은 'GPT-4 Turbo(터보)' 모델은 현존하는 LLM 중 가장 앞선 성능을 자랑 한다. GPT-4T의 구동 비용은 GPT-4에 비해 60% 이상 저렴해졌음에도 2023년 4월까지의 최신 데이터를 다룰 뿐 아니라, 최대 300페이지 분량 의 텍스트를 단번에 처리할 수 있다. 오픈AI는 GPT-4T를 통해 빅 테크 기업에 기술만 제공하는 데 머무르지 않고, 그들과 맞붙어 경쟁하겠다는 의도를 보였다. 물론 GPT-4T의 또 다른 커다란 특징은 문자뿐만 아니라 이미지까지 이해하는 멀티모델 기능이다.

이 책이 인쇄에 들어가기 직전 뉴스에 의하면, 오픈AI는 보고 듣고 말하는 새로운 AI 모델 'GPT-4o(GPT-포오)'를 공개하고 시연했다. 이는 GPT-4의 '변주 모델'로서, 주로 텍스트를 통해 대화하던 기존 모델과 달리 이용자와 실시간 음성으로 질문하고 답변을 요청할 수 있는 AI 모델이다. 말하자면 텍스트는 물론이거니와 청각과 시각으로도 추론하고, 이를 말할 수 있는 업그레이드된 음성 어시스턴트다. 오픈AI는 GPT-4o가 50개 언어에 대한 챗GPT의 품질과 속도를 향상했으며, 불과 6개월 전에 내놓은 GPT-4T보다 두 배 빠르고 비용은 2분의 1 수준이라고 한다.

◆ GPT-5, 스스로 진화하는 AI

지금 AI 업계는 GPT-5를 학수고대하고 있다. 매개변수가 GPT-4의 100배 이상인 125조 개에 달한다는 소문까지 나도는 차세대 파운데이션 모델 GPT-5는 2024년 하반기 발표될 것으로 보인다. 일부 전문가들은 GPT-5가 추론 및 계획의 기능까지 갖춤으로써 인간 수준의 AGI에 도달할 것이라고 평가하기도 한다. 과연 스스로 진화해 인간의 지적 수준을 능가할 만한 AI 모델인지, 궁금할 따름이다.

파운데이션 모델에 필요한 연산력은 3개월~4개월마다 두 배로 늘어나고 있다. LLM인 Claude 2(클로드 2)와 LlaMa 2(라마 2), 이미지 변환 모델인

Stable Diffusion(스테이블 디퓨전) 등 오늘날의 파운데이션 모델은 텍스트, 이미지, 대화, 코딩 등 다양한 작업을 수행한다.

전 세계에 챗GPT 열풍을 일으킨 오픈AI는 미상불 2023년 AI 생태계의 최상위 포식자였다. 그들이 AI 시대의 개막을 선언했다고 해도 과언이 아니다. 그리고 오픈AI의 승승장구는 곧 MS의 승리다. 일찌감치 오픈AI에 130억 달러라는 대규모 투자를 단행했고 그 결실을 함께 누리고 있기 때문이다. MS는 오픈AI의 파운데이션 모델인 GPT 시리즈를 MS의 자체 서비스에 모두 적용하고 있다. 치열하게 전개 중인 AI 전쟁의 초반엔 일단 MS-오픈AI가 승기를 잡은 모양새다. 다만 2024년 이후에도 이런 독주가 이어질지는 모를 일이다. AI 비즈니스 모델이 워낙 다양한 데다 고만고만한 AI 서비스가 우후죽순처럼 쏟아지고 있기 때문이다. 구글과 손을 맞잡은 딥마인드도 주목의 대상이며, Anthropic(앤쓰로픽)만 하더라도 언제든지 오픈AI 자리를 위협할 수 있다.

흥미롭게도 오픈AI의 동맹인 MS는 최근 오픈AI를 슬쩍 견제하는 모습이다. Phi-1.5(파이-1.5)라는 경량화 LLM을 공개하며 자체 AI 영역을 구축하려는 행보를 보인 것이다. 파이-1.5는 매개변수 13억 개에 불과하지만, GPT에서 일차 가공해 생성한 합성데이터를 훈련했고 텍스트뿐만 아니라 이미지도 인식·해석할 수 있으며 누구나 무료로 쓸 수 있다. 업계에선 MS가 자체 AI를 활용한 제품을 늘리고 개발자 생태계를 확장할 것으로 예상한다.

2

구글, '제미나이'로
생태계 일원화

챗GPT 혁명 1년 후 구글의 AI 전략은 'Gemini(제미나이)' 생태계 확립이 뼈대를 이루는 것 같다. 생성 AI의 주도권을 앗아간 챗GPT로 인해 상처 입은 원조 AI 기업의 자존심을 되찾겠다는 각오다. 급급히 AI 챗봇 Bard(바드)를 출시하고, 추론과 코딩 능력을 강화한 PaLM2(팜2) 등 신형 LLM으로 반격했다. 인터넷 사용률이 높고 구글 검색의 강력한 경쟁자가 있는 시장을 먼저 겨냥해 한국어와 일어 서비스도 추가했다. 하지만 효과는 미미했다. 여전히 오픈AI만 못하다는 세간의 평가에 와신상담 반격의 카드로 꺼낸 것이 제미나이로, 범용 버전은 바드에 이미 적용됐다. 매개변수 크기에 따라 울트라·프로·나노의 3개 모델로 나뉜다. 가령 최상위 모델 울트라는 매개변수가 1조 5,600억 개로, 현재 업계에서 가장 앞섰다는 오픈AI의 최상위 모델 GPT-4에 필적하는 수준이다.

GPT-4 대항마로 출시한 제미나이는 새로운 범용 LLM인데, 설계 단계부터 멀티모델(multimodal; 복합정보처리) 기능을 지향한 첫 모델이다. 모바일 기기부터 전문 데이터센터까지 모든 환경에서 텍스트, 이미지, 오디오, 동영상, 코드 등 다양한 '모드'의 정보를 효율적으로 처리한다. 40개 이상의 언어 구사는 물론이고, 무엇보다 추론, 이해, 창작 능력을 갖추었다는 게 가장 큰 특징이다. 이미지 인식의 수준을 넘어 대상의 속성과 특징까지 파악·추론하고 수학 문제까지 척척 풀어낸다. 가령 사과와 쿠키 이미지를 보면 "쿠키보다는 사과가 건강에 더 좋다"는 판단까지 한다. 코딩 성능도 훌륭해서 파이선, 자바, C++ 등의 프로그래밍 언어로 작성된 코드를 이해해 설명·생성한다. 코딩작업 성능을 평가하는 업계 표준 벤치마크에서 GPT-4를 능가했다. 또 제미나이 최상위 모델 '울트라'는 대규모 다중 작업 언어이해(MMLU) 능력 평가에서 GPT-4는 물론 인간 전문가까지 뛰어넘는 정답률 90%를 기록했다.

구글은 일반 사용자에다 개발자까지 아우르는 제미나이 지원 체계를 갖춰 챗GPT와 경쟁한다. 바드, 협업 소프트웨어 모음 Workspace(워크스페이스), 클라우드 내 AI 협업 툴 Duet AI(듀엣 AI) 등을 위시한 모든 AI 서비스 명칭을 제미나이로 통합해 제미나이 생태계를 확대한다는 계획이다. 그렇게 된다면 AI 업계 선두를 쟁취할 수도 있을 것이다. 스마트폰에서 쉽게 사용할 수 있는 제미나이 전용 애플리케이션도 출시했다. 제미나이는 멀티모델 AI의 성과와 안전성에 따라 제조와 IT는 물론이고 의료, 교육 등 전 산업에 파급 효과를 미쳐 '생성 AI 2.0' 시대를 불러올 수 있다.

◆ 그러나... 혹평도 만만찮다

제미나이가 구글의 의도처럼 GPT-4를 멀찍이 따돌릴 수 있을까. 이에 대해서는 "성능이 나아진 건 맞고, 매우 정교한 AI 시스템인 것은 분명하지만, 혁명적인 수준에 이른 건 아니다"라는 전문가들의 평가가 부정적인 답을 제시한다. 이 책에서 그 평가 방법이나 기술적 측면을 논할 뜻은 없으나, GPT-4 성능에서 그다지 멀리 개선되지 못했다는 중론만 지적해두자. 그래서인지, 온디바이스 시장에 맞춘 초점에도 불구하고 대개는 제미나이가 산업과 생태계에 미치는 영향이 미미할 것으로 본다.

구글(모회사 알파벳)은 검색시장의 왕자다. 검색은 광고 매출과 직결되어(구글 전체 매출에서 검색 광고 매출이 약 60% 차지) 있다. 그래서 검색 석권이 중요하고, MS 같은 경쟁자에게 검색 점유율을 뺏기는 것은 구글에 치명타다. 앞서 나간 MS-오픈AI 연합군에 AI 주도권을 내주면 구글의 비즈니스 모델 자체가 위태로워진다. 구글이 어디에서 어떻게 반전을 마련할지, 흥미로운 일이다.

AI 열풍에 돈벼락 맞은 섬나라

앵귈라(Anguilla)라는 자그만 섬나라가 있다, 들어보셨는지? 중미 카리브해의 이 소국이 40여 년 전에 확보한 국가 도메인(domain; 인터넷 주소) 덕에 돈방석에 앉았다고 해서 화제다. 국가명을 알파벳 두 글자로 축약해 인터넷 사이트 뒤에 붙이는 게 국가 도메인이다. 가령 한국의 국가 도메인은 'kr'이다. 그런데 인구 2만도 안 되는 영국 자치령 앵귈라의 국가 도메인 'ai'가 AI 붐 덕분에 세계 IT 기업들의 관심을 끌면서 도메인 수요가 급증한 것이다.

앵귈라의 도메인 수익은 한 달에 300만 달러(약 40억 원) 수준. MS, 구글, 메타 등 글로벌 IT 기업들이 앞다퉈 'ai' 도메인을 확보했고, 네이버와 카카오도 이 도메인 사용자에 속한다. 1년 후에는 수요 폭증 탓에 600만 달러로 수익이 뜀박질할 것으로 보인단다. 관광업, 은행업, 어업이 주 산업인 앵귈라는 이 같은 대박으로 재산세 등 일부 세금이 줄어들었다고 한다. 미래의 수익을 의도하거나 예상한 건 아니었지만, AI 시대가 오면서 뜻밖의 행운을 잡게 됐다.

물론 'ai' 도메인의 인기는 직관적으로 AI와 연관돼 보이기 때문이다. 챗GPT의 초기 베타가 출시된 2022년 11월 말 이후 5개월간 ai 도메인 매출이 약 4배 뛴 적도 있다.

3

메타,
'추론하는 AI' 공개

앞서 설명한 오픈AI의 파운데이션 모델 진 **Meta**
화와 비슷하게, 메타 역시 '추론(reasoning)과 계획
(planning)'을 수행할 수 있는 차세대 AI 모델 'Llama 3(라마 3)' 출시를 예고
하고 나섰다. 메타의 첫 AI 모델 라마 1은 GPT-3 출시보다 무려 2년 8개
월가량 늦었지만, 메타가 부지런히 따라붙은 결과 라마 3은 GPT-5와 거
의 동시인 2024년 여름 세상에 나올 것으로 알려져 있다. 이렇듯 인간과
유사한 사고를 하도록 진화한 AI 모델은 조만간 현실이 될 전망이다. 지
금까지의 AI는 사전 학습한 데이터를 기반으로 최적의 답을 제시하지만,
앞으로는 미처 학습하지 않은 콘텐트에 관해서도 기존 데이터를 이용
한 추론을 통해 적합한 답을 내놓는다는 뜻이다. 다시 말해서, 이전에는
AI 모델의 개선이 데이터 학습량 및 속도의 증가로 이루어졌던 반면, 앞
으로는 성능이나 특성 자체에서 한 차원 높은 발전이 가능하리라는 얘

기다.

    기존의 AI 모델은 다분히 직선적이었다. 매개변수 규모로 측정되는 방대한 데이터를 학습하고, 그 범위 안에서만 프롬프트에 대한 답을 생성했다. 학습하지 않은 사항에 대해선 '정보가 없어서 말할 수 없음'이라고 답하거나, 아예 가짜 정보를 들이대는 '헐루시네이션(hallucination)' 현상을 보였다. 하지만 추론 능력을 갖춘 AI라면 다르다. 설사 학습하지 못한 사항이라도 학습했던 데이터 속 유사한 내용을 '추론'해, 스스로 합리적인 답변을 만들어낸다. 이처럼 상황을 판단하는 AI는 사안의 무게라든지 우선순위도 계획할 수 있다. GPT-5와 라마 3부터는 다층적인 AI로 진화하는 셈이다. 인간의 능력과 다름없다. 요컨대 추론·계획의 능력은 바로 AI가 인간의 창의성, 상상력, 도덕관까지 따라 하게 만드는 결정적인 변곡점이란 얘기다.

    '추론하는 AI'의 출현은 AI 산업의 발전 패턴 자체를 바꿀 수 있다. 운전을 예로 들어보자. 사람은 운전 방법을 20시간 정도만 배우면 다양한 상황에 대응하면서 운전할 수 있다. 그러나 지금의 AI는 운전 방법뿐만 아니라, 운전 중에 생길 수 있는 모든 경우의 수를 완벽히 사전 학습하지 않고선 운전할 수 없다. 그래서 완전 자율주행이 그토록 어려운 거다. AI가 추론과 계획 능력을 갖추어야만, 사람처럼 우선순위도 정하고 합리적 판단을 내리며 운전할 수 있게 된다.

미스트랄,
챗GPT의 유럽 버전?

AI에 관한 한 변방의 느낌을 주는 프랑
스의 스타트업 Mistral AI(미스트랄 AI)가 독자
적인 LLM과 챗봇을 내놓아 '유럽판 챗GPT'로 불리며 업계의 주목을 받
고 있다. 민첩함과 가성비를 무기로 오픈AI나 구글에 맞선다는 당찬 꼬
마 기업이다. 이 기업에 투자하며 파트너십을 강화한 MS는 클라우드 서
비스 'Azure(애저)'에 그들의 LLM 'Mistral Large(미스트랄 라지)'를 탑재했다.
GPT에 이어 애저에 들어간 두 번째 LLM이다.

미스트랄은 지중해 북쪽에서 바다를 향해 부는 바람의 이름으로,
AI 업계에 프랑스의 새바람을 불어넣겠다는 의지가 담겼다. 불과 9개월
의 연구 끝에 태어난 미스트랄 라지는 GPT-4에 가깝다, 어떤 부문에선
제미나이나 라마보다 성능이 뛰어나다 등의 찬사를 받는 LLM이 되었

다. 게다가 Le Chat(르 챗)이라는 챗봇까지 출시해, 소규모 팀치고는 기술 수준이 세계 최고라는 소리도 듣는다. 특히 미스트랄 라지는 가격까지 저렴해서 속칭 '가성비'가 최고인 모델이다. 미스트랄은 설립 10개월 만에 몸값이 20억 유로(2조8,900억 원)로 껑충 뛰었다.

미스트랄 라지는 유럽산 모델답게 영어는 물론, 프랑스어, 스페인어, 독일어 등 유럽 언어를 완벽하게 구사하는 데 개발의 초점을 맞추었고, 유럽적인 문화 다양성도 강조했다. LLM 성능을 측정하는 지표 가운데 하나인 '대규모 멀티태스크 언어이해(MMLU)' 테스트에서 81.2%의 정답률을 보였다. GPT-4에 이어 2위다. 미스트랄에 투자한 MS의 의도는 뭘까. 유럽 기업을 끌어들여 미국 중심 LLM 기술 생태계를 다변화하겠다는 뜻이리라.

주요 AI 모델은 지금까지 실리콘 밸리 중심으로 개발되어왔지만, 앞으로 각국에 특화된 AI 모델이 많이 나올 것이다. 언어 사용자가 2천만명 정도만 되어도, 그 언어로 생성 AI 모델을 만들 가치가 충분히 있다. 그래서 주요국의 IT 기업은 자신의 문화 등을 반영해 고도화된 AI 개발에 몰두하게 되는 것이다. IT 면에서는 선진국인 한국 역시 이러한 생성 AI 개발의 끈을 늦추지 않고 있다.

5

아마존, 좀 늦었지만
'올림푸스'를 향해

미국 최대 전자상거래 업체라는 덩치가 무색하게 **amazon**
챗GPT 혁명 첫해를 그냥 흘려보낸 아마존. 그러나 이
젠 생성 AI를 '인터넷 이후 가장 큰 기술 혁신'이라 부르며, AI 미래에 공
격적 투자를 감행하고 있다. 오픈AI의 주요 경쟁사인 앤쓰로픽에 30년
아마존 역사상 최대 규모인 40억 달러를 투자한 것이 그 대표적인 행보
다. 또 AI 전문가인 앤드루 응 미국 스탠퍼드대 교수를 이사로 영입하면
서, AI 설루션을 통해 얻게 될 사회적·사업적 이익은 모두를 놀라게 할
것이라고 공언했다.

AI 부문에서 아마존은 현재 챗GPT 같은 파운데이션 모델, 이를 기
반으로 만들어진 애플리케이션, 이를 구동하는 칩 등 세 가지를 집중적
으로 개발하고 있다. 마침내 AI 경쟁에 본격 가세한 것이다. 2023년 1월

에는 매개변수 1천억 개 이상인 모델의 딥 러닝 훈련에 특화된 2세대 기계 학습 가속기 'Trainium 2(트레이니엄 2)'를 공개했다. 뒤이어 기업들의 업무를 도와주는 AI 챗봇 'Amazon Q(아마존 큐)'를 선보이더니, 이후 사용자에게 AI 기반으로 최상의 제품을 추천해주는 쇼핑 챗봇 'Rufus(루퍼스)'를 출시했다.

무엇보다 흥미로운 것은 아마존이 수백억 달러를 투입해 2조 개에 달하는 매개변수를 기반으로 'Olympus(올림푸스)'라 불리는 초거대 AI 모델을 개발하고 있다는 최근의 뉴스다. 올림푸스는 2024년 하반기에는 새 AI 모델로 첫선을 보일 것 같다.

아마존은 글로벌 클라우드 시장에서도 선두를 달리고 있으므로, 당분간은 AI 기술의 상당 부분이 AWS(Amazon Web Services; 아마존 웹 서비스)에 구축될 것으로 보인다. 어느 모로 봐도 AI 개발의 초기 단계여서, 실제로 의미 있는 수익을 창출할 때까진 시간이 걸리겠지만 어쨌든 앞으로 수년간 AI 모델과 서비스가 수백억 달러의 수익을 견인할 것으로 보인다.

✦ 구글의 세 번째 칼

AI 스타트업 앤쓰로픽은 구글과 아마존이 AI의 꿈을 실현하기 위해 손잡은 AI 모델 개발 스타트업이다. 그러니까 챗GPT의 대항마를 만들어낼 만한 잠재력을 지닌 몇 안 되는 회사 중 하나다. '클로드'라는 이름의 파운데이션 모델이 대표작이다. 그중 최신 '클로드 3' 모델은 대학원 수준의 추론과 기초 수학 등 능력 검증에서 GPT-4를 능가한다는 평가다.

아마존과 구글이 앤쓰로픽에 거금을 쏟아붓고 자신들의 클라우드 서비스를 통해 앤쓰로픽의 AI 모델을 판매하는 등, 밀월 관계를 만들고 있는 이유는 무엇일까. 가장 큰 이유는 MS-오픈AI의 성공적인 동맹에 맞설 강력한 파트너십이 필요하기 때문이다. 챗GPT 혁명의 주도권을 놓치고 후발주자가 돼버린 아마존과 구글이 앤쓰로픽을 그 대안으로 선택한 것이다. 덕분에 앤쓰로픽의 기업가치는 1년도 안 되는 기간에 4.5배로 폭등해 190억 달러 정도로 평가받고 있다. 오픈AI의 초기 몸값 폭등을 연상케 한다.

최근 챗GPT는 주춤하고 있다. 2023년 말 기준 글로벌 트래픽이 9.7% 하락했다는 조사 결과도 있다. GPT-4를 적용한 MS의 검색엔진 'Bing(빙)'은 구글의 압도적(92%)인 점유율에 흠집조차 내지 못하고 있다. 앤쓰로픽의 클로드 3까지 등장하면서, 결국 생성 AI 기술을 둘러싼 MS와 구글의 대리전이 벌어진 양상이다. AI 업계에서 소위 '1군 기업'으로 분류되는 앤쓰로픽은 향후 12개 이상의 주요 산업에 진출할 계획이라고 한다. 업계는 클로드 3을 가리켜 '구글의 세 번째 칼'이라 평가한다. 클로드 AI 모델을 활용한 다양한 서비스를 통해 구글의 AI 경쟁력이 한층 강화될 수 있을까.

풍운아 머스크도
AI 선전포고

오픈AI를 꾸준하게 비판해온 일론 머스크가 2023년 7월 AI 회사를 차렸다. 창업 동지를 향해 선전포고한 셈이다. '현실을 이해하려고' xAI를 설립했다는 그는 '우주의 본질을 이해하는 것'이 xAI의 목표라고 소개한다. 사실 머스크는 올트먼과 오픈AI를 만든 주역이었지만, AI 개발 방향과 사업 이념에서 충돌을 빚고 2018년 회사를 떠났다. 챗GPT 출시 직후 오픈AI의 기술은 무섭도록 훌륭하나, 최대 수익을 추구하는 폐쇄적 AI 생태계로 전환했다고 비판했다. 또 AI 회사들이 '정치적으로 올바른' 시스템 구축을 우선시한다고 걱정하며, 자신은 'Truth(진실)GPT'라는 AI 모델을 만들 것이라고 선언했다. xAI는 챗GPT와 유사한 AI 챗봇 'Grok(그록)'을 곧이어 공개했다. 머스크가 '약간 비꼬는 듯한 유머 감각'까지 갖추었다고 자랑한 그 챗봇이다.

애플 왕국,
영원할 줄 알았는데

스마트폰이 AI 폰에 옥좌를 넘겨줄 때가 왔으니, 스마트폰의 최강자도 재빠른 변신을 못 했다면 그 자리를 내줄 각오를 해야 할 터. 영원할 것만 같았던 '애플 왕국'에 금이 가고 있다. AI 폰 출시 경쟁에서 삼성전자에 선수를 뺏기는가 싶더니, 최대 스마트폰 시장인 중국에선 화웨이(华为; Huawei)에 무릎을 꿇고 말았다. 애플의 프리미엄(가격 600달러 이상) 스마트폰 시장 점유율이 하락했다는 조사업체의 보고서가 아니더라도, 애플의 흔들림은 충분히 감지된다. 모든 비즈니스의 생태계가 AI 중심으로 급격히 재편되는 흐름을 놓친 것이다.

그래서 빅 테크 중 애플은 유독 AI 경쟁력이 크게 떨어진다는 평이다. 혁신의 상징인데 왜 그럴까? 문제로 지적되는 건 애플의 '폐쇄적 생태계'다. 과거 스마트폰 OS 경쟁에서 개방성을 내세운 '안드로이드'에 크게 밀리며 위기를 맞았을 땐, 생태계를 업그레이드하고 보안성을 높여 든든한 팬덤으로 반격할 수 있었다. 그러나 AI의 시대는 사뭇 다르다. AI 는 다양한 연구 결과와 데이터를 공유·학습하며 외부와의 협력이 매우 중요해서 활짝 열린 개방성이 더 어울리기 때문이다. 애플식의 폐쇄 지향성은 정보 교환을 어렵게 하고 새로운 AI 기술의 신속한 시험에도 걸림돌이 된다. 애플 역시 구글 클라우드 기반의 'Ajax(에이젝스)'라는 LLM 을 개발한다고 땀 흘리고 있으나, 아이폰에 탑재할 수준에는 못 미친다는 평이다. 현재 애플은 아이폰·아이패드에 중국산 AI 모델 '어니봇'을 탑재하기 위해 바이두와 논의를 진행하고 있으며, 구글과 오픈AI와도 비슷한 협상을 벌이고 있다고 한다. 자체 개발 아니면 인수·합병을 원칙으로 삼던 애플로선 매우 이례적인 일이다.

안 그래도 애플은 첩첩산중인 처지다. 차세대 먹거리로 지목했던 MR 기기 '비전 프로'의 판매 부진, 마이크로 LED 디스플레이 개발 중단, 야무지게 시작했던 애플 카 프로젝트 중단, 미 법무부의 반독점 소송 등. 애플의 추락은 공교롭게도 챗GPT가 등장한 2022년 말부터 서서히 시작됐다. 지각생 애플은 때늦은 AI 투자에 나서고 있다. 캐나다의 온디바이스 AI 개발 스타트업 DarwinAI(다윈AI)를 인수하고 스위스에 비밀 연구소를 개설한 뒤, 구글 인재를 영입하고 소규모 개발자 팀을 꾸려 'Apple GPT(애플 GPT)'라는 AI 챗봇을 개발하고 있다는 소문이다. 스티브 잡스의 후예들은 과연 어디서 돌파구를 찾을까.

'반격 애플'의 신호탄은 2024년 5월 8일 신제품 아이패드 프로를 통해 쏘아 올린 것 같다. 이 태블릿은 초당 38조 회 연산이 가능한 신경망 엔진으로 AI 기능을 구현하는 최신 첨단 칩 'M4'를 탑재해, 애플 스스로

도 '강력한 AI 기기'라 부른다. 사용된 NPU는 그 어떤 AI PC보다 더 강력하고, 새로운 CPU와 GPU 성능도 현저히 좋아졌다는 평이다. 애플의 첫 AI 폰으로 아이폰 16이 2024년 하반기 출시되는 등, AI 후발주자의 AI 생태계 구축이 2024년에야 시작되는 것 같다.

제2장

언어모델의 치열한 다이어트:
맞춤형으로 진화하는 sLLM

매개변수가 1,750억 개 수준이었던 챗GPT를 위시하여 이후 개발되어온 LLM들은 수천억 개에서 조 단위를 넘어선 방대한 규모를 자랑한다. 이에 비하여 매개변수는 적어도 특정 분야에 최적화해 효율적으로 활용된다는 강점을 지닌 소규모언어모델(sLLM; small Large Language Model)의 활발한 개발이 눈에 띈다. 오직 '많이, 더 많이, 크게, 더 크게'를 외치던 AI 생태계에 경량화의 바람이 불고 있는 것. 국내 AI 스타트업 업스테이지가 개발한 sLLM '솔라'의 매개변수는 불과 107억 개, GPT-4와 비교하면 100분의 1 수준이다. 그 외에 미스트랄 7B(프랑스, 79억 개), 스테이블LM(영국, 30억 개), 큐원-72B(중국, 140억 개) 등 세계 여러 국가에서 속속 등장하는 AI 모델들도 모두 '가벼운 몸집'의 경량 거대언어모델이다.

이들은 매개변수가 수백억 개에 불과한 '경량' 언어모델이지만 컴퓨팅 리소스 요구사항이 적어서 효율성이 높은 데다, 훈련과 운영 비용도 적게 들어서 여러모로 잠재력이 상당하다. 특히 배포하기 쉬운 대안을 찾을 때 유용한 AI 모델이다. 그래서 모든 문제를 딱 한 가지 모델로 해결하겠다고 시도하는 대신, 당장 기업에 큰 부담이 안 되는 선에서 사용할 만한 소형 AI 모델들이 하나둘 빠르게 생겨나고 있다. 가령 만능 AI 대신에 번역이나 수학 연산이나 프로그래밍 같은 어떤 분야에 특화된 AI가 환영받는 것이다. 이 같은 AI의 경량화 트렌드는 기기 자체에서 AI 연산을 처리하는 '온디바이스 AI'와 서로 궁합이 잘 맞아서 동전의 양면과 같다. 그래서 시간이 흐를수록 LLM만큼이나 중요한 것으로 인식되고 있다. 이는 AI 기술의 실용적 측면이 갈수록 두드러지는 과정인 동시에, 생성 AI의 대중화·일상화를 본격적으로 앞당기는 역할을 하고 있다.

일부 전문가들은 미래의 AI 시장이 인간을 대체할 수 있는 AGI 등 초거대 모델과 스타트업들이 제공하는 경량 모델로 크게 나뉠 거라고 한다. 물론 스타트업이나 중소기업뿐만 아니라 대기업들도 sLLM 만들기에 힘을 쏟고 있다. 애플만 하더라도 Parrot(패럿)이란 이름의 생성 AI를 컬럼비아대 연구진과 함께 공개했는데, 매개변수가 70억 개와 130억 개인 두 종류다. 또 앞서 메타가 개발한 라마 2도 700억 개 이하의 매개변수로 이루어졌다. 구글의 야심작이라는 제미나이에도 역시 매개변수 32억 개인 소형 모델 'Gemini Nano(제미나이 나노)'가 포함되어 있어 온디바이스 AI 서비스에 활용된다.

◆ 국내에서도 활발한 맞춤형 sLLM 설루션

국내에서는 카카오(주로 B2C 시장 타깃), KT(제조, 금융, 게임, 교육), 엔씨소프트(게임, 영상 콘텐츠), 업스테이지(의료, 교육, 전자상거래), 코난테크놀로지(공공업무 효율화) 등이 작게는 매개변수 60억 개에서 크게는 700억 개 규모의 시장별 맞춤형 sLLM을 개발·제공하고 있다.

챗봇은 다재다능하다. 그렇다고 그 많은 기능을 고객이 다 필요로 하는 건 아니다. 업무시간을 단축해주는 LLM 기반의 AI 챗봇에 대한 기업 수요는 빠르게 늘고 있지만, 기업의 정보를 학습시키고 내부 정보에 특화한 앱으로 만들기까지는 많은 시간과 노력이 들어간다. 국내 AI 플랫폼 스타트업 올거나이즈는 고객사 특성에 맞춘 언어모델, 챗봇, 앱까지 한 번에 제공하는 올-인-원 설루션 '알리 앤서(Alli Answer)'를 개발했다. 이 복잡다단한 과정을 쉽게 진행하도록 돕는 '해결사'다. 고객사는 챗GPT, 제미나이, 클로바X 등 15종의 LLM을 원하는 대로 활용해 자신에게 적합한 '알리 앤서'를 만들 수 있다. 올거나이즈는 또 자신들이 직접 개발한 sLLM을 공급하기도 한다. 금융 분야에 특화된 '알리 파이낸스' 같은 경량 AI 모델이 그런 예에 속한다.

◆ 클로드·미드저니 제친 우리 토종 AI 서비스

2023년 말 시장조사업체 Similarweb(시밀러웹)이 집계한 글로벌 생성 AI 이용자 순위를 보면, 챗GPT(월간 웹 방문 횟수 20억), 제미나이, Character AI(캐릭터 AI)에 이어 국내 스타트업 아우름플래닛의 AI 서비스 'Liner(라이너)'가 4위였다. 세계에서 네 번째로 많이 활용된 AI 웹 서비스란 얘기다. AI 챗봇 클로드(10위), AI 이미지 서비스 미드저니(14위) 등을 멀리 제쳤다. 그 외 네이버, 카카오, 업스테이지, 뤼튼테크놀로지스 등 한국 기업의 이름은 50위 안에서 찾을 수 없었다.

원래 라이너는 웹페이지나 PDF 파일 등에서 마우스로 지정한 내용을 저장하는 하이라이트 서비스였다. 직장인들이 '컴퓨터 모니터 형광펜'이라 부르며 즐겨 사용했다. 이후 라이너는 AI 신기술을 활용해 AI 기

글로벌 생성 AI 이용자 규모 순위

1 챗 GPT

2 제미나이 Gemini

3 캐릭터닷 AI c.ai

4 라이너 liner

10 클로드 A\

14 미드저니

반 업무 보조 시스템과 AI 웹브라우저 도구 등으로 쓰임새가 넓어졌다. 그리고 이런 확대가 사용자 증가로 이어졌다. 월간 라이너 방문은 7,000만 건에 육박하고, 90% 이상이 해외에서 이루어진다. 픽사와 넷플릭스 임직원들도 애용한다고 해서 화제가 되었다.

　뉴욕에 본사를 둔 Hugging Face(허깅 페이스)는 온 세계 개방형 AI가 모여 성능을 겨루고 'Open LLM Leaderboard(개방형 거대언어모델 리더보드)'란 이름으로 순위를 매기는 플랫폼이다. 한국의 업스테이지가 개발한 LLM '솔라'가 이 리더보드에서 4위를 차지하고, 이 솔라를 개조·가공한 AI 모델들이 1위부터 9위까지를 휩쓸어버리는 사건도 있었다. 무엇보다 솔라는 매개변수에 관한 AI 업계의 고정관념을 바꿔버렸다. 통상 매개변수는 AI가 얼마나 똑똑한지를 보여주는 기준으로 꼽힌다. 1년 전 우리를 놀라게 했던 챗GPT의 매개변수가 1,750억 개였고, 리더보드 10위인 캐나다 AI의 매개변수도 700억 개다. 그런데 솔라의 매개변수는 고작 107

억 개다. 이처럼 소소한 매개변수로도 정교한 알고리즘 구축이 가능함을 솔라가 보여준 것이다. 성능에서는 내로라하는 빅 테크나 유니콘의 개방형 AI 모델들을 크게 앞서기도 했다. 적은 매개변수로 우수한 성능을 내는 sLLM은 AI 서비스 상용화의 핵심이다. 매개변수가 적을수록 필요한 연산력이 줄어들어 서비스 보급이 쉽기 때문이다.

AI에 관한 한 후발주자일 수밖에 없는 한국은 앞으로도 AI 생태계의 변방에 머물러 있을 거라는 것이 전문가들 대부분의 의견이었다. 하지만 우리 기업들이 sLLM의 변화무쌍한 잠재력을 정확히 파악하고 영리하게 활용한다면, 한국도 AI 시대의 주역이 될 수 있다. 앞서나가는 학술적 이론이나 엄청난 돈과 시간을 요구하는 기초 모델 개발만이 능사는 아니기 때문이다.

◆ 네이버, '벌떼 전략'으로 AI 틈새시장 공략

한국 시장에서 플랫폼 주도권을 가진 네이버는 어떨까. 글로벌 빅 테크의 AI 공세에 맞닥뜨린 네이버는 자체 제작 LLM 하이퍼클로바X를 기반으로 신규 서비스를 거의 달마다 잇달아 선보이고 있다. 또 AI를 활용해 자사의 기존 서비스도 업그레이드함으로써 이용자 확보에 나서는 모습이다. 특히 B2B 서비스 분야에서 적극적인 시장 공략에 나선 것 같다. AI 서비스 제작 플랫폼에 하이퍼클로바X를 적용했고, 기업의 폐쇄망 안에서 생성 AI의 학습을 돕는 서비스를 내놓는가 하면, 기업용 협업 툴에도 LLM을 적용해 이메일 자동 생성, 회의록 요약 등 다양한 기능을 제공할 계획이다. 2024 하반기에는 SaaS 서비스도 개편할 예정이다. 나아가

AI로 업그레이드한 새로운 검색 서비스 큐(cue:)도 이미 정식 서비스를 시작했고, 특정 제품에 대해 질문하면 AI 챗봇이 적절한 카피를 제공하는 광고 플랫폼도 제공하는 등, 기존의 핵심 서비스에다 AI를 융합하는 시도도 이어지고 있다.

해외 빅 테크의 거대한 투자와 전문인력 규모를 따라잡긴 어렵다. 한국어 특화 모델이나 자체 서비스 적용 등 그들과의 차별화가 필요한 상황에서 네이버 나름의 경쟁 전략이 될 수 있다.

제3장

다양한 '모드'를 넘나드는
멀티모덜 AI의 놀라운 신세계

생성 AI 열풍을 몰고 왔던 챗GPT의 기술 기반은 GPT-3.5로 알려진 LLM(Large Language Model; 거대언어모델)이었다. 이것이 석 달도 안 되어 GPT-4로 업그레이드되면서 LLM은 분야를 가리지 않고 일상 곳곳으로 스며들었다. 그런데 겨우 1년이 되었을까, 이제 LLM이라는 용어조차 벌써 낡은 개념으로 전락할 처지가 되었다. 오픈AI가 GPT-4에다 '비전'의 첫 글자 V를 붙인 'GPT-4V' 모델을 공개하면서다. 이미지와 음성 인식은 챗GPT 다음으로 주목받았지만, 기술적으로 너무 어려워 구현하기까지는 제법 시간이 걸릴 거란 전망이 많았던 터. 정말이지, '눈 깜짝할 새'라는 표현이 걸맞은 기술 변화의 속도가 아닐 수 없다. 도대체 GPT-4V의 어떤 특성이 LLM 개발 경쟁의 방향을 근본적으로 바꾸어놓은 것일까? GPT-4V의 어떤 기능 때문에 AI 산업이 이를 미래의 게임 체인저로 주목하는 것일까? 한마디로 '멀티모덜'이라는 특징 때문이다.

간단히 설명하자면, 멀티모덜은 텍스트, 이미지, 음성, 영상 등 여러 가지 '모드'의 데이터로 훈련해 다양한 '모드'의 결과물을 내놓을 수 있는 AI 모델을 가리킨다. 이처럼 '여러 모드'라는 특성을 부각하는 의미에서, 복잡한 이미지 분석과 추론 능력을 갖춘 GPT-4V 등 최근 AI 모델들은 LLM이 아니라 LMM(Large Multimodal Model; 거대 멀티모덜 모델)이란 이름으로 불린다. LLM이 방대한 언어모델을 학습했다면, LMM은 '다양한 모드'를 학습했다고 보면 된다. GPT-4V는 세계 최초의 대중화된 LMM 서비스가 되어, 챗GPT와는 또 다른 충격을 주고 있다. 앞으로는 다양한 감각을 갖춘 일반 지능을 달성해줄 LMM이 LLM을 대신하는 용어로 자리 잡을 거라고 AI 업계는 전망한다.

LLM vs LMM

거대언어모델(LLM)		거대멀티모덜모델(LMM)
문자	학습내용	문자 + 이미지 + 영상
보고서 작성 문서 검색 및 요약	활용사례	엑스레이 해독, 인물 표정 분석 이미지 및 영상 제작
텍스트로 명령하면 → 텍스트로 답변	상호작용	밀가루, 우유, 달걀 사진 업로드 → 팬케이프, 와플 등 요리법 안내

✦ 고도화하는 인간과 컴퓨터의 상호작용

GPT-4V 같은 LMM의 가장 큰 특징은 무엇일까? 텍스트와 이미지 사이의 경계가 없어진 것이다. 이전의 GPT-3 혹은 4에서 텍스트 프롬프트를 사용하는 것처럼, 사진, 그래프, 도형, 표, 사진 속 언어 등의 이미지로 명령해도 쉽게 상호 작용한다는 뜻이다. 예를 들어 사람의 여러 가지 표정을 이미지로 보여주면 화남, 놀람, 기쁨 등의 감정을 구분해낸다. 엑스레이 사진을 보여주면, 이를 해독해 어디에 골절이 생겼는지 또는 무슨 질병인지를 가려낸다. 또 소고기뭇국 만드는 과정의 사진 몇 장을 뒤죽박죽 보여주고(텍스트 대신 이미지로 프롬프트하고) 조리법을 순서대로 정렬하라고 명령하면 정확하게 답을 내놓는다. 여러 가지 '모드'로 인간과 상호 작용하는 AI라는 얘기다.

물론 예전에도 멀티모델 개념은 있었다. 다만 완성도 높은 멀티모델 AI 모델이 나오기까진 상당한 시간이 필요할 것으로 보였다. 이미지나 다른 '모드'는 텍스트보다 인식이 복잡하고, 방대한 데이터로 학습·훈련해야 하기 때문이다. 그러나 개발자들은 기존의 LLM에다 소프트웨어를 붙임으로써 이미지 정보를 이해하는 구조를 버리고, 이미지 등 다른 '모드'의 정보를 이해하는 LMM 코어를 새로이 개발했다. 그 결과 인식률과 속도 등에서 현저한 개선을 이룰 수 있었다. 아예 'LMM'이란 새 이름을 붙여 기존의 LLM 모델과 구분하게 된 것도 그래서다.

생성 AI가 품고 있는 여러 가능성이 검증되면서, 2024년은 AI 서비스가 더욱 확산하는 해, 특히 LLM 중심이라기보다 멀티모델에 더욱 주목하는 해가 될 것으로 보인다. 나아가 멀티모델 AI가 AI 시뮬레이션과 어우러지면 환경·공간 데이터나 3D 객체를 생성할 수 있게 되어, 디지털 트윈, VR, AR 같은 복잡한 시스템을 시뮬레이션할 수도 있다.

✦ 오픈AI, 멀티모델에서도 선두주자

멀티모델 AI 모델에서도 오픈AI의 GPT-4V가 가장 앞섰다고 보는 전문가들이 많다. 그렇다면 챗GPT에 이어 멀티모델 단계에서도 유리한 입지를 차지한 것은 오픈AI라는 뜻이다. 뒤이어 구글이 공개한 제미나이 역시 학습 기반이 방대한 유튜브 콘텐트여서 만만찮은 멀티모델 기능을 구현한다. 물론 다른 경쟁사들도 이 새롭고 유망한 분야를 장악하기 위해 분주히 뛰고 있다. 가령 MS가 대학 연구진과 함께 개발해서 GitHub(깃허브)에 오픈소스로 공개된 'LLaVA-1.5(라바-1.5)'도 상당히 우수한 모델이라는 평가다. 또 버추얼 이벤트인 Meta Connect(메타 커넥트) 2023에서 발표된 '메타 AI'도 이미지를 인식하고 생성하는 멀티모델 기능을 품고 있다. 다만 지금까지 나온 멀티모델 AI는 이미지와 영상 인식 기능과 견주어 생성 능력은 좀 떨어진다. 아마존은 'Let's Chat(렛츠 챗)'이라는 생성 AI 음성비서 기능을 탑재한 알렉사를 공개했다. 텍스트 기반의 챗GPT와는 달리 음성으로 생성 AI 기능을 구현하는 알렉사는 그래서 '핸즈프리 생성 AI'라는 별명을 얻었다. 거의 사람과 같은 상호작용이 가능해, 음성으로 조명을 끄고 켜는가 하면 아이디어나 조언을 구하는 등 창의적인 작업도 가능하다.

✦ AI, 다양한 감각의 몰입형 경험

메타 역시 파운데이션 모델과 파인튜닝 모델 분야에서 멀티모덜 AI 기술 개발에 분주하다. 이미 2023년 상반기 오픈소스로 공개한 'ImageBind(이미지바인드)'는 이미지, 사운드, 움직임, 온도 등의 정보를 결합해 학습하는 생성 AI 모델로 관심을 끌었다. 기존 AI가 언어나 영상 같은 영역의 데이터를 집중적으로 배운 것과는 달리, 다양한 감각의 몰입형 경험을 제공하는 미래 AI의 비전을 제시한 것으로 평가받는다. 가령 브라질 열대우림에서 얻은 음성 데이터를 이미지로 바꾸는 식으로, 촉각, 후각, 뇌 신호 같은 여러 가지 감각 데이터를 얽어낼 수 있다는 것이다.

국내 기업들도 분주하다. AI 기술을 위한 R&D는 일제히 멀티모델로 퍼져나가고 있다. LG는 텍스트-이미지 양방향의 생성이 가능한 멀티모델 AI 모델 '엑사원 2.0'을 개발해, 화학 및 바이오 분야의 신소재·신물질·신약 관련 탐색에 쓰고 있다. 그 밖에 멀티모델 서비스를 선보인 기업에는 네이버, 카카오, SK텔레콤, KT 등도 포함된다. 카카오의 경우 오픈소스 기반의 언어모델 '코GPT'와 이미지 생성 AI '칼로'를 내놓아 눈길을 끌었다. SK텔레콤은 AI 플랫폼 에이닷에 장기 기억과 멀티모델 인식 기능을 추가해 서비스를 고도화했다.

샘 올트먼은 AI의 미래가 멀티모델 AI라 했고, 얀 르쿤은 멀티모델 AI가 제대로 상용화되면 인류의 삶이 더욱 풍요로워질 거라고 했다. 혁명이란 이름에 부족함이 없는 챗GPT와 생성 AI는 이제 텍스트를 넘어 다양한 타입의 데이터를 인식하고 분석하고 생성하는 멀티모델로 진화해 우리 일상에 깊이 파고드는 중이다. 글로벌 IT 기업들은 이미 멀티모델 특성을 지향하여 AI를 개발하고 상용화하고 있다. 바야흐로 AI 3.0 시대가 다가오고 있다.

챗GPT가 처음 나왔을 때도 그랬듯이, 멀티모델 AI에도 문제나 우려는 여전하다. 멀티모델 기능이 고도화할수록, 생성되는 결과물의 진위를 가려내기 힘들 거라는 걱정이 그 하나다. 안 그래도 온라인에는 AI 기술을 활용한 가짜뉴스, 가짜 음성, 딥페이크, 영상 조작이 넘쳐난다. 지구촌 여기저기서 벌어지고 있는 무력 충돌을 생각할 땐 더 답답해지는 양상이다.

✦ 비디오 만들기가 이렇게 쉬웠나?

텍스트 프롬프트에 맞춰 동영상을 만들어주는 오픈AI의 AI 모델 'Sora(소라)'는 아닌 게 아니라 보는 이의 입을 떡 벌어지게 만든다. 언어에 대한 깊은 이해로 프롬프트를 정확히 해석하는 건 기본이다. 매력적이고 감정이 생생한 캐릭터까지 생성한다. 특정한 동작 혹은 복잡한 장면까지 이해하고 만들어낸다. 아직은 최대 1분 길이의 동영상을 만들지만, 프롬프트 자체를 인식할 뿐만 아니라 그 프롬프트 내용이 물리적 세계에 어떻게 존재하는지를 이해한다는 게 놀라울 따름이다. 텍스트가 아닌 이미지를 프롬프트로 입력해도 동영상을 생성하고, 기존 동영상을 확장하거나 누락된 프레임을 채우기까지 한다.

물론 구글이나 메타와 Runway AI(런웨이 AI) 같은 스타트업들도 '텍스트 투 비디오' 모델을 개발한 바 있다. 그렇지만 오픈AI의 소라를 두고는 다른 유사 모델보다 비주얼 품질이 좋고 생성물이 사용자의 요구에 훨씬 충실하다는 평이다. 소라는 파라마운트와 워너브러더스 등 할리우드 주요 제작자 경영진에도 이미 소개되었다고 하니, 영화산업이 이를 활용할 가능성도 열려 있다.

▲ AI 모델 소라가 텍스트 명령에 따라 만들어낸 비디오의 한 장면

참고로 오픈AI는 소라 외에도 사람의 음성을 학습해 모방 음성을 생성하는 AI 도구 'Voice Engine(보이스 엔진)'도 개발해 공개했다. 15초 분량의 음성 샘플만 있으면 그와 비슷한 음성을 만들 수 있다. 이러한 음성과 영상 생성 기술을 통한 상업적 콘텐트 개발이 조만간 이뤄질 것이다.

✦ 텍스트 졸업한 AI, 다음 단계는 VFM

전통적으로 AI 기술은 자연어를 처리하는 언어 분야와 이미지를 처리하는 비전 분야, 이렇게 두 갈래로 발전되어왔다.

'언어 분야'
○ 2017년 구글이 'Transformer(트랜스포머)' 알고리즘을 내놓은 이후 급격하게 발전했다. 주지하다시피 2022년 말 GPT-3.5란 LLM을 기반으로 챗GPT가

나오면서 순식간에 세계로 확산했다.

'비전 분야'

○마찬가지로 대규모 이미지를 이용해 만든다. 트랜스포머 알고리즘을 이미지 분야로 확장한 'ViT(비전 트랜스포머)' 알고리즘이 등장하면서 성장의 계기를 맞았다.

그래서 이미지 기반의 초거대 AI인 'VFM(Vision Foundation Model; 비전 파운데이션 모델)'이 최근 빠르게 발전하고 있다. 학습된 데이터를 기반으로 LLM이 창작, 요약, 번역 등을 수행하듯이, VFM은 이미지에 담긴 사물을 구분·분류하고 전체 상황도 인식한다. 클릭 한 번으로 이미지의 특정 영역을 쉽게 분리하는 메타의 'SAM(Segment Anything Model)', 자연어로부터 시각적 개념을 효율적으로 배우는 오픈AI의 신경망 'CLIP(Contrastive Language-Image Pre-Training)', 이미지와 텍스트를 논리적으로 연결하는 구글의 OWL-ViT 등이 대표적인 예다. 네이버의 크로코(CROCO)도 2차원 이미지를 3차원 공간 정보로 바꿔주는 VFM으로, 의료 분야의 이미지 분석은 물론 제조업이나 자율주행 등 여러 산업에 적용할 수 있다. 이처럼 주요 AI 기업들이 잇달아 선보이는 VFM은 현실 세계 인식의 기반 혹은 연결 통로이므로, 다양한 영역에서 AI를 적용하는 데 큰 도움이 될 전망이다.

지금까지 개선돼온 AI가 궁극의 목표인 AGI로 열매 맺기 위해선 LLM과 더불어 VFM도 발전하고 확산해야 한다. 시장조사업체 MarketsandMarkets(마케츠&마케츠)는 글로벌 비전 AI 시장이 172억 달러(2023년) 규모에서 5년 안에 457억 달러(63조7,000억 원)까지 성장할 것으로 내다본다.

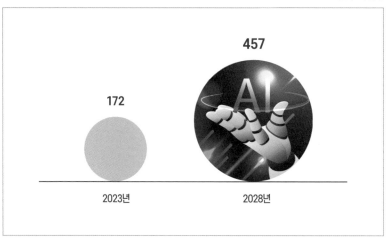

비전 AI 글로벌 시장 전망

(단위 : 억 달러)

457

172

2023년   2028년

자료 : 마케츠&마케츠

✦ 멀티모델 AI 시대의 경쟁력은?

내로라하는 글로벌 테크 기업들이 AI 기술을 고도화할수록 사용자의 걱정은 '안심하고 사용할 수 있는가'로 요약된다. 다양한 '모드'로 생성 기능이 정교해질수록 더욱 믿을 만한 AI 모델을 찾게 된다. 그러므로 AI 서비스의 안전과 신뢰성이야말로 멀티모델 AI 시대의 핵심 경쟁력으로 꼽힌다. 아무리 성능이 뛰어난 AI라도 저작권을 마구 침해한다든지 데이터 보안이 취약하다고 인식되면 사용자가 외면할 것이다.

이런 점에서 '오픈AI의 대항마'로 잘 알려진 앤쓰로픽을 주목할 만하다. AI의 윤리와 신뢰성 문제에 특별히 관심을 기울인 AI 모델 '클로드'를 개발해 공개했기 때문이다. 최근 구글 제미나이의 이미지 생성 오류라든가 챗GPT의 저작권 침해 등 AI 모델의 윤리적 문제가 뜨거운 감자로 거론된 상황이어서 더 돋보인다. 앤쓰로픽은 고객들이 개인정보 보호, 데이터 보안, 저작권 등에서 문제 소지가 없는 깨끗한 데이터와 AI 플랫폼을 원한다는 점을 처음부터 각별하게 신경 쓰면서 개발하고 있다.

제4장

기기 하나하나가 곧 AI 세상:
온디바이스 AI

챗GPT 혁명이 시작된 지 1년여가 지난 지금, 생성 AI의 또 한 가지 두드러진 추세는 on-device(온디바이스) AI를 향한 움직임이다. 각종 전자기기(디바이스) 자체에 고성능 AI가 탑재되어 있어서 굳이 인터넷과 연결되지 않아도, 즉, 데이터를 외부 서버로 전송하지 않아도, 개인 맞춤형 서비스를 실시간으로 제공할 수 있는 기술을 가리킨다. 물론 예전에도 비슷한 기능을 가진 기기들은 있었고, 사실 스마트폰이나 가전 시장에서 AI가 필수 기능이 된 것은 꽤 오래된 얘기다. AI 스피커는 인간과 간단한 대화를 주고받았고, AI 기능을 탑재한 냉장고나 세탁기 따위도 출시되었다. 하지만 이제 훨씬 더 진화한 생성 AI가 탑재되면서 IT 기기들이 전례 없이 똑똑해졌다. 이젠 AI 구동 방식에 관해 이런 질문을 해야 할 것 같다. 소중한 데이터를 클라우드로 갖다 놔야 할까, 아니면 기기 자체에 저장해 활용할까? 전부를, 아니면 필요한 일부만?

클라우드 중심의 기존 범용 AI 서비스는 온디바이스 AI 기술에 힘입어 맞춤형 서비스로 진화할 것이다. 디바이스 자체에서 AI 연산을 수행한다는 건 인터넷이나 클라우드 연결이 없어도 된다는 뜻이니, 전력 소모도 적고 데이터 보안도 더 튼튼해질 수 있다. 나만의 데이터를 안전하게 활용해 쓸 수 있으니 고도의 맞춤형 서비스가 가능하다. 이 같은 온디바이스 AI가 스마트홈 방식으로 구현되면, 사용자가 말하지 않더라도 모든 제품이 알아서 정보를 주고받고 작동하게 되지 않겠는가. AI가 우리의 삶을 빙 둘러싸는 '앰비언트(ambient)' 환경이 이루어질 것이다.

온디바이스 AI,
'내 손안의 인공지능'

삼성전자는 천재 수학자 Johann Carl Friedrich Gauß(요한 칼 프리드리히 가
우스)에서 영감을 얻은 생성 AI 모델 '삼성 가우스'를 2023년 11월에 공개
했다. 챗GPT나 바드 등과 달리, 원래 삼성 가우스는 회사 내 업무용으로
개발되었다가 전사 업무지원에서 더 나아가 반도체 부문 등 특정 사업
의 생산성 극대화를 위한 기반 기술로 활용되었다. 반도체 업무 특성상
사업 프로세스나 용어 등이 독특해서 이에 특화된 버전이 필요했기 때
문이다.

삼성 가우스 생성 AI 모델은 세상의 모든 현상과 지식을 담겠다는
근원적인 의도와 함께, 텍스트-이미지-코드-오디오-영상은 물론이고 멀
티미디어-합성미디어까지 아우르는 삼성만의 생성 AI 모델 세계관을 담
고 있다. 머신 러닝 기술에 기반을 둔 삼성 가우스는 ⓐ 클라우드 버전과

온디바이스 버전으로 나뉘어 텍스트를 생성하는 언어모델 삼성 가우스 랭귀지, ⓑ 코드를 생성하는 삼성 가우스 코드, ⓒ 창의적인 이미지를 만들고 기존 이미지를 수정하며 저해상도 이미지를 고해상도로 바꿔주는 삼성 가우스 이미지 등, 3가지 모델로 이루어진다. 각 모델은 문서 요약, 메일 작성, 이미지 전환 등 사내 구성원의 업무 효율성을 극대화하는 도구로 쓰인다.

삼성 가우스 AI 모델 3종류

삼성 가우스는 반도체-AI-디바이스라는 삼성전자의 핵심 사업군을 서로 이어주는 유기적 시너지, 즉, 경쟁력 강화의 불쏘시개를 뜻한다. 가우스라는 자체 AI 엔진을 확보함으로써 데이터 보안의 강화는 물론이고 HBM 등 AI 컴퓨팅 시스템의 핵심 부품을 통해 AI 생태계를 강화하는 데 중추적인 역할을 할 것이기 때문이다. 동시에 가우스는 우리나라 대기업들의 AI 전략이 나아가는 방향을 암시하기도 한다. 빅 테크들이 개발한 AI 엔진을 빌려 쓰기보다 자체 엔진을 확보하는 쪽을 선호한다는 얘기다. 물론 이것은 면밀한 실리 계산의 결과, 즉 자체 AI 모델 개발이 초래하는 유형·무형의 득실을 따져 판단한 결과다.

가우스는 이후 출시된 스마트폰 갤럭시S24 시리즈에 온디바이스 AI 형태로 장착되었다. 개인정보 전송 없이도 편리한 자체 검색, 스마트폰 제어, AI 코딩, 문장 요약, 문법 교정, 실시간 번역, 문자로 묘사한 사물의 이미지 생성 등 편리한 기능들이 모두 삼성 가우스로 인해 가능해졌다. 2024년을 시작으로 모든 가전제품에 온디바이스 AI를 적용하겠다고 선언했던 삼성전자는 이 생성 AI 모델을 통해 모바일·가전 등 사업 경쟁력을 배가시킬 온디바이스 AI 시대를 열고자 한다. 그야말로 인공지능이 '내 손안으로' 들어오는 시대를 앞당길 것이다.

◆ AI 산업의 변곡점인가

지금까지 챗GPT 등 AI 기술은 다양한 스마트 기기에서 수집한 정보를 대형 클라우드 서버로 보내서 분석하고 다시 기기로 돌려보내는 방식으로 진행되어왔다. 하지만 온디바이스 AI가 구현되면, 클라우드를 거치지 않고 기기 스스로 정보를 모으고 컴퓨팅(연산)할 수 있다. 그리고 사용자의 독특한 사용 패턴을 AI가 학습하여 최적의 서비스를 제공함으로써 AI 서비스의 개인화가 이루어진다. 앞으로 온디바이스 AI는 챗GPT로 불붙었던 생성 AI에 필적하는 메가 트렌드로 자리 잡을 것으로 보인다. AI 노트북의 확산을 산업의 변곡점으로 본다는 Pat Gelsinger(팻 겔싱어) 인텔 CEO의 통찰이 예사롭지 않다.

온디바이스 AI는 데이터센터 기반으로 클라우드에서 실행되던 기존 AI의 한계점을 극복했다는 의미를 지닌다. 거꾸로 말하면, 클라우드에서 처리하던 모든 작업을 다수의 스마트 기기로 나눠 처리한다고 이해해도 좋다. 온디바이스 AI 덕분에 '내 손안의 AI' 혹은 '나만을 위한 AI' 시대가 도래할 거라는 전망이 나오는 이유다. 2024년 들어 삼성의 AI 폰과 AI TV가 세상에 나오면서, 말하자면 하드웨어와 소프트웨어가 한 몸이 되는 온디바이스 AI의 일상이 활짝 열렸다. 업무와 사적 생활의 편리성을 높여주는 온디바이스 AI가 산업의 거대 트렌드로 굳어지면 IT 업계에도 작지 않은 빅뱅이 시작될 것 같다. 내로라하는 글로벌 빅 테크부터 중국의 중소 스마트폰 업체까지 목숨 걸고 온디바이스 AI 경쟁에 뛰어든 것도 그래서다.

온디바이스 AI 추세가 완전히 자리 잡기까지의 과도기에 절충형의 서비스를 추구하는 경향도 있다. 즉, 클라우드에서 구현되는 초거대 AI와 온디바이스 AI를 동시에 활용하는, 말하자면 '하이브리드 AI'를 구현하려는 기업들도 적지 않다는 얘기다. 앞으로 AGI를 궁극의 목표로 삼는 생성 AI의 진화 과정에서, 우리가 매일 사용하는 기기의 핵심 기능에 생성 AI 기술을 '입히는' 온디바이스 AI는 가장 의미심장한 움직임이라 하겠다.

(1) 방대한 AI 시스템이 어떻게 쪼끄만 기기 안으로?

반도체 기업들이 앞다퉈 내놓는 고성능 칩이 첫 번째 요소다. 가령 인텔의 고성능 칩에는 AI 연산에 특화된 NPU가 장착돼 전력 효율을 2.5배 높이고 AI 기능을 지원한다. 삼성의 AI 폰에는 100억 개 이상의 매개변수를 처리하는 수준의 최신 칩이 탑재됐다. 또 생성 AI 자체도 진화되어, 처리하는 매개변수는 줄어도 대신 질 좋은 데이터를 학습한 경량화 LLM이 다수 개발되면서, 다양한 소형기기에 탑재할 수 있게 되었다.

(2) 온디바이스 AI의 장점은?

○ AI 기기가 나의 정보만 수집해 처리하므로 나의 생활·업무 습관에 최적화한, 나만을 위한 맞춤형 기기가 된다.

○ 클라우드를 쓰지 않으니 무엇보다 비용이 줄어든다.

○ 인터넷 사용이 어려운 환경에서도 작동하니, 비행기 안에서나 해외여행 중 로밍이 없어도 통역 등 필요한 서비스 이용이 가능하다.

○ 클라우드와 기기 간 정보를 주고받는 시간이 사라져 반응도 빠르고, 실시간 통·번역 같은 기능도 빛을 발한다. 특화된 기능만 처리하기 때문에 기기에도 큰 부담을 주지 않는다.

○ 모든 정보가 기기 내에서만 처리되므로 사용자 보안이 강력해진다.

○ AI를 구동하기 위해 필수적인 데이터센터는 엄청난 전력을 소비하며 환경 문제를 불러오는데, AI 기능이 각 기기로 분산되는 온디바이스 AI가 그런 문제 해결에 도움을 줄 수 있다.

(3) 그런가 하면 단점도 있을 텐데?

○ 기기 안에서 처리되기 때문에 외부에 의존하지 않는 제한된 데이터만으로 AI 서비스를 실행해야 한다. 새로운 정보가 필요하거나 AI 모델을 업데이트하려면 결국 인터넷 연결이 필요하다.

○ 실시간 뉴스나 날씨 등, 외부 데이터에 의존해야 하는 정보를 누리기는 어렵다.

○ 고성능 AI 모델 혹은 AI 서비스는 고성능 하드웨어가 있어야 하므로, 사양이 낮은 기기에선 AI 서비스가 제한적일 수밖에 없다.

(4) 온디바이스 AI는 어떤 기기들에 적용될까?

맨 먼저 스마트폰에 온디바이스 AI가 탑재되었지만, 그 적용 범위는 사실 무궁무진하다. 삼성전자, LG, MS 등이 비디오나 이미지 생성·편집을 포함한 AI 기능을 넣은 노트북이나 PC를 잇달아 내놓고 있다. 가전 기업들은 냉장고, 세탁기, 건조기 등에 AI를 속속 장착하고 있고, 모든 가전제품이 AI로 얽혀 환경과 필요에 따라 그 작동을 AI 스스로 알아서 조절한다. AI가 식품 조리 상태를 추적 분석하는 오븐을 삼성전자가 출시하는가 하면, 아마존은 AI 비서에 생성 AI 기능을 추가했고, 메타는 스마트 안경에다 AI 비서를 탑재했다. 그야말로 일상의 모든 기기에 AI가 녹아드는 것이다.

(5) 온디바이스 AI가 산업에 미치는 파급 효과는?

IT 업계가 보기에 온디바이스 AI는 신성장 동력이요, 오랜 불황의 돌파구다. 온디바이스 AI의 여러 장점과 매력이 소비자들의 구매욕을 자극하면, 팬데믹과 경기침체로 인해 늦추어졌던 가전 교체 시기가 앞당겨질 수 있으리란 희망이다.

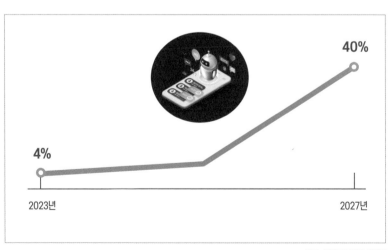

전체 스마트폰 시장에서 AI 폰의 비율

자료 : 카운터포인트 리서치

온디바이스 AI의 활황은 메모리 반도체 시장에도 호재여서, 삼성전자와 퀄컴 등 반도체 업계는 이를 뒷받침하기 위한 칩 개발에 분주하다. 온디바이스 AI가 탑재된 기기는 클라우드와 연결되지 않은 채 스스로 연산·추론을 해야 하므로, 내부에 상당한 데이터를 축적·보관해야 한다. 고로 엄청난 양의 고성능·고용량 낸드플래시와 D램이 거기 들어가지 않겠는가. 저전력 D램이라든지 저지연(low latency) D램 같은 특별한 메모리 칩의 수요도 그래서 늘어나고, 스마트폰의 두뇌 역할을 하는 핵심 칩인 모바일 AP 개발에도 속도가 붙었다. 나아가 시스템반도체 역시 보기 드문 팽창을 누릴 수 있다. 반도체 평균 가격이 온디바이스 생성 AI 덕분에 당분간 연 10%씩 오를 거란 예측도 나온다.

생성 AI를 품은
스마트폰

온디바이스 AI 시대의 도래를 가장 먼저 알려준 상징적 제품은 역시 삼성전자가 2024년 1월 출시한 소위 'AI 폰' 아닐까. 이 프리미엄 스마트폰(갤럭시S24 시리즈)에는 텍스트를 이미지로 바꿔주는 기능을 포함해 일찍이 스마트폰에서 볼 수 없었던 다양한 기능을 품은 온디바이스 AI가 탑재되었기 때문이다. 삼성으로선 애플과 구글이 굳건히 장악하고 있는 글로벌 모바일 시장 판도를 뒤흔들겠다는 출사표였다. 이젠 '스마트폰'이 아니라 'AI 폰'이다. 물론 흐름은 재빨리 확산했고, 이제 경쟁사들도 하나같이 생성 AI를 스마트폰에 탑재하고 있다.

✦ 귀찮게 앱이 왜 필요해?

현재 스마트폰 세계 1위는 어느 업체일까? 출하량으로는 삼성전자(점유율 20%), 매출액으로는 애플(43%)이다. 특히 프리미엄 스마트폰 시장에선 삼성이 '만년 2위'다. 왜 갤럭시는 이처럼 헐값 제품, 아이폰은 프리미엄 제품이 되었을까. 이유는 운영체제(OS)에 있다. 애플은 자체 운영체제인 iOS를 써서 기기에 최적화된 앱만 골라 탑재할 수 있으므로 프리미엄 전략이 통했다는 얘기다. 반면, 삼성은 세계 최고의 제조 능력을 갖추고도 구글의 OS를 빌려 쓰다 보니 그렇게 뒤처진 것이다.

그렇다면 온디바이스라는 새로운 물결은 삼성전자가 이런 장애를 단번에 돌파할 '신비의 열쇠'일지 모른다. 사용자보다 사용자를 더 잘 알고 원하는 정보는 알아서 챙겨주는 AI 모델이 장착되어 있어서, 구글에의 의존도는 미미한 수준으로 뚝 떨어질 테니까. 아니, 이제 AI가 OS를 대체하는 게임 체인저가 되어, 지금의 모바일 생태계 자체를 뒤흔들어 놓을 테니까.

▲ 온디바이스 AI 시대의 선두주자 삼성 갤럭시 AI 폰

아닌 게 아니라, 신형 AI 폰의 기능은 시장을 깜짝 놀라게 하기에 부족함이 없다. 대표적인 기능 몇 가지만 봐도 그렇다.

✦ 실시간 통역·번역·요약

출시 전부터 가장 주목받은 기능은 실시간 통역·번역·요약 기능이 아닐까. 해외여행이나 출장 등의 경우, 한국어로 말하면 AI가 곧장 통역을 해줘 외국인들과 실시간 대화를 가능하게 해준다. 또 녹음 앱에 STT(Speech-to-Text; 스피치를 텍스트로) 기술이 장착돼 있어, 회의나 강의를 녹음하면 말한 사람마다 음성을 분리해 스크립트를 만들어준다. 일종의 'AI 메모' 기능이다. 정확도도 상당히 높아, 직장인이나 학생들이 미팅이나 강연 내용을 정리해야 할 때마다 유용할 것이다. 자체 AI를 이용하므로 별도 앱을 내려받을 필요도 없다. 그뿐인가, 변환한 텍스트를 앱 안에서 즉시 최대 13개 다른 언어로 번역까지 해준다. 스마트폰에서 일찍이 볼 수 없었던 강점이다. 심지어 MZ 세대나 알아들을 법한 "만·반·잘·부(Nice to meet you)"라든가 "내 '최애'는...(My favorite is...)" 등의 다양한 신조어까지 자연스럽게 번역한다. 물론 내가 앱에서 보고 있는 꽤 난도 높은 과학 기사를 단 5초 만에 요약해주기도 한다.

✦ 카메라와 사진 편집

안 그래도 갤럭시 제품의 경쟁력으로 꼽히는 카메라가 이젠 AI 기술까지 만났다. 뒷면에 배치된 망원렌즈가 5,000만 화소 5배 광학 망원렌즈로 업그레이드되었고, AI가 더 자연스러운 사진을 완성해주는 '생성형 편집' 기능은 대단히 유용하다. 이 기술로 사용자는 사진 속 피사체를 원하는 대로 옮기고, 키우거나 줄이고, 없애버리기도 한다. 역광의 효과나 거울에 반사된 빛도 AI가 모두 제거해준다. 멀리서 조그마한 물체를 찍어도 노이즈를 줄여 깨끗한 사진을 제공한다. 또 5배로 개선된 광학

줌 덕분에 한밤중 2킬로 떨어진 피사체도 뭉개짐 없이 선명하게 찍을 수 있다.

✦ 서클 투 서치(circle to search)

자주 화제에 오르내리는 재미있고 유용한 기능이다. 온라인 뉴스, 유튜브, 웹서핑, 소셜 미디어 등을 즐기다 궁금한 게 있을 때 거기에 노트펜으로 원을 그리면, 폰 속의 생성 AI가 관련 정보를 주는 것이다. 검색할 필요 없이 궁금증과 호기심을 AI가 즉시 풀어준다는 얘기다. 가령 뉴스를 보다가 한동훈이 입은 옷이 궁금하면 동그라미만 그려준다. 그럼 브랜드며 가격 등이 바로 나온다. 인스타그램 배경의 멋진 건물에 호기심이 생기면 거기 동그라미만 그려준다. 이름이며 위치며 관련 정보가 금세 나온다.

✦ 개인비서

갤럭시 AI 폰은 각종 서류 요약·정리·생성 등 업무 생산성을 확 끌어올리는 개인비서로도 활용된다. 복잡한 작업을 자동 처리해주고 시뮬레이션도 할 수 있으며, 여행 관련 정보도 AI 기능이 제공해준다. 기기에 장착되는 AI 모델 가우스의 생성·추론 능력과 빅스비의 맞춤형 지원 능력이 합쳐져 다양한 효과를 기대할 수 있다.

최초의 AI 폰에 대한 업계의 평가는 긍정적이다. 글로벌 판매량 전망도 밝다. 소비자들 반응도 좋아서 출시 한 달도 채 안 되어 국내 판매 100만 대를 돌파했다. 수출시장에서 점점 벌어지고 있는 애플과의 격차와 중국 제품의 거센 저가 공세라는 답답한 형국을 깰 수 있는 돌파구가 될 수도 있다. 투자은행 모건 스탠리는 온디바이스 AI 기능 덕택에 2024년 스마트폰 출하량이 반등할 것으로 전망했다.

✦ 이젠 손가락조차 필요 없다

삼성 AI 폰의 기념비적 출시에 이어 2024년 초 MWC(Mobile World Congress; 모바일 월드 콩그레스)에선 각종 AI 기능을 탑재한 스마트폰이 잇따라 소개되었다. 5년~10년 후에는 누구도 앱을 사용하지 않게 되어 스마트폰의 기본 문법 자체가 곧 역사의 뒤안길로 사라질지도 모른다.

○ 애플은 운영체제를 비롯해 음성 인식 비서 Siri(시리)에 새로운 LLM과 생성 AI 기능을 도입해 복잡한 명령에도 응대하게 하고, 메시지나 애플뮤직 등에도 AI를 접목할 계획이다. 또 통역이나 비서 기능을 넘어 옷의 질감이나 머리카락까지도 디지털 아바타로 생생히 구현해주는 생성 AI 도구 'HUGS(Human Gaussian Splats)'까지 포함했다. 생성 AI는 엄청난 양의 매개변수와 학습 데이터 때문에 커다란 용량을 차지하는 법이나, 애플은 메모리가 제한된 기기에서 생성 AI를 구현하고 추론 속도도 20배 이상 빠른 효율적인 LLM까지 개발하는 중이다.

○ 구글은 제미나이를 Pixel(픽셀) 스마트폰에 탑재하고, 자체 개발한 Tensor(텐서) G3 칩을 적용함으로써 AI 성능을 강화했다. AI 비서 어시스턴트에다 챗봇인 바드를 결합해서 생성형 응답과 추론적인 응답을 제공하는 Assistant with Bard(어시스턴트 위드 바드)도 온디바이스 AI로 포함했다. 이메일 관리 등 각종 업무 처리가 한층 편리해졌다. 또한 유저의 사용 패턴을 분석해 개인

화된 응답을 제공한다. 삼성의 경우와 마찬가지로 이 AI 모델은 구글의 스마트폰 Pixel 8(픽셀 8)에 탑재되어 다양한 온디바이스 기능을 제공한다.

○ 스마트폰 혁명에서 낙오해 중국 기업 레노버(联想; Lenovo)의 소유가 돼버린 Motorola(모토로라)도 개인화 경험을 제공하는 온디바이스 AI 기능인 Moto AI(모토 AI)를 공개했다. 독일의 Deutsche Telekom(도이체 텔레콤) 역시 앱 없는 AI 스마트폰을 선보였다. AI 비서에게 음성으로 명령하면 항공권 등의 예약과 티켓 구매, 상품 구매, 이미지 생성 같은 업무를 자동으로 진행한다.

○ 중국 아너(荣耀; Honor)가 내놓은 AI 폰 'Magic6 Pro(매직6 프로)'는 화면 터치 없이 주먹을 쥐면 인터넷 창이 닫히고, 손가락 움직임으로 화면 스크롤이 오르내리는 움직임 센서 기능을 자랑한다. 양손을 쓰기 어려울 때 문자 도착 알림을 3초 정도 쳐다보면, 메시지 전체를 읽을 수 있는 큰 창으로 전환되기도 한다. 문자로 받은 신발 사진을 끌어와 구글 앱 위에 덮어씌우면 자동으로 가격과 판매 중인 쇼핑몰 등이 검색되는 기능도 있다. 샤오미(小米; Xiaomi)의 신형 스마트폰도 각종 AI 기능을 탑재했다. 갤럭시처럼 회의 참석자들의 발언을 문자로 옮겨주거나, 내가 필요한 사진을 말로 설명해주면 AI가 앨범에서 바로 찾아주기도 한다.

✦ 스마트폰과 AI 폰의 가장 큰 차이

기존 스마트폰에는 정보와 지식만 담겨 있을 뿐, 사용자가 직접 검색해 끄집어내야 했다. 그러나 AI 폰은 내 지시대로 AI가 스스로 행동해서 내가 원하는 결과를 만들어낸다. 스마트폰의 특징이 '아는 것'이라면 AI 폰의 특징은 '행동으로 옮기는 것'이란 해석도 있고, 이를 '지식'과 '지혜'

의 차이로 설명하기도 한다. 어쨌거나 AI의 숨 가쁜 발전은 AI 폰을 온디바이스 AI 시대의 선두주자로 만들었다.

또 다른 차이는 '오직 나를 위한 폰'이라는 지향성이다. 일반적인 클라우드 AI는 다수의 사용자가 제공하는 정보를 습득하지만, AI 폰은 오롯이 나만의 사용 패턴 등을 계속 학습해나간다. 그렇게 학습량이 쌓이면 나에게만 최적화된 '나만의 맞춤형 폰'으로 진화한다는 뜻이다. 나아가 AI 폰의 학습이 클라우드를 통하지 않고 기기 내에서 이뤄지므로, 그만큼 보안도 더 철저하다.

AI 폰의 등장은 거의 포화 상태를 향해 가고 있던 스마트폰 출하량의 반등을 촉발할 거란 예측도 나온다. 가령 AI 폰의 선구자가 된 갤럭시S24 시리즈는 출시된 이후 국내에서 한 달도 안 돼 100만 대 넘게 팔렸다. 갤럭시S 시리즈 중에는 최단기간 기록으로, AI 폰에 대한 소비자의 미래 반응을 가늠케 한다. 긍정적인 반응에 고무된 삼성전자는 총 9종의

생성 AI 스마트폰 출하량 전망

5억2,200만 대

1억 대

4,700만 대

2023년   2024년   2027년

자료 : 카운터포인트 리서치

과거 주요 모델에 대해서도 갤럭시 AI 업데이트를 시작했다. 2024년 하반기 출시 예정 모델까지 포함, 연내 1억 대 이상 기기에 AI가 탑재된다. 초기 AI폰 시장에서 유리한 고지를 점했으니, 애플의 AI 폰이 나오기 전 골든 타임을 활용해 삼성만의 생태계를 구축해야 할 것이다.

시장조사업체 Counterpoint Research(카운터포인트 리서치)에 따르면 2024년 전 세계 AI 폰 출하량은 1억7,000만 대로 예상되고, 2027년엔 5억2,200만 대에 이르러 전체 스마트폰 시장의 40%를 차지할 전망이다. 그리고 삼성전자 갤럭시 시리즈는 적어도 2년간 AI 폰 시장의 절반 이상을 차지할 것으로 예측한다. 이처럼 글로벌 스마트폰 전장도 하드웨어에서 AI로 옮겨가고 있다.

온디바이스 AI 제품군의
확장

삼성전자는 AI 폰에 이어 곧장 AI TV 시대의 문도 열어젖혔다. 온디
바이스 AI를 탑재해 압도적인 화질을 구현하고 맞춤형 콘텐트와 편의
기능까지 제공해 차별화된 프리미엄 TV를 지향했다. 초정밀 반도체 기
술 바탕의 온디바이스 AI TV는 장기적인 청사진을 따라가는 AI 스마트
홈의 중심이 될 것으로 보인다.

AI TV의 핵심 기술은 3세대 AI 8K 프로세서로, 사람의 뇌 기능을
모사한 512개의 뉴럴 네트워크와 2배 빠른 NPU가 프로세서에 탑재됐
다. 낡은 저품질 영상의 듬성듬성 비어 있는 픽셀에 맞는 색상과 명암을
AI가 스스로 찾아내서 채워준다. 그렇게 저해상도 영상을 8K급으로 끌
어올려 선명한 영상을 제공할 뿐 아니라, 특정 영역의 명암비를 강화해
깊이감을 더한다든지 빠르게 움직이는 공의 움직임을 부드럽게 고쳐주

기도 하고 TV 음향을 최적화하는 역할도 한다. 청력이 약하거나 자막이 흐릿하게 보이는 사용자를 위해 즉시 음성으로 바꿔주는 기능도 점진적으로 선보인다.

❶ 나를 위한 맞춤형 TV

"재밌는 거 틀어줄래."

그냥 이 한마디에 LG 올레드 AI TV가 순식간에 사용자의 취향에 맞는 콘텐츠를 줄줄이 화면에 띄운다. LG전자만의 최신 AI 기술 '알파11'이 구현하는 '보이스 ID'와 챗봇 기능 덕분이다. 8,500만 개 경우의 수를 '딥 러닝'한 AI가 사용자 목소리를 인식하고 그가 좋아하는 화질로 고쳐주는 것이다. TV 한 대에 최대 10명의 목소리를 등록할 수 있으며, 사투리는 물론이고 4개의 외국어까지 알아듣는다.

알파11에는 '화질 마법사'라는 맞춤형 기능도 있어서, 영상과 화질을 분석해 탁월한 입체감을 준다든지, 클로스-업 영상 주변의 명암비를 높이고 인물을 도드라지게 해 생동감을 준다. 오디오 측면에선 '멀티채널 업믹싱' 기술이 돋보인다. 폭탄 터지는 소리나 비행기 소리를 영화관에서처럼 생생하게 느끼도록 AI가 음향 품질을 높여주는 기능이다.

✦ 가전제품에 담긴 AI의 미래

에어컨과는 "거실이 너무 덥네." 같은 대화를, 냉장고와는 "방금 마트에서 두부를 샀는데 뭘 해 먹으면 좋을까?" 같은 이야기를 주고받을 수 있는 때가 곧 다가올 전망이다. 탑재된 온디바이스 AI와 사람이 자연스럽게 대화하며 명령과 조작을 할 수 있게 된다. 음성 인식 솔루션으로 가전을 원격제어하고 앱으로 초연결 생태계를 더욱 강화하는 단계에 이르는 것이다.

거실이 덥다는 사용자 목소리에 알아서 에어컨이 가동되며, 저녁거리가 걱정인 사용자에게 냉장고 안의 재료 인식을 토대로 메뉴까지 제안해주는 가전제품의 AI 기능들이 대폭 향상된다. 국내 대표 가전업체들의 AI 기능이 구현된 신제품은 이미 15종에 이른다.

온디바이스 AI의 미래는 삼성과 LG의 가전 신제품에서도 모습을 드러낸다. 이들의 기본 구상은 가전 전체의 컨트롤을 아예 AI에 맡기는 것이다. 세탁기, 건조기, TV, 냉장고 등을 모두 AI로 엮어서, 집 안 환경과 필요에 따라 AI 스스로 그들을 제어하게 만들자는 얘기다.

삼성전자는 고성능 칩과 자체 개발한 타이젠 운영체제를 활용한 AI 허브를 다양한 가전제품에 탑재한다. 냉장고 안 AI 카메라가 식자재 종류와 입·출고 시점을 인식해 정보를 제공한다. '삼성푸드' 앱은 보관 중인 식자재로 만들 수 있는 레시피를 만들어 냉장고 터치스크린과 스마트폰에 띄운다. 드럼세탁기는 히트펌프 건조기와 한 몸이 돼, 다 씻은 세탁물을 건조기로 옮길 필요가 없다. 내장된 AI 기능도 강화했다. 삼성의 로봇청소기는 온디바이스 AI 덕택에 센티미터 높이의 장애물도 알아서 피하며 바닥 재질에 따라 청소 방법을 달리한다. 또 온디바이스 AI 오븐은 내부 카메라가 수집한 데이터로 식품 조리 상태 등을 분석해준다.

LG전자의 '스마트홈 AI 에이전트'는 온디바이스 AI를 품은 생활가전 로봇이다. 집안을 구석구석 돌면서 쓸데없이 켜진 전등과 TV를 끄는 집사 노릇을 한다. 주인이 귀가하면 현관에서 마중할 뿐 아니라, 목소리와 표정으로 주인의 감정까지 파악해 분위기에 맞는 음악도 틀어준다. AI로 집안 곳곳을 관리하는 스마트홈 시스템도 있다. 가전제품에 들어간 센서와 카메라로 주인의 심박수와 호흡을 감지해 온도와 습도를 조절하기까지 한다. 그리고 에어컨은 사용자 위치를 실시간 파악해 바람의 방향과 세기, 온도를 알아서 조절한다.

본격적인 온디바이스 AI 가전 전용 AI 칩도 직접 개발해 주요 제품에 적용한 LG전자는 앞으로 '공감 지능'까지 구현해 글로벌 AI 가전 시장을 석권한다는 꿈을 품고 있다. 이를 위해 2024년에만 세탁기, 공기청정기, 스타일러 등 10여 종의 신제품에 AI 기능을 탑재한다.

❷ 침체한 노트북·PC 시장의 구원투수

온디바이스 AI 기술은 PC 시장의 판도도 바꿔놓을 전망이다. 코로나 팬데믹 기간의 원격근무와 온라인 수업 증가로 글로벌 PC 시장은 급속도로 성장했다. 그러다 일상 회복 후 성장세가 꺾이며 2년 넘게 침체의 늪을 헤매는 중이다. 더는 판매량을 늘리기 어려울 정도의 포화 상태다. 그러나 AI 특화 프로세서 개발 경쟁이 달아오르고 다양한 인공지능 기능을 품은 'AI PC'가 위축된 PC 시장의 구원투수로 나서면서, 전반적인 교체 수요가 대폭 늘어날 게 확실해 보인다. 시장조사기관 카운터포인트

리서치의 조사 결과를 빌자면, 2023년~2027년 전체 노트북 PC 시장의 성장률은 연평균 3%에 그치지만, AI 노트북의 성장은 매년 59%에 이를 걸로 예측된다. 그러니까, 2027년이면 새로 팔리는 노트북 4대 중 3대가 AI 노트북이 될 것이란 분석이다. 어쨌거나 PC 출하량은 3년 만에 반등할 것이라는 분석이 지배적이다.

생성 AI 노트북 출하량 확대 전망

(단위 : 백만 대)

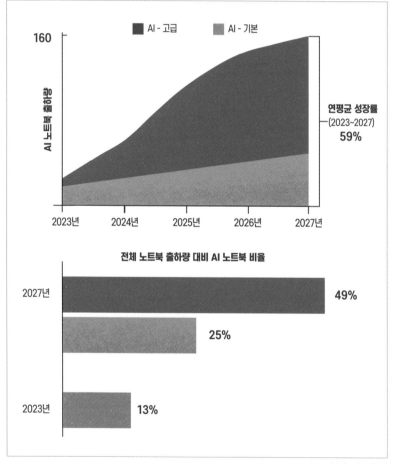

자료 : 카운터포인트 리서치

단가 높은 프리미엄 AI PC 고급화의 핵심에는 바로 온디바이스 AI 기술이 있다. 그동안 기기의 하드웨어 사양이 한껏 높아지면서 PC 교체 주기는 아이로니컬하게도 3년~4년으로 길어져 있었는데, 온디바이스 AI 탑재 여부로 제품이 대비되면서 교체 주기가 단축될 수 있다. 결국 AI 기능 덕분에 노트북이나 PC 출하량이 오히려 성장하는 현상을 곧 보게 될지도 모른다.

LG전자와 에이수스가 출시한 AI 노트북은 모두 인텔의 코어 프로세서로 구동되는데, 거기엔 AI 연산에 최적화된 NPU가 장착돼 있다. 삼성전자도 같은 CPU를 채택한 온디바이스 AI 기반의 노트북을 공개했다. 경쟁사인 HP, 레노버, 에이서 등도 신제품을 내놓을 예정이다. 그 밖에도 AI를 활용한 비디오나 이미지 생성·편집에 최적화된 MS의 'Surface Laptop Go 3(서피스 랩톱 고3)', AI 개발에 필요한 최신 고속도 칩을 탑재한 애플의 맥북 등이 돋보이고, 샤오미 등 중국 업체들도 AI 폰과 AI 노트북을 내놓고 있다. 클라우드가 필요 없이 기기 자체가 연산을 처리하므로 머신 러닝과 딥 러닝의 효율이 올라가 게임이나 비디오 같은 앱의 AI 기능이 빨라졌다. 말단 기기가 알아서 AI를 가동하면, 외부 서버에서 연산을 처리할 때의 높은 유지비, 과도한 전력 소모, 낮은 보안 같은 단점이 해결된다.

✦ AI PC 생태계 조성

2023년 NPU까지 내장한 AI 전용 PC 칩 Core Ultra(코어 울트라)를 출시하면서 'AI PC 가속화' 전략을 뽑아 든 인텔은 자사 AI 반도체를 앞세워 AI PC 생태계 조성에 한창이다. AI PC에 들어가는 칩은 기존의 CPU,

GPU와 함께 AI 추론·연산에 특화된 NPU가 탑재되어 있다는 게 특징이다. 인터넷 연결 없이 PC가 자체적으로 연산을 처리하려면 NPU는 필수다. 인텔은 또 300개가 넘는 AI 기능을 AI PC에 추가하고자 한다. 이를 위해 2024년 말경 데이터가 생성·사용되는 기기 자체에서 AI 기능을 활용하도록, PC 플랫폼 'Lunar Lake(루나 레이크)'와 'Arrow Lake(애로우 레이크)'를 내놓는다. 2025년까지 인텔 기반 AI PC를 1억 대 이상 공급하도록 소프트웨어·하드웨어 생태계를 강화하며, 개인 혹은 소규모 개발자도 쉽게 AI 기술을 구현하도록 지원할 계획이다.

퀄컴의 Snapdragon X Elite(스냅드래건 X 엘리트)는 AI에 활용하기 위해 특별히 설계된 기능을 품고 있다. 130억 개 이상의 매개변수를 사용하는 생성 AI를 실행할 수 있으며, AI 처리 능력에서 경쟁사보다 4.5배 빠르면서도 전력 소비는 68%나 줄었다고 해서 업계의 주목을 받았다. 퀄컴의 자랑처럼 모바일 컴퓨팅 분야에서 새로운 CPU 리더가 될지, 두고 볼 일이다.

맥북에 들어가는 PC용 칩들은 애플이 설계해 TSMC의 3나노 공정으로 제조하는데, AI 머신 러닝 기능을 강화했다는 점이 특별하다. 한편 HP는 인텔의 미티어 레이크 출시에 맞춰 신제품을 내놓았는데, LG전자와 HP가 이를 활용한 AI 노트북을 준비하고 있다.

개인정보 같은 민감한 문제로 인해 다소 난감했던 헬스케어에서도 이젠 온디바이스 AI 기반의 통합 서비스가 기대되고 있다. 이 영역은 기술을 활용하는 주체가 누구냐에 따라 성격이 급변한다. 의료기기 시장에선 사용 주체가 또렷이 의료인이지만, 헬스케어 제품은 소비자가 주체이기에 스스로 사용하기엔 풀어야 할 이슈가 남아 있다. 몇몇 기업이 고부가 서비스를 선보였음에도, 본격적인 상용화에는 시간이 더 필요하다.

○ 비트컴퓨터는 최근 전공의 파업으로 주목받은 의사-환자 비대면 원격진료 솔루션 '바로닥터'와 최대 1,000회선의 전화를 동시 대응해 예약 접수·변경 업무를 수행하는 AI 콜 센터를 전면에 내세운다. 전자의무기록(EMR)과 연동돼 의사가 환자 이력을 바로 확인할 수 있다.

○ 인바디의 주된 서비스 'LB 트레이너'는 체성분 상태와 운동량 등을 AI가 분석해 체성분 지수를 예측한다. 이를 바탕으로 운동 목표를 설정하는 등 맞춤형 돌봄도 가능하다.

○ 셀바스AI는 근감소증을 측정할 수 있는 체성분 측정기와 클라우드 기반 혈압계를 선보였다. 자사 의료기기에서 생성된 데이터를 활용해 한층 고도화된 건강 모니터링·예측 서비스를 제공할 계획이다.

○ 웨이센은 AI 내시경 '웨이메드 엔도'에 주력하면서, AI 호흡기 자체 스크리닝 서비스인 신제품 '웨이메드 코프'에도 공을 들이고 있다.

✦ 일상생활로 들어온 온디바이스 AI

삼성전자의 AI 반려 로봇 '볼리(Ballie)'라든가 LG전자의 AI 가사 도우미 로봇 '스마트홈 AI 에이전트' 같은 대기업들의 온디바이스 AI 서비스도 볼 만하지만, 이 분야에선 야심만만한 스타트업들이 강점을 갖기도 한다.

- 챗GPT와 연결돼 음성으로 제어하는 자전거 '퓨전'(중국)
- AI 기능을 접목해 코골이를 완화하는 베개 '모션 슬립'(한국)
- 다양한 센서와 AI 기술을 이용, 사용자가 위험에 노출됐을 때 바로 대응하게 해주는 'AI 스마트 헬멧'(인도)
- 15초 안에 상품 소개 이미지와 콘텐트를 만들어주는 AI 기반 마케팅 콘텐트 창작 서비스 '셀러캔버스'(한국)
- 카메라와 AI가 자체 탑재돼 시각장애인 착용자에게 진동을 통해 길을 안내하는 'AI 가이드 벨트'(홍콩)
- 음성 가이드로 올바른 칫솔질을 돕고 닦이지 않은 부분을 스크린에 보여주는 AI 덴탈케어 '오클린 울트라'(미국)
- 영양 상태에 맞춰 음식을 즉시 만들며, 알약 하나로 영양분을 공급하고 음식물 쓰레기를 줄이는 푸드 프린팅 기기 '잉크'(한국)
- 온디바이스 AI 기술을 바탕으로 로봇이 음식을 조리하고 음료를 제조하는 음식 로봇(캐나다)
- 옷깃에 부착해 사용하는 명함 절반 정도의 소형 단말기로 질문에 답하고 영상·사진도 찍는 'AI 핀'(미국)
- 실시간으로 소음을 제거하는 AI 음원 분리 기술을 이어폰 등에 적용한 온디바이스 AI 서비스(한국)

▲ 영국에서 개발된 AI 그릴 'Perfecta'

○ 사용자가 굽기 정도만 선택하면 AI가 고기 종류·무게를 파악해 알아서 딱 맞는 굽기로 구워주는 AI 그릴 '퍼펙타'(영국)

○ 안경과 거의 같은 형태로 50g에 불과하며 음성비서가 탑재돼 있는 AR 글라스(중국)

○ 얼굴을 인식해 안구의 움직임과 동공 반응으로 신체·정신건강 상태를 분석하고 이상 징후를 조기에 발견하는 '얼굴 모니터링 시스템'(일본)

○ AI 기반 CCTV로 총기와 주변의 총소리를 감지해 사용자, 보안담당자, 경찰서에 전달하는 '총기 탐지 시스템'(독일)

○ 흙이나 물이 척박한 곳에서 물 사용을 95% 줄이고 영양제를 배합한 수증기로 식물을 재배하는 에어팜 시스템(한국)

○ 사물을 만지지 않아도 신경계를 자극해 인공적인 촉감을 만들고 만진 듯한 감각을 뇌로 전달하는 AI 장갑 '팬텀'(미국)

세상의 최신 기술에 가장 민감하고 빠르게 반응하는 분야로 주식 투자(자산운용)를 빼놓을 수 없다. 그걸 증명이라도 하듯, 미래에셋자산운용은 2024년 4월 중순 'TIGER 글로벌 온디바이스 AI'라는 ETF를 신규 상장했다. 세계 최초라고 한다. 국가별로는 미국이 80% 이상, 테마에서는 NPU 관련 기업이 70% 정도, 개별 기업으로는 NPU 팹리스인 퀄컴과 ARM이 큰 비중을 차지한다.

제5장

문을 활짝 열고 누구나 다 함께:
오픈소스 AI

AI 산업 혹은 생태계에서 새로이 감지할 수 있는 또 하나의 흐름은 오픈소스(활짝 열린 개방형)로 사업 모델을 바꾸고 우군을 끌어들이는 AI 비즈니스의 추세다. 빅 테크가 제아무리 뛰어난 LLM을 개발해도 소비자에 이르는 모든 연계 서비스를 구축할 수는 없는 노릇이다. 예컨대 구글은 'Google for Startups(구글 포 스타트업)' 프로그램을 통해 우군 연합을 만들고 있다. 더 파격적인 행보를 보이는 것은 메타다. 자신들의 LLM을 만천하에 무료로 공개하는 오픈소스 전략으로 영향력 확대를 도모하고 있으니 말이다. 네이버도 국내 유망 스타트업에게 새로 개발한 LLM 하이퍼클로바X를 제공한 다음에 공개했다.

✦ 뭉쳐라, 집단 지성

생성 AI 시장을 주도하고 있던 오픈AI의 독주를 저지하기 위해 2023년 12월 메타와 IBM 주도로 개방형 AI 모델을 추진하는 AI 동맹이 출범했다. 인텔·AMD 등 글로벌 기업, 다수의 AI 스타트업, 예일대·코넬대 등 대학, 정부 기관을 아우르는 50곳 이상이 참여했다. 오픈AI를 비롯한 초기 AI 기업들이 독점적·폐쇄적인 고급 AI 모델 개발을 주도하며 이익을 추구한다는 인식에서 출발한 움직임이다. 개방적이고 투명한 혁신이야말로 AI의 혜택이 모두에게 돌아가게 만들기 위해 필수적인 가치라는 믿음이 깔려 있다.

개방형 AI는 소프트웨어와 모델 훈련 등 제작 전반의 데이터를 누구나 자유롭게 교환할 수 있는 시스템이다. 모든 기술을 외부에 공개하고, 이에 대한 개조나 가공 등의 소위 'tuning(튜닝)'을 누구에게든 허용하는 방식의 AI 개발을 가리킨다. AI 기술에 관한 독점을 타파하고 개방성·투명성을 강조한다. 챗GPT나 초기 생성 AI 모델의 발전 양상과는 달리, 개방형 AI는 스타트업이나 개인들까지 집단 지성을 통해 AI 성과를 공유하고 고성능의 AI를 만들어 이를 다시 공유하며 개선할 수 있다는 게 강점으로 꼽힌다.

빅 테크 중에선 먼저 메타가 '라마'의 기술을 기업과 기관에 무료로 공개하면서 개방형 AI 진영은 급격히 커졌다. 전 세계 10만 곳 이상의 대학과 스타트업들이 라마를 내려받아 성능이 뛰어난 AI를 개발했다. 수십조 원을 퍼부어 개발한 기존 AI에 못지않은 성능을 가진 생성 AI 모델들이 이렇게 쏟아졌다. 뒤이어 구글이 첨단 품질이면서도 가벼운(경량화) AI 모델 'Gemma(젬마)'를 개방했고, 머스크의 xAI도 생성 AI 챗봇 'Grok(그록)'의 소스를 공개했다. 개방형 AI 모델 플랫폼인 'Hugging Face(허깅 페이스)'에는 현재 50만 개 이상의 AI 모델이 등록돼 있다.

✦ 점차 커지는 오픈소스 진영

LLM 등 근원 AI 기술에서 뒤진 국내 업체들도 개방형 AI 분야에서는 두각을 나타내고 있다. 카카오는 자체 LLM인 '코GPT 2.0'의 출시를 미루며, 범용의 중형 LLM 대신 산업 영역별로 특화한 경량 LLM 위주로 생성 AI 서비스를 내놓는 안을 고려하고 있다. 또 '허니비'라는 멀티모델 LLM을 스스로 개발해 개방형 AI 플랫폼 '깃허브'에 선보인 카카오브레인은 오픈소스로 이 기술을 풀어 생성 AI 생태계를 효율적으로 구축할 예정이다. 허니비를 활용해 좀 더 많은 기업이 각종 서비스를 내놓을 수 있도록 하겠다는 전략이다. AI 모델인 '엑사원 2.0'을 통해 멀티모델 AI 기술을 공개한 LG AI 연구원도 AWS 플랫폼에서 이 기술을 오픈소스로 풀어 해외 시장을 공략하겠다는 구상이다.

국내 AI 스타트업의 오픈소스 약진도 두드러진다. 업스테이지는 자체 개발한 매개변수 107억 개의 AI 모델 '솔라'가 공개 직후 허깅 페이스 AI 성능 순위에서 1위를 차지해 눈길을 끌었다. 모레가 개발한 매개변수 700억 개의 'MoMo-70B' 역시 AI 모델의 성능을 평가하는 허깅 페이스의 오픈 LLM 리더보드 평가에서 세계 1위를 차지했다. AI 에듀테크 스타트업 뤼이드와 카카오뱅크의 LLM '카본빌런'까지, 'AI의 빌보드 차트'로 불리는 허깅 페이스 경쟁에서 국내 업체가 1위 자리를 거머쥔 게 벌써 네 번째다. 오픈소스 진영의 확대는 국내 소규모 스타트업들이 기술력을 뽐낼 기회로 인식되며, 전체적으로 AI 시장 내 개방형 모델의 점유율은 앞으로도 계속 높아질 전망이다.

✦ AI도 번식하고 진화한다

진화론과 자연선택에서 영감을 받아 더 뛰어난 AI 모델을 자유롭게 만들고자 하는 기업도 있다. 구글 출신 연구원들이 일본에 설립한 Sakana AI(사카나 AI)다. 사카나의 비즈니스는 AI도 생명체처럼 번식을 통해 세대를 이어 진화할 수 있지 않을까, 하는 상상력에서 출발한다. 이들은 기존 AI 모델들을 '교배'해 새로운 모델을 만들고, 이 같은 과정을 반복해 고성능 AI를 만들어냈다. 이런 새로운 시도는 누구나 자유롭게 이용할 수 있는 개방형 AI가 빠르게 퍼져나가고 있으므로 가능했다.

사카나는 직접 AI 모델을 구축하는 것이 아니라, 오픈소스 AI 모델을 이리저리 결합하는 방식을 채택했다. 그들의 진화 알고리즘은 우선 '부모'가 되는 AI 모델을 쪼개서 다양하게 조합해 '자녀'가 되는 모델 100여 종을 만든다. 그런 다음, 이들 중 뛰어난 성능의 모델들을 뽑아서 제2 세대의 부모로 삼고, 다시 조합해 '손자' AI 모델을 여럿 만들어내는 식이다. 이렇게 조합하는 과정을 예컨대 150세대 정도까지 반복해 가장 성능이 뛰어난 모델을 최종적으로 뽑아내는 것이다. AI 개발이 '어디로 튈지 모를' 럭비공으로 둔갑하는 기분이다.

제6장

개발도 좋지만, 이익도 내가면서: '실리 추구' AI

보여줘,
돈은 어디 있냐고?

영국의 AI 스타트업 Stability AI(스터빌리티 AI)는 문자만 입력해도 훌륭한 그림을 그려주는 'Stable Diffusion(스테이블 디퓨전)' 서비스를 무료 공개해 하루 이용자가 1,000만 명에 달할 정도로 큰 인기를 끌었다. '이미지 생성의 오픈AI'란 별명도 얻었고 몇 달 만에 유니콘 반열에도 올랐다. 그런데 최근 창업자 겸 CEO가 투자자들과 갈등하다가 경영에서 손을 떼 화제가 됐다. 적자가 늘고 투자 유치에 실패했다는 게 그 이유다. 딱히 수익 모델이 없는 데다 고만고만한 서비스가 우후죽순으로 등장하면서 미래가 불투명해진 것이다.

미국의 의료 자동화 AI 스타트업 Olive AI(올리브 AI)는 좀 더 비극적인 경우다. 누적 투자 유치액이 무려 8억5,200만 달러(1조1,500억 원)에 달했고 기업가치가 40억 달러(5조4,100억 원)까지 올랐던 회사다. 그러나 2023년을 넘기지 못하고 끝내 문을 닫았다. 몇 가지 실패 요소가 있겠지만, 요컨대 수익 모델을 만들어내지 못해 무너진 것이다.

국내에서도 AI 스타트업의 정리해고나 핵심 임원 퇴직 같은 이야기는 심심찮게 들린다. 소프트뱅크가 2,000억 원을 투자하며 '제2의 쿠팡'으로 기대를 모은 AI 교육기술 스타트업 뤼이드도 창업자가 물러나고 새로운 경영진이 들어섰다. 브라질 등 제3세계 공교육 디지털 사업 추진을 둘러싼 투자자들과의 갈등이 문제였다. 하지만 막상 분쟁의 해결을 가로막은 것은 3년간의 누적 적자였다.

위의 사례와는 달리, LLM을 개발하는 미국의 앤쓰로픽이나 AI 기반 로봇 개발에 집중하고 있는 Figure AI(피겨 AI) 같은 스타트업은 비즈니스 전망이 아주 밝은 것으로 인정받는다. 국내 기업의 경우 AI 반도체 스타트업인 딥엑스, 리벨리온, 사피온 등도 갈수록 엄격해지고 있는 비즈니스 모델 검증에서 좋은 점수를 받을 것으로 전망된다.

챗GPT 혁명 이후 1년여, 한 가지 확실한 시장의 변화는 '실리 추구'다. 2023년까지 생성 AI 기술의 신기한 경험과 다양한 가능성에 주목하는 흐름이었다면, 2024년부턴 실적(영업이익) 개선에 집중하는 추세다. 그래서 생성 AI를 활용한 상용화 서비스가 쏟아졌다. 지난 20년간 애플의 앱스토어나 구글의 플레이스토어에서 수많은 유니콘(기업가치 10억 달러 이상 스타트업)이 탄생했지만, 이제 그 무대가 생성 AI로 급격히 이동하는 중이다. 소비자의 '니즈'를 읽을 기회는 누구에게나 열려 있어서, 상상조차 못했던 기업들이 AI 시대의 스타로 등장할 수 있다.

AI 기술과 서비스도 호기심만 자극할 게 아니라 수익을 내야 한다. AI도 비즈니스여야 한다는 얘기다. 월스트리트저널도 지적하듯이, 한동안 뜨거웠던 AI 투자 열풍에도 합리적인 수익 모델을 제시하지 못해 문을 닫거나 경영진이 물러나는 스타트업들이 잇따르고 있다. 천문학적 금액의 투자를 유치하는 AI 업체도 없진 않지만, 투자금 확보에 실패해 무너지는 기업도 한둘이 아니다. AI라는 단어만 들어가면 자금이 몰리는 '묻지 마 투자'는 끝나고, 될 만한 기업을 골라내는 냉혹한 '옥석 가리기'가 시작됐다. 기술력만으로 살아남는 AI 스타트업은 거의 없다. 뚜렷한 수익 모델이나 유료 서비스가 뒷받침되지 않으면, 이름에 AI가 들어갔다

세계 AI 스타트업 투자 유치 현황

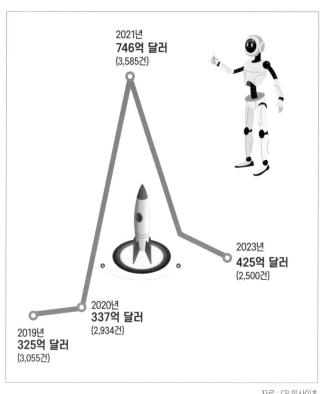

2021년
746억 달러
(3,585건)

2023년
425억 달러
(2,500건)

2020년
337억 달러
(2,934건)

2019년
325억 달러
(3,055건)

자료 : CB 인사이츠

고 해서 투자를 받을 순 없다. AI 기술 개발과 수익 구현은 완전히 다른 이슈다. 그래서 AI 업계의 챗GPT 혁명 2라운드에선 이런 목소리가 높아진다. "이익을 내야지. 돈은 어디 있냐고!(Show me the money!)"

AI 스타트업들이 유난히 재정난에 빨리 봉착하는 이유, 일찌감치 수익 모델을 정착시켜야 하는 이유는 무엇일까? 바로 창업 초기부터 막대한 투자 비용이 들어가는 AI 산업의 특성 때문이다. 서버 구축·운영과 데이터 확보에서부터 어마어마한 돈이 들어간다. 게다가 자본만큼이나 소중한 AI 인력까지 확보해야 해서 우수 인재 확보를 위한 엄청난 연봉도 감내해야 한다. 어마어마한 투자금이 '밑 빠진 독에 물 붓기'로 끝나는 경우가 속출하는 이유다.

실제 최근 들어 AI 스타트업 투자는 주춤하고 있다. 이 분야의 전문 시장조사업체 CB Insights(CB 인사이츠)는 2023년 AI 스타트업에 대한 글로벌 투자가 금액과 건수에서 전년 대비 각각 10.1%, 24.1% 줄어들었다고 진단했다. 또 다른 시장분석업체는 생성 AI가 2024년 들어 찬물을 뒤집어쓰고 성장 둔화를 맞이할 수 있다는 전망을 보고서에 담았다.

✦ 오픈AI도 수익성 추구 때문에 엎치락뒤치락

'챗GPT의 아버지' 샘 올트먼을 쫓아냈다가 '5일 천하'로 끝난 오픈AI 이사회의 쿠데타는 AI 기술 개발 속도에 관한 견해차가 원인이었다. 하지만 그것은 곧 AI 기술과 서비스로 이익을 적극적으로 추구할 것이냐에 대한 갈등이기도 했다. MS로부터 130억 달러를 투자받고 기업가치 1,000억 달러를 넘보는 거대 기업으로 성장한 오픈AI가 여전히 공익을 추구하고 AI의 위협을 우려하는 모순적 상황이 가져온 결과다. 올트먼이 돌아오고 이사회 개편과 투자자 영향력 확대로 오픈AI의 이익 추구 성향은 한층 또렷해지게 됐다.

생성 AI 경쟁 2라운드. 빅 테크는 물론 IT 서비스 기업들까지 AI 거인들이 개발한 생성 AI를 활용해 수익을 챙기려는 경쟁이 점입가경이다. 일반 소비자들의 호기심 부추기기보다는 주로 기업의 AI 니즈를 충족시키는 B2B 서비스에서 기회를 찾는 게 공통점이다. MS의 기업용 챗봇 '코파일럿(원래 명칭은 Bing Chat Enterprise)'이라든가, 오픈AI의 'ChatGPT Enterprise(챗GPT 엔터프라이즈)' 그리고 구글의 협업 도구인 워크스페이스에 적용된 '듀엣 AI' 등이 그런 예로, 문서 요약, 회의록 작성 등 업무를 AI가 돕는 서비스이며 보안도 더 튼튼해졌다. 네이버, 카카오, SK텔레콤 등 국내 업체들도 시장 지배력이 높은 자사 서비스를 생성 AI와 결합해 경쟁력을 높이는 전략을 지향한다. 그러다 보니 AI 모델 크기와 비용을 낮춘 sLLM을 제공하는 업체도 부쩍 늘었다.

간단한 프롬프트만으로 전문가 뺨치는 이미지를 생성하는 등의 이미지 관련 서비스는 생성 AI 시장에서 가장 빨리 수익을 내는 분야로 알려져 있다. 포토샵으로 유명한 어도비는 스스로 축적해놓은 방대한 콘텐츠를 학습시킨 이미지 생성 AI 모델 'Firefly(파이어플라이)'를 구독 서비스에 추가해 수익을 창출한다. 자사 AI의 생성물이 미술대회에서 입상까지 했던 'Midjourney(미드저니)'도 일찌감치 유료 서비스로 전환돼 있다. 실리콘 밸리 AI 스타트업 HeyGen(헤이젠)은 영상 속 인물의 목소리와 대화를 학습한 다음, 원하는 언어로 번역해 영상 속에 다시 더빙해주는 AI 영상 번역 플랫폼을 운영한다. 독일어 강연 비디오가 실시간으로 감쪽같이 한국어 강연으로 둔갑한다. 네이버 계열사 스노우는 인물 사진 몇 장만 올려주면 AI가 다양한 사진을 만들어주는 6,600원짜리 AI 프로필 서비스로 인기가 높다.

✦ 쉽고 편한 생성 AI 응용 서비스

AI 근원 기술에서 뒤처진 국내 IT 기업들은 고객이 생성 AI를 쉽고 편하게 활용하는 서비스 개발에 한창이다. 글로벌 AI 거인들은 특성상 개별 기업에 맞춘 소소한 서비스를 제공하긴 어려우므로, 기업에 최적화된 맞춤형 서비스로 승부를 보겠다는 의도다. 삼성SDS, LG CNS, SK C&C 같은 IT 서비스 기업들이 '한국형 생성 AI'를 한목소리로 외치는 것도 그래서다. 이런 추세는 클라우드 분야에서 볼 수 있었던 흐름과 비슷하다. 클라우드에서도 핵심 기술과 서비스는 아마존웹서비스, 구글, MS 등이 갖고 있지만, 국내 IT 서비스 업체들은 이를 자신들의 고객사에 맞춤형으로 제공하면서 성공을 거뒀다.

○ 최근 삼성SDS는 업무 효율성을 높이는 두 가지의 생성 AI 서비스를 출시했다. 그중 '브리티 코파일럿'은 기존의 협업 툴에다 생성 AI를 접목한 서비스로, 회의 내용이나 문서나 대화를 요약하고 이메일 초안도 만들어준다. 무엇보다 한국어 인식이 94% 정확한 강점이 있는 데다, 한국어를 외국어로 실시간 전환하는 기능이 탁월해 통역사 없이도 글로벌 회의에서 자유롭게 소통할 수 있다. 두 번째 '패브릭스' 서비스는 클라우드 기반의 기업용 AI 서비스 플랫폼으로, 다양한 데이터와 지식자산을 AI와 연결해 임직원이 손쉽게 활용할 수 있게 돕는다. 스마트폰과 가전에서 소비자를 열광시킨 AI 혁신이 기업 업무 쪽으로 들어오는 현상이다. 이 두 서비스는 AI 비서 역할

을 하면서 협업 툴 시장을 주도할 수 있다. 협업 설루션 소프트웨어 시장은 2031년까지 세계적으로 537억5,000만 달러(74조 원)까지 커질 것으로 전망된다.

○ 소위 'K-스타트업'들도 챗GPT를 활용해 흥미로운 생성 AI 서비스를 개발하고 있다. 특정 키워드를 입력하면 맞춤형 음원을 작곡해주는 포자랩스, 엔비디아와 인텔에서 전략적 투자를 유치해 영상 검색, 분류, 생성 분야 AI를 개발하는 트웰브랩스, 생성 AI 기반의 AI 학습 도우미와 진단 플랫폼을 서비스하는 뤼이드 등이 눈길을 끈다.

○ 거대언어모델 GPT-4에다 그룹 내부 문서를 연동해 업무에 활용하는 회사(동원그룹)가 있는가 하면, 자사 데이터 1만여 건을 학습시킨 AI 카피라이터를 도입해 3시간 만에 광고 문구를 만드는 회사(현대백화점)도 있다. AI 덕분에 업무 담당자를 일일이 찾아야 하는 번거로움을 없앤 회사(LG CNS)도 있고, 기업용 AI 설루션으로 재무 정보, 시장 동향 파악, 보고서 작성·요약, 번역 등을 빠르고 효율적으로 얻는 기업(SK C&C)도 있다. 문서 요약부터 상품 추천·보고서 작성 등 다양한 AI 서비스를 만드는 기업용 플랫폼으로 생산성을 높인 회사(LG CNS)도 있다. SK텔레콤은 통신사지만 마케팅 상품 설명서 등 업무별 맞춤형 AI 서비스를 제작할 수 있는 '엔터프라이즈 AI 마켓'을 출시했다. 업무에 응용하여 기업의 생산성을 획기적으로 높일 수 있는 AI 서비스는 그야말로 무궁무진하다. 아직은 이러한 AI 서비스가 제대로 나오지 않은 시점이라고 봐야 한다. 인터넷·스마트폰·클라우드 같은 혁명적인 기술이 10년 사이클로 움직였던 것처럼, AI도 향후 10년 동안 다양한 산업에 다양한 목적·형태로 더욱더 널리 활용될 것이다.

✦ 적자 늘어난 AI 기업, 두 마리 토끼 잡기

AI 기술을 앞세워 기세 좋게 출발했으나 끈질긴 적자의 벽을 맞닥뜨린 우리나라 AI 기업들은 이제 실적 개선과 성능 개선이라는 두 마리 토끼를 다 잡아야 한다. 코스닥에 상장된 솔트룩스, 코난테크놀로지, 알체라 등 대표 AI 설루션 기업들의 매출은 커졌지만, 적자는 점점 늘어나 비즈니스를 무겁게 짓누르고 있다. 바이브컴퍼니, 마음AI 등도 적자를 면치 못하고 있다. 이들은 모두 LLM 등을 자체 개발하면서 AI 기술 내재화에 수년간 투자해왔다. LLM 기반의 생성 AI 분야는 양질의 데이터, 대규모 연산능력, 고성능 GPU 등 인프라 부문에 대한 거액의 투자, 우수 인재 등의 요소가 경쟁력을 좌우한다. 여러 해에 걸쳐 수천억 원을 들여 LLM 등을 개발하더라도, 그것만으로 당장 수익을 내기는 쉽지 않은 것이다. 그래서 자체 AI 모델 개발 대신에 오픈소스나 경량화 언어모델 등을 실리적으로 선택하는 기업들도 생긴다. 챗GPT나 하이퍼클로바X 같은 범용 AI가 아니라, 특정 업무나 산업에 맞는 좁은 범주의 '버티컬 AI 서비스'로 특화한다는 얘기다. 정부의 AI 산업 정책 역시 LLM이나 장기에 걸친 국가 주도형 프로젝트보다 실제 수요 창출의 길을 열어주는 스타일의 프로젝트에 집중해야 할 것이다.

앞으로 생성 AI 경쟁의 관건은 결국 수익성이다. 우리에게 처음 소개되며 호기심과 경외의 대상이 된 챗GPT는 불과 몇 달 만에 수억 명이 사용할 정도로 인기가 하늘을 찔렀지만, 오래지 않아 정체기에 접어들었다. 호기심 만족 수준의 단순한 서비스로는 의미 있는 매출을 올리기 어렵다. 결국, 누가 생성 AI를 의료, 교육, 금융 등 꼭 필요하면서도 확실히 돈 되는 서비스로 재가공해서 제공하느냐에 따라 판도가 바뀔 것이다.

어떤 분야든 AI로 생산성을 끌어올리고자 하는 것은 기업들의 공통된 수요 아니겠는가. 특히 이런 AI 기술이나 서비스는 한 번 채택하면 계속 사용하는 경우가 대부분이라, 초기에 시장을 점유하는 것이 무엇보다 중요하다.

2

돈 벌려면
장터를 열어야지

스마트폰의 모바일 앱 장터와 같은 성격의 AI 장터인 'GPT 스토어'가 문을 열었다. 누구나 맞춤형 챗GPT를 만들 수 있고, 쓸 수 있고, 이 점포에서 사고팔 수 있고, 공유할 수 있다. 개발자들이 GPT 스토어로 모이고, 사용자들이 GPT 스토어를 찾는 선순환 구조가 만들어지고 있다.

문자 그대로 거대한 AI 생태계가 생기게 됐다. AI의 개인화 시대가 열렸다는 해석도 가능하다. 애플과 구글이 만든 앱스토어가 수많은 앱 창작과 거래를 활성화해 '모바일 혁명'을 촉발했던 것과 견줄만하다. 전문가들이 GPT 스토어를 AI 혁명의 기폭제로 받아들이는 이유다. 게다가 맞춤형 챗GPT를 개발한 사람은 오픈AI에서 이익을 배분받는다. 판매 규모에 따라 AI 시대의 유니콘이 될 수도 있다는 얘기다.

오픈AI는 왜 서둘러 GPT 스토어를 열었을까? 챗GPT 이용자가 18억 명으로 정점을 찍은 뒤 감소세로 돌아서며 성장세가 주춤했다는 게 큰 이유일 것이다. GPT 스토어가 생성 AI 시장의 분위기를 바꿀 수 있을까? 일단은 그렇게 보는 시각이 많다. 능력 있는 AI 개발자들이 수익을 기대하여 GPT 스토어에 몰리고 장터가 활발해질 가능성이 크기 때문이다. 아무튼 GPT 스토어는 AI 기술의 '수익성 추구' 트렌드를 적나라하게 상징하는 사건이다. 그리고 'AI 장터 경쟁'은 이미 벌어졌다. 오픈AI의 GPT 스토어에 이어 구글과 MS 같은 빅 테크들도 장터에 뛰어들 태세다. 모바일 앱 장터의 경우, 일찌감치 기선을 제압했던 애플과 구글이 장악하여, 거래 수수료로만 연간 수십조 원을 챙기고 있다. 후발주자들은 대부분 흔적도 찾기 어렵다. AI 장터 역시 숨 가쁘게 움직이지 않고서는 주도권을 잡기 어렵다는 논리가 성립된다.

◆ 별의별 챗봇이 다 있네

스토어에는 오픈AI의 오리지널 '챗GPT'가 아니라, 이를 기반으로 만들어진 수많은 'GPT들'이 넘쳐난다. 컴퓨터 언어를 전문적으로 해야만 만들 수 있었던 애플·구글의 앱과는 달리, 이런 GPT들은 일상 언어로 챗GPT와 대화하면서 만들어낸다. 덕분에 사전 검수를 통과해야 등록되는 이런 맞춤형 챗GPT가 이미 300만 개 이상을 헤아린다고 한다. 스마트폰 앱스토어에서 필요한 앱을 찾듯, GPT 스토어 검색창에 키워드만 넣으면 챗봇 리스트가 나온다. 거의 모든 분야의 맞춤형 챗봇이 있다. 모바일 앱 장터의 수익 모델을 AI 시장에서 구현한 GPT 스토어가 선점에 성공할 경우, 오픈AI의 가장 확실한 수익원이 될 것으로 예상된다.

GPT 스토어는 인기 차트, 글쓰기, 교육, 이미지 생성모델 달리, 라이프스타일 등 8개의 큼직한 범주로 나뉘어 있다. 그리고 이 범주들로 들어가면 그야말로 '없는 게 없을 정도로' 다양한 챗봇들을 만날 수 있다. 2분도 안 돼 47초짜리 쇼츠를 만들어내는 '비디오 메이커', 논문 2억 편을 바탕으로 전문적인 지식을 제공하는 '컨센서스', 문학적인 작문 스타일을 제안하는 '크리에이티브 라이팅 코치', 기업의 로고 제작을 위한 맞춤형 '로고 크리에이터', 중고생에게 과학과 수학을 가르치는 'CK-12', 운동 목적과 건강 상태에 맞추어 운동 스케줄을 짜주는 '체육관 코치', 안주·음식에 어울리는 와인을 제안하고 와인의 역사·배경까지 알려주는 '소믈리에', 심지어 타투 도안에 특화된 '타투GPT'에 이르기까지 말이다.

모두 원래의 챗GPT가 제공하기 힘든 콘텐트다. 게다가 챗GPT보다 원하는 특정 분야에 특화돼 있어서, 해당 분야의 전문적인 지식을 제공하는 것이 강점이다. 그 분야에 딱 필요한 데이터만 학습했기에 헐루시네이션 현상도 생기지 않고, '문화 편향'이란 문제를 일으키지 않는다는 점도 눈에 띈다. 이런 앱을 출시한 기업들은 자사의 다른 유료 구독 모델을 추천하는 식으로 수익 모델을 만들기도 한다. 스마트폰 시장 초기에 벌어졌던 앱 경쟁이 AI 시대에 재연되고 있는 셈이다.

✦ 수천만 원짜리가 헐값에 풀리다

국내 AI 스타트업들, 특히 뤼튼테크놀로지, 달파 같이 이미 GPT 스토어와 비슷한 플랫폼을 운영하는 스타트업들은 GPT 스토어 개점에 촉각을 곤두세울 수밖에 없었다. 비즈니스 모델 자체를 수정해야 할지도 모르기 때문이다. 과거에도 오픈AI가 챗GPT에 입력할 수 있는 데이터를 3,000개 단어에서 300페이지로 확대하자, LLM의 입력값 문제를 해결하는 스타트업이 설 자리를 잃은 사례가 있었다. 텍스트의 음성 변환 기능을 지원하는 GPT-4T의 사업 영역이 'AI 성우' 서비스를 제공하는 국내 스타트업의 그것과 겹친 일도 있었다. 오픈AI의 새로운 서비스가 AI 스타트업의 일거리를 빼앗는다는 것은 생소한 지적이 아니다.

GPT 스토어는 적지 않은 국내 AI 스타트업들에 직·간접적인 영향을 끼칠 수밖에 없다. 파급력은 이보다 더 클 것으로 전망된다. 그들이 수천만 원을 받고 기업이나 기관에 팔던 AI 챗봇이 GPT 스토어를 통해 헐값에 풀리는 셈이니, 타격을 받지 않겠는가. 모바일 앱 개발사들이 구글과 애플에 꼼짝없이 종속당했던 것처럼 AI 스타트업이 오픈AI나 다른 글로벌 빅 테크에 종속될 것을 걱정하는 목소리도 나온다. 더 심각하게는, 장기적으로 LLM 개발의 의지를 아예 꺾어버리는 결과를 가져올 수도 있다. 오픈AI가 LLM의 성능을 높이면서 사용료는 반대로 낮추고(GPT-4T 이용료는 이전 버전 36% 수준) 있어서다. 이렇게 되면 국내 AI 스타트업 상당수는 오픈AI를 따라갈 엄두도 못 내고, 대신 GPT나 라마 2 등 빅 테크들의 LLM을 빌어서 서비스를 개발하는 편을 택하게 된다.

물론 반대의 논리도 있다. 오픈AI의 공격적 확장이 국내 AI 생태계 확장에 장기적으로 도움 된다는 전망이다. 오픈AI의 글로벌 플랫폼을 매개로 좀 더 수월하게 사업을 확장할 수도 있다. 이는 15년 전 국내 앱 개발사들이 애플의 모바일 앱스토어를 통해 해외에 성공적으로 진출한 경험이 뒷받침할 수 있는 논리다. 그래서 GPT 스토어가 더 좋은 성능의 GPT를 더 싸게 사용하도록 만들어주는 데다 해외 판매처를 확보할 기회도 된다는 주장이 나온다.

오픈AI뿐이겠는가. 애써 개발한 LLM을 확산시켜야 새로운 수익을 확보할 터이니, 구글과 메타 등 다른 빅 테크도 비슷한 AI 플랫폼을 내놓을 것이 뻔하다. 결국, GPT 스토어의 등장은 위기이자 기회라고 봐야 할 것 같다. 자금 문제 등으로 영업조직조차 제대로 갖추지 못한 스타트업에겐 나쁠 것도 없지 않을까. 고객층을 구축해야 하는 부담에서 벗어나 개발에만 집중할 수 있으니 말이다. 범용 AI 챗봇 시장을 어느 정도 잠식당하는 대신, 해외 진출은 한층 쉬워진다. 이미 GPT 스토어에서 자신들의 서비스를 테스트하는 기업들도 있다.

◆ 출발부터 삐걱대는 GPT 스토어

맞다, GPT 스토어가 AI 대중화를 앞당기고 있긴 하다. 그러나 모바일 앱스토어의 AI 버전이 되기엔 무리인 듯하다. 초반에 쏟아진 높은 관심이 두 달도 안 돼 식어가는 모습이다. GPT 스토어에 챗봇을 공개하려던 계획을 접었다는 이야기도 자주 들린다. 부정적인 평가도 다양하다. 왜일까?

스토어 이용자가 챗GPT에 비해 많지 않다는 게 가장 큰 문제다. 일단 GPT-4 유료 버전 이용자만 GPT 스토어에 입장할 수 있다. 누구든 들어와서 앱을 건별로 구매하는 애플과 구글의 모바일 앱 판매 방식과는 다르다. 일종의 '입장료 모델'인데, 이게 가장 큰 한계로 보인다. 앱을 구매할 때마다 건별로 결제하는 방식보다 문턱이 훨씬 높다.

또 다른 문제는 스토어에 올라온 챗봇이 'AI 윤리를 위반한다, 보안이 취약하다' 같은 불평이나 지적이다. 이러한 사례들이 적지 않아서, 사용자들도 쉽게 유료 구독할 마음이 생기지 않는다. 웹 분석 사이트 Similarweb(시밀러웹)에 따르면 GPT 스토어의 맞춤형 챗봇 사용량은 챗GPT 글로벌 웹 트래픽의 약 2.7%에 불과하다. 대중화에는 아무래도 좀 시간이 걸릴 것 같다.

출발부터 터진 보안 문제도 난감하다. GPTs로 만든 챗봇에서 프롬프트 데이터가 담긴 파일을 빼냈다는 개발자들의 경험담이 돌아다닌다. 프롬프트가 공개된다는 것은 비유컨대 건물 설계도가 유출되는 것과 마찬가지로, 소프트웨어 업체에겐 치명적이다.

스토어에 나온 챗봇 중에는 AI 윤리를 위반한 것도 적지 않다. 성희롱 가능성 등 윤리적 이슈 때문에 AI 업계는 AI로 '가상의 연인' 만들기를 지양한다. GPT 스토어 이용약관에도 연애 관계를 조성하는 GPT는 불허한다고 명시돼 있다. 그런데도 스토어에 올라오는 챗봇이 관리되지 않고 있다. 그리고 수백만 GPT가 쏟아져 나와서 그런지, 헐루시네이션 문제를 해결하지 못한 챗봇이 뜻밖에 많다. GPT 스토어의 신뢰도를 떨어뜨린다. 그렇다고 그 많은 챗봇의 성능을 사전 검수하는 것은 불가능해 보인다. 마지막으로 한국어 사용자들에 국한된 얘기지만, 언어 때문에 쓸 수 있는 챗봇이 많지 않다는 것도 불편하다.

반도체 시장보다
3배나 큰 AI 시장

잠시 AI라는 '비즈니스'의 전체 파이를 생각해보자. 도대체 AI는 얼마나 빨리 얼마나 큰 비즈니스가 될 것이기에 이처럼 떠들썩할까? 명성 높은 글로벌 컨설턴트들 사이에는 AI 시장이 2023년의 1,650억 달러에서 2030년엔 1조5,000억 달러까지 10배 이상 커질 거란 전망이 지배적이다. 연평균 성장률로 표현하면 38.1%의 놀라운 성장이다. 1조5,000억 달러면 얼마인지 감조차 잡기 어려우니, 실제 다른 산업의 크기와 견주어보면 실감이 날까. 세계 반도체 무역통계기구(WSTS)에 따르면 2022년 글로벌 반도체 시장 규모가 5,500억 달러였으니, 앞으로 AI 산업이 현재 반도체 시장의 3배 정도로 커질 거란 얘기다.

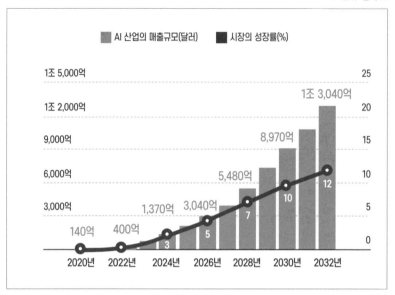

생성 AI 시장의 성장 전망

(단위 : 달러, %)

자료 : IDC, 블룸버그

근거 있는 전망일까? 나는 <챗GPT 혁명>(2023)을 펴낸 후로 기회 있을 때마다 AI의 미래 성장 가능성이 '생산성 향상에 얼마나 보탬이 되느냐'에 달려 있다고 강조해왔다. 전문가들의 의견을 모아 봐도 AI 산업의 폭발적 성장 전망의 이유는 '생산성/편의성/실용성'으로 요약된다. AI가 잠시 잠깐 호기심의 대상이나 '거품'으로 끝나지 않을 거란 이유 또한 그 세 가지가 근거다.

과연 생성 AI의 생산성은 놀랍고도 압도적이다. 내 질문에 맞춰 내놓는 수준 높은 결과물부터 시작해, 어떤 산업 분야를 예로 들더라도 상상하기 힘든 생산성의 증대를 자랑한다. 그뿐인가, 인간으로선 도저히 불가능한 짧은 시간에 가히 일당백의 성과를 낸다. 비교적 쓰기 쉽고도 편리하다. 블록체인처럼 난해하고 복잡하지도 않다. 그냥 '프롬프트' 만 주면 된다. AI는 재주도 많다. 팔방미인이 따로 없다. '채팅'은 말할 것 도 없거니와, 글쓰기, 그림 그리기, 번역, 작곡, 코딩, 비디오 창작에 이르 기까지 인간의 창의력을 대체할 정도다. 놀랍도록 범용성이 뛰어나다는 얘기다. 이렇듯 세 가지 요소가 확실히 합쳐져 있는 AI 기술이니, 수요가 두고두고 증가할 수밖에 없지 않겠는가.

◆ 이익에 초연한 '착한 AI'도 많다

AI가 수익을 향해 내달리는 또렷한 경향에도 불구하고, 돈과는 관계 없이 취약 계층 지원 등 공익 목적으로 활용되는 AI도 점점 많아지고 있 다. 세상의 빅 테크들이 어디를 지향하든, 불우한 환경의 사회적 약자를 돕는 '착한 AI'는 그 나름의 영역을 넓혀갈 것이다.

○ 발달장애인이 체육·언어·직업 등을 교육받는 돌봄 시설. 비전 AI 기술을 적 용한 카메라가 발달장애인 개개인의 움직임을 인식·분석해 기록한다. 발차 기·주먹질·쓰러짐·드러눕기 등의 행동을 파악하고 과거와 비교해 개선이나 악화의 정도를 알려준다. 이에 맞춰 해결책을 찾고 교육 계획을 짠다.

○ 시각장애인이 메뉴를 파악하도록 음성으로 돕거나(Sullivan Finder: 설리번 파인더), 난청인이 목소리를 더 잘 들을 수 있도록 돕는 AI 기술도 있다. 프랑스의 스 마트 안경 'Nuance(뉘앙스)'는 말을 거는 사람의 목소리를 순식간에 잡아내 안경다리 끝에 탑재된 스피커로 증폭해 들려주는 AI 서비스다. 홀로 사는 노인에게 자동으로 전화를 걸어 일상의 주제로 이야기를 나누는 네이버의 AI 돌보미(클로바 케어 콜)도 있다.

○ 영국 정부는 'AI Hit Squad(AI 히트 스쿼드)'라는 TF를 꾸려, 난민·이민 관련 업무를 신속히 처리하고 국민 보건 서비스 효율을 높이고 있다. 미국의 일부 지방정부는 AI를 활용해 7개 분야의 공공 데이터를 분석하여, 노숙자가 될 확률을 추적하고 위험도가 높은 사람들을 적극적으로 연락해 도움을 준다.

○ 화재 진화 현장에서도 AI 기술이 활용된다. 바이브컴퍼니의 AI 시스템은 17종 유해 화학물질에 대한 53만 건의 데이터를 학습해, 화재나 폭발 사고 발생 시 특정 화학물질을 판독하고 대응한다. 화재 현장 영상에서 불길과 연기의 모양, 색, 연소 형태 등을 분석해 73%의 정확도로 사고 물질을 판독하고 대처 방법과 응급조치까지 제공한다.

TIDBITs

Zero Trust, 아직 몰라?

생성 AI, 클라우드, IoT, 6G 확산이 본격화하고 디도스, 랜섬웨어 등 해킹이 기승을 부리자, 차원 높은 보안모델이 필요해졌다. '입구만 잘 지키는' 기존의 보안 체계로는 어림없다. 대안으로 제시된 것이 Zero Trust(제로 트러스트), 시스템 접근부터 데이터 열람까지 신원 확인과 검증을 반복하는 새로운 보안 체계를 말한다. 이름처럼 '아무도 믿지 말라'는 원칙이 기본 전제다. 서버, 컴퓨팅, 데이터 등을 각각 분리해 보호하므로 시스템 하나가 뚫려도 다른 시스템은 지킬 수 있다. 신원이 확실해도 접근 권한은 최소한이다.

미국, 영국의 '제로 트러스트 아키텍처'부터 일본과 중국까지 앞다퉈 제로 트러스트를 도입하고 있다. 제로 트러스트 개념이 알려진 지 2년이 지난 한국에선 여전히 관심이 적어, 이를 전혀 모르는 기업이 62%를 넘는다. 제로 트러

성장하는 제로 트러스트 시장

(단위 : 억 달러)

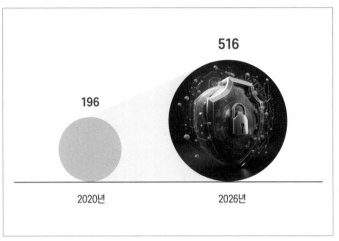

516

196

2020년   2026년

자료 : 마케츠&마케츠

스트 도입을 주저하는 사이 해킹은 증가하는 추세다. 2023년 사이버 침해 사고는 1,227건, 이 가운데 보안 체계가 허술한 중소기업 피해가 81%에 달했다.

제로 트러스트가 미래 먹거리가 될 거라는 관측도 나온다. 위의 도표에서 보다시피, 2026년이면 516억 달러의 시장이 될 것이기 때문이다.

제7장

고개 드는 AI 민족주의:
AI 생태계의 각자도생

챗GPT 혁명 초기에 이미 'AI Sovereignty(AI 주권)'라는 표현이 쓰이기 시작했다. 챗GPT 등에 맞설 수 있는 우수한 AI 기술을 하루빨리 확보해 기술적으로 종속되지 말아야 한다는 얘기다. 미국의 생성 AI 기술 독주에 큰 위기감을 느낀 유럽의 AI 전문가들과 정책 당국자들이 특히 목소리를 높인다. EU 차원의 AI 기술 개발이 시급하다는 것이다. 막대한 파급력을 지닌 AI 기술은 국가 경제와 사회 안보 차원의 핵심 역량이라는 확고한 인식이 배경이다. 어느 한 국가나 기업에 의존하지 않는 지정학적 다양성을 시급히 확보해야 한다는 지적이다. 한국도 다를 바 없다. 네이버가 생성 AI 기술에 집중하고 있으나, 챗GPT나 제미나이와의 격차가 너무 커 AI 자체 개발에 대해서는 회의적이다.

어떤 국가든 자체 LLM에 기반을 둔 생성 AI 기술을 갖추지 못한다면, 장·단기적으로 미국에(어쩌면 중국에도) 종속될 수밖에 없다. AI에 관한 한 미국이 누리는 장점은 압도적이다. 유럽, 일본, 한국 등의 열세는 언급이 필요 없을 정도다. AI 개발에 필요한 언어 데이터의 규모, AI 인재의 집중도, 기술 투자 생태계의 규모 등 모든 면에서 그렇다. 정책의 도움과 환경 조성이 필요하다. 지금처럼 AI 기술 개발·투자를 시장과 기업에만 맡겨 놓아선 그 격차를 따라잡기가 힘들다. 머지않아 미국이 막대한 AI 기술 이용료를 세금처럼 걷어갈지도 모른다.

그래서 AI 전문가들은 이런 말을 종종 주고받는 걸까. "AI는 빠르고 정치는 느리다."

중국,
'레드 테크'의 역습

　미국의 악착같은 제재에도 불구하고 중국의 AI 연구는 여전히 세계 최고 수준이다. 서구와 달리 14억 자국민 데이터를 별 규제 없이 맘대로 수집하면서 역량을 키워왔다. 정부의 노골적 지원으로 중국의 AI 기술은 연구 수준에서 미국과 막상막하다. AI 특허와 관련 논문에서는 미국을 크게 앞선다. 다만 미국의 규제로 첨단 반도체를 공급받지 못해 상용화가 안 될 뿐이다. 첨단 AI 개발에서 중국이 고전하는 모습은 숫자로도 확인된다. 국가별로 개발한 중요 AI 모델 개수에 있어 미국은 61건, EU가 21건임에 반해, 중국은 15건에 그쳤다. 중국의 'AI 굴기'를 조기 진압하겠다는 미국의 규제가 중국의 AI 투자를 6년 전 수준으로 후퇴시키는 등, 확실히 영향을 미친 것이다.

　중국의 AI 반도체 자립 시도는 눈물겨울 정도다. 그야말로 '이가 없으면 잇몸' 식이다. 화웨이가 개발해 7나노 공정으로 제조한 AI 반도체 '어센드 910B'는 엔비디아의 옛 모델과 비교해도 70% 수준이지만, 그런 필사의 개발 노력을 보여준다. 그 외에 2018년 중국 최초의 AI 반도체를 독자 개발했던 바이두(百度; Baidu)도 반도체 자립에 한몫하고 있다. 바이두는 미국의 반도체 제재에 맞서, '실리콘 밸리보다 출발은 늦었지만, AI 패권은 바이두에 오고야 만다'는 의지로 줄곧 대규모 투자를 이어오고 있다.

챗GPT 열풍 직후 중국 최초의 AI 챗봇을 만든 것도 바이두였다. 한때 '짝퉁 구글'이란 오명에 시달렸지만, 자체 개발 LLM을 기반으로 '어니봇(文心一言; Ernie Bot)'이라 불리는 이 챗봇은 출시 13개월 만에 2억 명이 넘는 사용자를 확보했다. 삼성 갤럭시S24 시리즈와 애플의 중국 판매용 아이폰을 위시해 글로벌 스마트폰들도 중국 출시를 위해선 어니봇을 내장한다. 텐센트의 위챗처럼 어니봇도 머지않아 중국 14억 인구가 쓰게 될 것이란 예상 때문이다.

바이두의 AI 개발 역사는 10년이 넘는다. 이미 2013년에 딥 러닝 연구조직을 갖추었고, 이듬해 'AI 4대 천왕'인 앤드루 응 스탠퍼드 교수를 영입하며 실리콘 밸리에 연구소를 세웠다. 지금도 바이두는 실리콘 밸리와의 격차를 좁히기 위해 AI 인재 확보에 목숨을 건다. 최대 5,000만 위안(96억 원)의 상금이 걸린 '어니컵 창업 경진대회'를 열어 개발자·창업자를 끌어모으는 동시에 바이두의 AI 툴 활용도 독려한다. 바이두의 2023년 R&D 투자는 매출의 18%인 241억9,200만 위안으로, 연간 순이익과 맞먹는다. 최근 10년간 R&D 누적 투자액만 1,700억 위안(약 32조4,000억 원)에 달하는 글로벌 IT 기업으로 성장했다. 바이두는 AI와 자율주행차의 결합에도 (구글보다 5년이나 뒤처졌지만) 지대한 관심을 기울이고 있다.

✦ 텐센트 '토큰 경쟁'에서 일등

AI 야심을 숨기지 않았던 중국 최대 IT 기업 텐센트는 2023년 9월 자체 개발한 LLM '훈위안(混元; Hunyuan)'을 공개했다. 특히 학습한 토큰(말뭉치)이 무려 3조 개라고 해서 경쟁사들을 주눅 들게 했다. 비교해보라, 네이버가 2021년 선보인 한국 최초 LLM이 5,600억 토큰을 학습했고, GPT-3에는 3,000억 개의 토큰이 투입됐다. 텐센트는 위챗(微信; WeChat)이라는 자사의 SNS 플랫폼에 차곡차곡 쌓인 방대한 데이터를 AI에 활용했다. AI 성능 개선에 토큰은 가장 확실한 수단이어서, AI 칩 성능이 떨어지는 건 어떻게든 견딜 수 있어도 토큰 수가 떨어지면 데이터 학습의 효율 저하를 막을 길이 없다고 한다. 초대규모 오프라인 데이터를 확보·활용할 수 있는 건 중국 기업들뿐이다. 공공연한 비밀이다. 그래서 가령

텐센트가 개발한 생성 AI 훈위안의 이모저모

매개변수
1,000억 개 이상
(3조 개 이상
토큰 학습)

지원 기능
대화형 챗봇
이미지 생성
문자 인식

지원 언어
영어
중국어

적용 분야
금융·공공서비스
전자상거래
게임 등

자료 : 텐센트

정부가 주도했던 AI 안면인식 기술은 세계 최고 수준이다. 특히 텐센트의 위챗은 14억 인민의 거의 모든 일상생활에서 '리모컨'처럼 사용되고 있는지라, 얼마든지 AI 학습용 토큰을 대량 확보할 수 있다. 적어도 데이터의 기근 현상은 걱정할 필요가 없다.

◆ 기업용 AI로 확장하라

훈위안은 수치 및 논리의 추론과 다단계 대화 등 성능이 탁월한 최상위 모델이며, 이미지 생성, 텍스트 인식, 카피라이팅 등 다양한 기능을 지원한다. 주요 산업에서의 높은 활용도를 인식한 텐센트는 중국의 최대 약점으로 꼽히던 기업 AI 분야를 집중해 공략하고 있다. 자사의 게임 비즈니스에 AI를 활용해 게임 콘텐트 제작 시간을 줄이고 스토리를 풍성하게 만드는 생성 AI 게임 엔진을 개발했는가 하면, 기업용 AI 서비스 400여 개를 20개 산업군의 국내 기업들에 제공하고 있다. 텐센트의 AI 클라우드로 주요 산업의 정형화된 데이터를 축적해 B2B 측면의 약점을 극복한다는 전략이다.

2023년에만 640억 위안(약 12조 원)을 R&D에 쏟아부은 텐센트는 AI 기술을 무기로 글로벌 확장에 나섰다. 한국의 넥슨, 스마일게이트, 크래프톤과도 협력 중이다. 특히 최근엔 중남미와 중동에서 AI 생태계를 다지고 있다. AI, 클라우드, 빅데이터 등을 통합해 맞춤형 AI 설루션을 제공하는 글로벌 비즈니스를 추구한다.

✦ 팔 걷어붙인 정부

미국의 첨단산업 제재에 짜증 난 중국 정부의 AI 지원도 더할 나위 없이 적극적이다. 2035년까지 완성할 '7대 첨단 과학기술' 리스트 맨 위에 AI가 올랐다. 1조5,000억 달러(2,068조5,000억 원)를 투입해 2030년까지 'AI 굴기'를 완성한다는 목표부터가 한국으로선 부러울 따름이다. 이미 5년 전에 고급 외국인 전문가 유치 계획도 발표했다. 과학기술 강국과 혁신 국가를 만들겠다는 의도다. 특히 정부가 핵심 분야로 지정한 차세대 정보통신, 제조업, 첨단 신소재 관련 기술을 보유한 외국 인재 유치에는 물불을 가리지 않는다. 이러한 외국 인재 유치 전략은 챗GPT 혁명 후 1년간 더 강화된 모습이다.

중국이 미국과의 AI 기술 격차를 2년 안에 따라잡을 걸로 전망하는 전문가들도 적지 않다. 반대로 중국의 AI 패권 확보를 어렵게 하는 걸림돌을 지적하는 이들도 많다. 미국의 규제 탓에 세상과 단절된 상태에서 스스로 차세대 AI 모델을 개발해야 하는 어려움이 첫째다. LLM 등 이미 공개된 모델을 기반으로 AI 서비스를 펼칠 수는 있지만, AGI 등 높은 차원의 AI 기술 개발은 힘들 거란 지적도 있다. AI 창작의 자유를 억제하는 중국 정부의 정치·사상 검열도 적지 않은 장애라는 지적도 빼놓을 수 없다.

유럽,
AI에는 공격적인 구대륙

신대륙과 구대륙의 이미지 차이처럼, AI 비즈니스에서도 유럽은 미국을 몇 걸음 뒤에서 힘겹게 좇아가는 형세이긴 하다. MS 혼자서 AI에 100억 달러의 투자를 퍼붓는데, 유럽 내 AI 투자는 거기에도 못 미치는 상황임을 EU도 잘 인식한다. 하지만 유럽 내 주요국에도 AI는 결코 놓칠 수 없는 중차대한 시장이다. AI 산업의 선두에 서서 매력적인 부가가치를 누릴 수만 있다면 공격적인 투자도 마다하지 않는다. 프랑스, 독일, 네덜란드는 AI 투자를 위한 국부 펀드까지 조성해, 각각 프랑스어 기반 LLM, 소프트웨어 코딩 AI, 의료용 AI 개발에 매진하고 있다. EU 회원국들이 공동으로 자금을 동원해 수천억 달러 압도적인 규모로 투자하는 소위 '문샷(Moonshot) 프로젝트도 논의되고 있다.

유럽에서는 공중보건·의료, 교육, 세무 같은 분야가 특히 AI 기술 활용이 급격히 확산할 영역으로 꼽는다. 그러나 질 높은 전문가들은 한 나라에 집중적으로 모여 있는 형국이다. AI 분야의 최고 인재들이 미국에서만 활약할 수 있대서야 말이 되는가. 유능한 AI 전문가들이 세계 여러 곳에서 공공 영역에 봉사할 수 있어야 한다. 그래서 다국적 항공기 제작사 Airbus(에어버스)처럼 EU 국가들의 '컨소시엄 AI 기업'을 만들자는 주장까지 나온다.

특히 이세돌 9단과 대결한 '알파고'의 제작사 DeepMind(딥마인드), 머신 러닝 전문업체 Graphcore(그래프코어), AI 기반 신약 개발기업 BenevolentAI(버네벌런트AI) 등을 보유한 영국은 다섯 손가락 안에 꼽히는 AI 시장을 구축했다. AI 기업으로 불릴 수 있는 업체가 무려 3,170여 개다. 전체 산업의 20%에 가까운 기업들이 적어도 1개 이상의 AI 기술을 활용한다.

AI 관련 뉴스에 자주 오르내리지는 않지만, 독일도 이미 6년 전에 AI 경쟁력 강화를 위한 종합 전략을 마련했다. 대다수 기업이 AI를 차세대 기회로 인식해 매우 적극적으로 활용하고 있으며, AI 투자에도 어느 나라 못잖게 적극적이다.

전체 국내 기업 중 AI를 도입한 비중이 15% 수준이라는 스페인은 대기업을 중심으로 AI 솔루션을 활발하게 도입하는 추세다. 가령 1,630개가 넘는 점포를 자랑하는 최대 슈퍼마켓 체인 Mercadona(메르카도나)는 2021년부터 자국 스타트업이 개발한 냉장고 최적화 AI 예측 관리 시스템을 운영한다. 의류 기획·디자인, 생산·제조, 유통·판매의 전 과정을 책임지는 SPA 기업 Inditex(인디텍스)는 AI로 생성한 모델에 자사 브랜드 제품을 입혀 온라인으로 홍보한다.

중동, 석유 각축장에서
'AI 격전장'으로

오랫동안 중동은 석유 자원을 둘러싼 강대국의 대결장이었다. 누구나 알고 있는 역사다. 하지만 그런 중동이 지금은 AI 격전지로 변하고 있다. 더는 원유에 의존할 수 없게 된 중동이 '포스트 오일' 시대를 위해 AI와 기타 첨단 분야에 막대한 자금을 쏟아붓자, 이 시장을 차지하려는 경쟁이 치열해진 거다. 특히 미국과 중국의 주도권 싸움이 한창이다. 게다가 AI 개발에 막대한 금액의 투자는 필수인지라, 사우디아라비아나 UAE 같은 부자 나라는 투자자로서도 더할 나위 없는 대상이다. 특히 미국의 기술 제재로 서방과의 협력을 통해 AI를 개발할 길이 막힌 중국은 중동과의 협력을 열망한다.

이미 2022년에 사우디와 AI 분야 파트너십을 체결한 중국은 최근에도 '디지털 실크로드 포럼'을 열고 중동·아프리카 우방국들과 AI, 나노 기술 등 첨단 분야의 협력 방안을 논의했다. 사우디의 킹 압둘라 과학기술대학에는 중국의 AI 전문가들이 현지 연구원들과 함께 AI를 연구·개발해왔으며 'AceGPT(에이스GPT)' 모델을 내놓기도 했다. UAE 투자청이 설립한 AI 기업 G42는 중국 기업에 투자도 하고 중국 장비를 쓰기도 해왔는데, 아니나 다를까, 미국이 예민하게 반응하며 '중국과의 관계 단절'을 요구했다. 빅 테크의 기술력을 내세워서 본격적인 견제에 나선 것이다. 이후 G42는 중국산 장비를 배제하고 미 정부의 중재로 MS의 15억 달러(2조 원) 투자를 받는 등, '스탠스 정리'에 들어간 모습이다.

미·중의 AI 전략요충지가 된 중동

미국	중국
UAE	**UAE**
MS, 국영 AI 기업 G42에 15억 달러 투자	G42 AI 개발에 중국 화웨이 장비 사용
사우디아라비아	**사우디아라비아**
아마존웹서비스, 사우디에 7조 원 규모 데이터센터 건설	중국 AI 과학자 영입해 거대언어모델(LLM) 개발

자료 : PWC

'탈 원유'를 지향하는 중동 국가들은 아직까진 중립적 태도여서, 미·중 어느 한 편을 들지 않는다. 하지만 미국은 마음이 급하다. 중국과의 경쟁도 경쟁이려니와, 중동을 통해 첨단 기술이나 데이터가 중국으로 유출될까 봐 걱정이다. 아마존의 클라우드 서비스인 AWS가 사우디에 데이터센터를 지은 것이나, IBM이 사우디와 AI 인프라 구축 협약을 맺은 것이나, MS와의 기술 협력을 미끼로 G42가 중국과의 관계를 끊도록 유도한 것이나, 모두 '우리냐, 중국이냐, 하나만 선택'이라는 맥락에서 이해할 수 있다.

✦ '인공지능부' 장관이 있는 나라

중동 여러 나라 가운데 UAE는 유달리 진취적이고 모험적인 나라다. 국가 정책 기조부터 여타 중동 국가들과 남다름은 자타가 공인하는 바다. 하지만, UAE가 AI 강국의 당찬 꿈을 품고 있음을 아는 이들은 많지 않다. 인구 불과 1천만의 이 나라가 일찍이 2017년에 세계 최초로 'AI Minister(인공지능부 장관)'를 임명하고, 탈석유 산업 다양화의 엔진으로서

중동 각국 경제에서 AI가 차지하는 비중

(단위 : 억 달러)

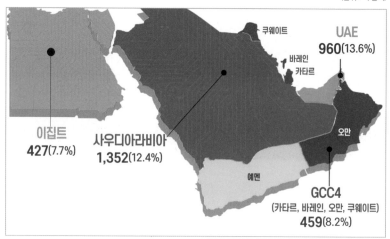

자료 : PWC

첨단 기술에 국가의 미래를 걸었다는 사실을 알고 있는 이들은 더욱 적을 것이다. 샘 올트먼이 AI 반도체 개발 투자를 받기 위해 가장 먼저 달려간 곳도 UAE였다.

UAE 정부 내 ATRC(Advanced Technology Research Council; 첨단기술연구위원회)라는 기구가 최첨단산업 구축을 책임지고 있는 가운데, 거기 소속된 TII(Technology Innovation Institute; 기술혁신원)가 R&D의 핵심이 되어 양자, 로봇, 암호학, 첨단 소재, 디지털 보안, 지향성 에너지, 시큐어 시스템의 7대 연구 센터를 운영하고 있다. AI 기업으로는 오픈AI와 파트너십을 구축한 G42가 중동 지역을 위한 맞춤형 고성능 AI 솔루션을 제공하는 데 앞장서고 있다. G42는 미국의 Cerebras(세레브라스)와 손잡고 세계 최대의 AI 학습용 수퍼컴퓨터를 만드는 중이다.

정부의 막대한 투자에도 불구하고, ATRC는 개발 중인 AI 모델의 온라인 무료 공개를 결심했다. 그 품질과 성능이 국가의 평판과 경쟁력을 충분히 증명할 거라는 자신감이 있었기 때문이다. UAE의 국조國鳥인 '매'를 이름으로 택한 AI 모델 'Falcon(팔컨)'이 공개되자, 과연 세계의 개발자들로부터 찬사가 쏟아졌다. 일부 평가에서는 구글이나 메타까지 능가해 현존하는 오픈소스 LLM 가운데 최고 성능임을 인정받았다. 단 25명으로 구성된 연구팀이 AI 개발에 명함조차 내밀지 못했던 UAE를 당당히 LLM 개발국의 하나로 격상시킨 것이다. 이제 UAE는 AI 강국이 되겠다는 꿈을 숨기지 않을 뿐만 아니라, 지정학적인 영향력까지 확산하고자 한다. 아울러 동북아에 치우쳐 있는 반도체 제조의 병목현상을 해소하는 데 자신들이 한몫할 수 있다는 논리를 펴고 있어서, AI 반도체 분야에서도 미래의 '플레이어'로 주목받을 소지도 없지 않은 실정이다.

UAE는 자신들의 강점을 이렇게 요약한다. ⑴ 국부펀드 총 1조5,000억 달러 등, 최고급 수준의 연산 성능을 구현하기에 충분한 자금력, ⑵ 원유, 천연가스, 태양력 등 자원이 풍부해서 하드웨어의 구동뿐만 아니라 데이터센터 구축에도 압도적인 경쟁력 우위, ⑶ UAE에서 일하는 AI 전문가 12만 명이 증명하듯이, 우수한 AI 인재를 끌어들이기에 넉넉할 정도의 쾌적한 근무환경 확보 및 소득세 면제, ⑷ 지난 20년간 정부 서비스의 디지털화 노력, ⑸ AI 및 첨단산업에 관한 한 정부의 신속한 의사결정 능력과 의지, ⑹ AI 학습을 위한 시민들의 익명화 데이터 혹은 개인정보 활용이 서구 주요국들보다 훨씬 수월한 점.

물론 인접국 사우디아라비아도 AI 분야 진출을 위해서만 400억 달러를 투입할 정도이며, 중국의 AI 개발을 저지하려는 미국의 직·간접적인 간섭도 만만치 않은 터라, AI 드림을 추구하는 UAE의 앞길이 마냥 순탄하진 않을 것이다. 세계적인 기준으로 볼 때 편견이 심한 문화적 특성도 여전히 넘어야 할 장애로 남아 있다. 그러나 관료 체제 합리화, 병원 수용력 개선, 교통량 절감, AI 기반의 관광산업 발전 등, AI 기술을 통한 삶의 질 개선을 목표로 삼은 UAE의 AI 야망은 앞으로도 수그러들지 않을 것이다.

◆ 네이버, 아람코와 '중동 수퍼앱' 개발

이렇듯 AI 생태계에서 중동의 무게가 더 느껴지고 있는 시점에 네이버는 세계 최대 석유기업인 사우디아라비아 아람코의 자회사 Aramco Digital(아람코 디지털)과 디지털 혁신을 도모하는 파트너십을 맺어 눈길을 끌었다. 양사는 자주적인(sovereign) AI를 지향해 아랍어 LLM 기반의 AI 서비스 개발하고, 중동에 최적화한 수퍼앱과 클라우드 구축에 나선다. 네이버 자체 LLM 기술력을 바탕으로 현지 문화·언어에 어울리는 AI 모델을 만들고 다양한 설루션을 제공하는 구도다. 또 네이버가 보유한 클라우드, 로봇, 디지털 트윈 등의 기술을 활용해 스마트 빌딩이라든지 도시 계획 분야로 비즈니스를 확장할 수도 있다. 네이버처럼 LLM을 사전학습 단계부터 자체 개발해 운영하는 기업은 서구 선진국에서도 그리 많지 않다. 아람코와의 협력은 네이버의 기술력을 글로벌 기업이 인정한 예로 봐도 좋겠다.

4

한국, 10조 원은
도대체 어디에 쓴 걸까?

생성 AI 작동의 기반인 '파운데이션 모델'을 개발한 한국 기업이 2023년 한 곳도 없었다. 가장 많이 개발한 국가는 미국으로 109개를 만들었다. 2위는 20개를 개발한 중국, 그리고 영국(8), UAE(4) 등이 그 뒤를 이었다. 한국보다 GDP 규모가 작은 나라들도 파운데이션 모델 개발에 성공했다. 알다시피 챗GPT나 미드저니 등은 모두 파운데이션 모델을 기반으로 개발됐다. 국내 업체들도 글로벌 AI 경쟁에 뛰어들었지만, 기반 기술은 해외에서 그대로 들여온 경우가 대부분이다. 한국에는 쓸 만한 LLM이 없는 데다, 해외 LLM도 한국어를 꽤 잘 처리하기 때문이다. 해외에서 핵심 AI 기술을 도입하는 기업은 많고, 고객을 만족시킬 AI 서비스를 내놓는 기술은 부족하다. 우리의 IT 생태계가 해외 빅 테크에 종속될 것이라는 우려의 목소리가 나오는 이유다.

파운데이션 모델을 위한 대규모 데이터 학습에 꼭 필요한 고성능 머신 러닝 기술 분야는 어떨까. 역시 미국이 압도적인 1위를 차지한 가운데, 중국, 프랑스, 독일, 캐나다, 이스라엘, 영국 등이 앞섰다. 심지어 UAE와 이집트도 이름을 올려 눈길을 끌었다. 한국은 2년 연속 한 건도 없다. 왜 그럴까? 투자가 부족했을까? 아니다, 국내 IT 기업들도 그동안 앞다퉈 AI에 거액(약 10조1,202억 원)을 투자했다. 그래서 AI 개발에 돈을 허투루 썼다, 적재적소에 투입되지 않았다는 지적이 나올 수밖에 없다. 개방형 AI의 성능을 순위로 매기는 사이트에서 1위를 차지했다는 자랑은 많았지만, 라마 2라든가 미스트랄 7B 같은 다른 회사의 파운데이션 모델을 활용했을 뿐이다. 자체 기술 수준이 높다고 보긴 어렵다.

✦ AI 시대에도 해외 종속?

'AI 민족주의'라는 표현이 괜히 나오는 게 아니다. AI 기술이 국가 경쟁력을 좌우하고, 국가 간 경쟁은 그만큼 더 격렬해진다. UAE는 일찌감치 AI 강국 목표를 세운 정부 지원과 막대한 국부펀드를 배경으로 '폴컨'이란 LLM을 만들었고, 프랑스는 AI 스타트업이 개발한 LLM 미스트랄을 뽐낸다. 심지어 인도에서도 AI 스타트업 Sarvam AI(사르밤)이 인도어 AI 모델 구축에 매진하고 있다. 하지만 2023년 우리나라는 AI에 대한 민간부문 투자조차 전년보다 절반 넘게 줄어든 13억9,000만 달러(1조 9,000억 원)에 그쳐 세계 9위로 내려앉았다.

한국의 AI 산업은 어디로 가고 있을까? 방향타를 누가 잡고 있을까? 목적지를 설정하기나 했을까? 어디에서 경쟁력을 찾으려 하는 걸까? 어마어마한 개발비 없이는 꿈꾸기 힘든 AI 파운데이션 모델보다 AI를 활용한 서비스 고도화에 초점을 맞추라는 지적도 나온다. 우리 문화와 언어에 특화된 '한국판' 파운데이션 모델의 중요성을 강조하는 반론도 있다. 어느 방향이든 좋다. 중요한 것은 AI 능력이 곧 국가 경쟁력이란 인식이다. AI 관련 지표에 경고등만 잔뜩 켜진 우리나라가 치열한 AI 산업 경쟁에서 뒤처지지 않으려면, 정부·전문가·업계가 한 몸으로 일사불란하게 움직여야 한다.

한국에 대해 긍정적인 지표는 없을까. 인구 10만 명당 AI 특허 수에서 10.26건으로 룩셈부르크, 미국을 제치고 1위에 올랐다는 정도다. 조사에 응한 국민의 82%가 3년~5년 안에 AI가 일상을 바꿀 거라고 답해, AI에 대한 국민의 전반적 인식도 괜찮았다. 이제 결과를 창출하고 실적으로 보여줄 때다.

제8장

인간의 능력을 뛰어넘는 AI를 향해: 종착지는 AGI

　'AGI(Artificial General Intelligence; 범용 인공지능)' 개발 경쟁은 이제 '조별 리그' 단계를 지나 '결선 토너먼트'에 접어들었다. 그야말로 챗GPT 혁명 후 1년 남짓에 AGI는 최대 화두로 떠올랐고, AGI 개발에 뛰어들지 않은 빅테크는 없을 정도다. 기술과 인력을 갖추고 '호주머니도 깊숙한' 그들이 AGI 경쟁에 참전하고 성과도 올리는 걸 보면, AGI 실현이 썩 앞당겨질지도 모르겠다. AGI 기술 고도화를 노리는 AI 기업과 반도체 기업 사이의 협업도 활발하다.

　AI 모델 중에서 매개변수가 수천억~조 단위에 달하는 모델을 '초거대 AI 모델'이라고 한다. 인간의 뇌 속 시냅스가 10조~100조 개이므로, AI 모델의 매개변수가 그 정도면 인간과 비슷한 수준일 것이라고 과학자들은 추산한다. 이들은 특정 분야 전문이 아니라 GPT-4처럼 '모든 분야의 척척박사'를 만들 수 있는 AI 모델들이다. 인간보다 똑똑한 AGI의 개발을 위해 거치는 개발 단계라고 할까. 그런데 매개변수를 늘리려면 AI 모델을 설계하는 기술도 있어야 하지만, 첨단 GPU와 AI 반도체가 대량 들어가는 대규모 데이터센터 등이 필수적이다. 그래서 천문학적 투자가 뒤따라야 한다. 그렇다고 초거대 AI 모델이 당장 '돈 되는' 사업인 건 아니다. 다만 언젠가 AGI가 실현될 때 생겨날 신시장을 선점하는 데 없어선 안 될 무기다.

✦ 도대체 AGI가 뭐길래?

챗GPT나 바드 같은 지금의 AI는 학습된 자료를 바탕으로 특정한 조건에서 인간의 프롬프트대로 지시한 일만 잘 해낸다. 이에 반해 스스로 학습하고 창작할 수 있는 능력을 갖추어, 영역 구분 없이 두루 적용될 수 있는 미래의 AI가 바로 AGI다. 인간 이상의 지능을 갖추고 모든 상황을 학습할 수 있는 인공지능을 가리킨다. 강한 인공지능(Strong AI)이라고도 부른다. 그리고 AGI야말로 AI 연구에서 가장 흥미로우면서도 달성하기 어려운 목표라는 데 이견이 없다.

AGI가 등장해 인간의 능력을 뛰어넘는 시점을 특이점(singularity)이라 부른다. 아직 명료한 판별 기준이나 정의가 확립되지는 않았지만, 일단 그런 AGI가 나오면 인간을 뛰어넘는 것, 즉, 인간의 개입 없이 스스로 진화하는 건 시간문제라고들 한다. 그렇더라도 AGI 단계에 이르기가 이처럼 고되고 지루한 건 왜일까? 머신 러닝이 현재 인식과 관련된 작업에는 능숙하지만, 개발자들의 최우선 과제인 다단계 추론을 못 하기 때문이다. 지금까지 AI 개발에 주로 쓰이는 딥 러닝만으로 AI가 감성 지능, 창의성, 윤리적 추론 능력 등 자의식을 갖는 일은 절대 없다고 주장하는 전문가들도 많다.

저커버그는 AGI 구축이 메타의 장기 비전이라고 했다. 하지만 어느 정도의 '장기'를 의미하는 걸까? AI 권위자들은 대체로 AGI 개발에 30년 이상이 필요하다고 예측한다. 그런가 하면, 젠슨 황은 5년 후면 AGI 수준에 도달할('인간의 모든 시험을 통과할') 것으로 보고, 일론 머스크는 3년 이내로 예측한다. 손정의 소프트뱅크 회장은 아예 2028년이라고 시점을 특정한다. 오픈AI 역시 AGI 완성에 4년~5년이면 충분하다고 말한다. 자신들의 초고화질의 동영상 생성 시스템 '소라'를 보면 그럴 가능성이 크다는 논리다. 또 오픈AI가 AI 기술을 개발하는 과정에서 'Q*(Q스타)'라는 모델이 나왔다고 하는데, 일각에선 이 Q스타가 AGI 탐색의 돌파구일지 모른다는 이야기도 있다. 이런저런 전망을 종합해보면, 현재의 혁신 속도를 고려할 때 지금부터 10년 안에는 AGI로 나아가는 진전이 상당히 이뤄질 것 같다.

AI가 인간 수준에 도달하려면 훨씬 더 오랜 시간이 필요하다는 반론도 만만치 않다. 가령 '인공지능 4대 구루'로 꼽히는 Yann LeCun(얀 르쿤)은 AGI 단계에 도달하려면 3년~5년 정도로는 어림없다고 말한 바 있다. 왜 그럴까? 바둑이나 체스를 두어서 인간을 이긴다든지, 변호사 시험에 너끈히 합격한다는 점에서는 AI가 제법 그럴싸하지만, 인간 수준의 인식·판단·예측·상상에는 훨씬 미치지 못한다는 이유에서다. 10대 젊은이에게 자동차 운전을 가르치는 데 20시간이면 충분하지만, AGI 수준에 이른 인공지능이라도 20시간의 학습으로 운전할 수 있겠는가. 그래서 그는 AI를 살인 로봇이니 핵무기에 비유하다니, '걱정도 팔자'라고 일갈했다.

✦ AGI, 5년으로는 어림없다

○ 오픈AI의 목표도 AGI 개발이다. 샘 올트먼이 명확하게 밝혔다. 물론 우려하는 이들도 많다. AGI는 궁극의 꿈이지만, 일단 실현되면 인간의 능력을 뛰어넘을 뿐만 아니라 인간의 통제도 벗어나고 인간을 공격할지도 모르니까. 하지만 AI 낙관론의 대표인 올트먼은 AGI가 꼭 필요하고 유용하다는 믿음에서 물러설 뜻이 없다. 빠른 속도의 과학 발전은 경제성장의 유일한 진짜 동력이고, AI는 인간에게 더 많은 것을 줄 것으로 믿기 때문이다. AGI 개발에 도움이 된다면 수단과 방법을 가리지 않겠다고 공언했다.

AGI로 나아가는 차세대 AI 모델 GPT-5 출시에 대해서도 엄청난 진전을 이룰 것이라며 기대가 크다. 그가 말한 '진전'은 지금까지의 AI 모델이 이뤄내지 못한 마지막 장벽인 고급 추론 기능을 뜻하는 것 같다. GPT 기술에 한계가 없다는 그의 확신은 AI가 결국 인간처럼 옳고 그름을 따지고 상황 판단까지 하리라는 신념으로 이어진다. 그렇다면 AGI 개발의 최대 난관은 뭘까? 올트먼은 데이터 부족 현상을 꼽는다. AI가 고도화하면서 사람이 생성한 데이터가 부족해지는 '데이터 장벽(data wall)'이 온다는 얘기다. 더 적은 데이터로 더 많은 것을 학습할 AI 모델이 절실해진다는 의미도 된다.

○ MS는 챗GPT를 개발한 오픈AI의 '기술 동맹'이다. 거액을 투자했고 오픈AI의 기술을 자사 AI 서비스에 적용해왔다. 하지만 그런 MS가 은밀히 'MAI-1'이라는 초거대 AI 모델을 훈련해왔음이 드러나고 있다. MAI-1의 매개변수는 5,000억 개 이상이라곤 하지만, 업계에서는 1조 개 이상일 가능성이 큰 것으로 본다. MS는 초거대 AI 훈련을 위해 오래전부터 첨단 AI 가속기가 장착된 대규모 서버 클러스터를 따로 마련하고, 방대한 데이터를 수집해왔다고 한다. 동맹과도 경쟁해야 하는 상황이 다소 충격적이다. 당연히 MS

의 의도는 '누구에게도 기술적으로 의존하지 않겠음'일 것이다. 아무튼 이젠 이름깨나 있다는 빅 테크들이 모두 자체 기술력으로 맞붙는 '자체 AI 시대'가 펼쳐진 것 같다.

올트먼의 말마따나 컴퓨팅은 가장 중요한 미래의 'currency(통용되는 수단)'가 될지 모른다. 이 말의 함의를 생각해보라. AI를 학습시키고 서비스하는 데이터센터와 AI 반도체를 많이 가진 자가 미래 산업의 패권을 쥐고, 막대한 부를 빨아들일 거란 뜻이다. AI는 빠르고 정치는 느리다는 세간의 격언을 곱씹어볼 일이다.

◆ 이젠 DX에서 AX로 넘어갈 때

세계가 온통 AI 전쟁에 휩쓸리고 있다. AI 전쟁은 곧 국가 경쟁력 전쟁이다. 산업 전반에 DX(Digital Transformation; 디지털 전환)란 슬로건이 확산하는가 싶더니, 제대로 자리를 잡기도 전에 AX(AI Transformation; AI 전환)의 물결에 휩쓸리고 말았다. 이제 모든 '전환'의 중심을 AI가 차지하게 된 것이다. 인터넷과 모바일이 그러했듯, 지금은 AI가 산업의 근간이다. 기업들이 다양한 AI 기술을 개발하고 활용하면서 AI 기반의 비즈니스 전환을 꾀하는 가운데, AI 확산과 첨단 기술 확보는 국가 차원에서도 뒷받침되고 있다.

EU가 'AI 조정계획'의 수립·개정으로 역내 AI 개발과 활용을 장려하는가 하면, 미국은 '국가 AI R&D 전략 계획'을 통해 차세대 AI 연구를 위한 투자 방안을 확정한다. 아시아에선 중국이 '중국제조 2025'라는 중장기 계획을 통해 산업구조의 AI 고도화를 중점 과제로 제시했고, 이어

FAANG도 M7도 옛날얘기, 이젠 AI5 시대

'FAANG'이란 표현이 등장한 건 2013년 경제방송 CNBC를 통해서였다. 페이스북·애플·아마존·넷플릭스·구글을 지칭하는 용어로 당시 세계 경제와 미국 증시를 주도하는 거인들을 망라했다. 2023년에 쓰이기 시작한 'M7'은 '굉장한'이라는 뜻의 매그니피슨트(Magnificent) 첫 글자와 구글·애플·메타·아마존·엔비디아·테슬라·마이크로소프트를 아우르는 7종목의 조합이다. 뱅크 오브 아메리카가 빚어낸 이름이다.

이제 FAANG도 M7도 빛바랜 용어가 될 것 같다. 엔비디아·MS·AMD·TSMC·브로드컴을 가리키는 'AI5'가 주목받고 있으니까. 미국 금융투자사 Light Street Capital(라이트 스트리트 캐피털)이 쓰기 시작했다고 한다. 다소 생소한 새 얼굴도 들어 있는 데다, 대만의 TSMC가 끼어 있어 눈길을 끈다. 아마도 AI 반도체를 포함해 세계 반도체의 절반 이상을 만들어내는 파운드리 생산력을 인정받았기 때문이리라. 최근엔 AI5 외에 'MnM'라는 신조어도 가끔 눈에 띈다. M7 가운데 AI 시대에 들어서도 반짝반짝 빛을 내는 MS·엔비디아·메타 3종목을 가리키는 이름이다.

'높은 수준의 AI 적용 시나리오 가속화 방안'도 내놓았다. 일본은 5년 전에 국가 차원의 'AI 전략'을 수립해놓고 그 추진 상황을 점검해 매년 개정한다.

우리나라도 '대한민국 디지털 전략'과 '신성장 4.0' 등의 종합 계획에서 전 산업의 AI 융합·확산을 중요 전략 과제로 채택했다. 삶과 일터에서

AI 활용을 확대하자는 '디지털 에브리웨어'를 3대 전략 분야 중 하나로 선정하기도 했다.

무엇보다 AI 기술은 산업 전반의 두드러진 생산성 증대를 주도할 핵심 요소다. 국가와 기업과 심지어 개인까지도 AX가 얼마나 빠르게 널리 무르익느냐에 따라 경쟁력이 결정되는 시대가 눈 앞에 펼쳐지는 것이다. 그렇다고 아주 생소한 변화는 아니다. AX에 앞서 확산하기 시작했던 DX가 영역마다 다른 속도로 추진되어왔을 뿐 아니라, 코로나-19 팬데믹을 겪으면서 우리는 비대면·비접촉 생활양식에 익숙해져 있던 터였다. 그래서 개인이나 기업의 AI 활용은 껄끄럽지 않게 보편화하는 추세다. 시장조사업체 IDC에 따르면 글로벌 AI 시장은 연평균 18.6% 성장해 2026년에는 약 9,000억 달러(1,220조 원)까지 이를 것이라 예상된다. 시야를 좁혀서 우리나라 AI 시장만 본다면, 연평균 14.9% 성장한 결과 2027년 즈음엔 약 4조4,636억 원 규모가 될 것으로 보인다.

AI가 국가·기업의 경쟁력에 미치는 영향은 갈수록 커진다. 생성 AI 등을 이용한 서비스 시장도 함께 커진다. 모든 층위에서 실용적이면서도 적극적인 대응이 필요하다. AI를 도입하게 되면 어떤 영역·산업에 미치는 파급력이 가장 큰지, 파악해야 한다. 긍정적인 영향을 많이 받는 영역부터 먼저 투자해 다른 산업까지 영향이 이어지도록 하는 게 좋다.

그런 의미에서 OECD가 꼽은 '12대 AI 적용 산업'은 시사하는 바가 크다. 거기엔 광고·소프트웨어 같은 IT산업, 법률·회계·연구 등의 서비스, 신용평가·회계 등을 위시한 금융 및 보험업, 제품 조립·공급망 관리 같은 제조업이 포함되었다. 우리 정부 기관도 AI 활용에 민감한 산업으로 교육, 콘텐트 미디어, 스마트 제조, 유통 물류, 의료·헬스케어, 서비스 로봇, 스마트시티, 보안, 스마트홈, 메타버스 등을 꼽았다.

소프트웨어정책연구소의 한 보고서에 의하면 982개 기업을 조사해 봤더니 76.9%가 AI 기술을 도입한 지 채 3년이 안 되었다. 그러니까 대부분 AI 기술의 도입기에 머물러 있다는 얘기다. 고로 국가나 기업 전사 차원에서 AX에 속도를 붙여 그다음 '시스템화 단계'로 도약하도록 도와줘야 할 상황이다. 특히 AI 기술의 파급력이 큰 제조, 헬스케어, 자율주행, 가상현실 등을 중심으로 도입을 넘어 시스템화를 위해 정부와 기업의 투자가 요구된다.

우리나라 인공지능 시장의 성장 전망

(단위 : 십억 원)

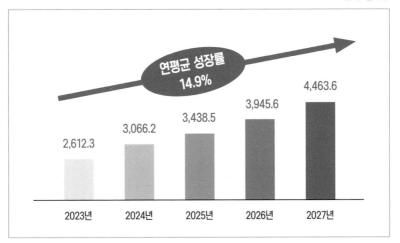

자료: IDC

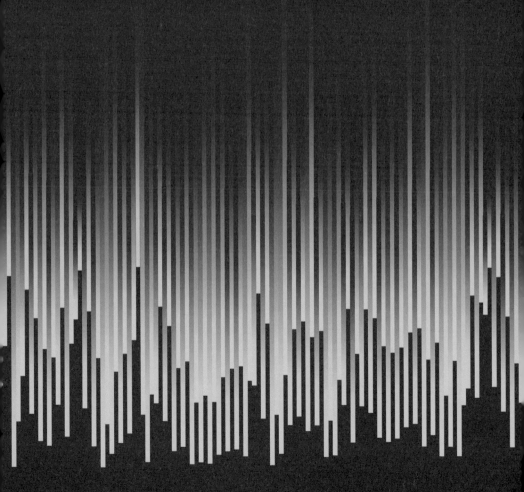

PART TWO

AI 예감:

주요 산업과 각 분야 경쟁자들

제1장

반도체:
경쟁이 아니라 전쟁이다

반도체와
AI 반도체

반도체 '산업'을 얘기하기 전에, 중요한 용어들의 기본적인 뜻부터 제대로 이해하자. '첨단산업의 쌀'로 통하는 반도체는 이름 그대로 전기가 통하는 물질인 도체와 전혀 안 통하는 부도체의 중간쯤 되는 물질이다. '중간'이라고? 이렇게 생각하면 쉽다. 실제로는 규소(부도체)에다 '불순물'을 섞어서 어떤 특별한 조건에서만 전기가 흐르는 물질이 반도체다. 거기에 어떻게 그 방대한 데이터가 저장되고 활용될까? 따로 책을 두어 권 써도 모자랄 이 기술적 측면은 지금 우리의 관심사가 아니므로, 그냥 반도체가 디지털 전환의 핵심이었다는 점, 그리고 온갖 AI 기술의 구현은 최첨단 AI 반도체 없이는 말짱 헛일이라는 점만 기억해두자.

반도체는 크게 다음과 같이 나눌 수 있다.

'메모리 반도체' = 정보를 저장할 목적

'비메모리 반도체' (혹은 '시스템반도체') = 정보를 처리할 목적

메모리 반도체는 다시 'D램'(전기가 끊어지면 정보가 지워지는 단기 저장)과 '낸드플래시'(전원이 끊겨도 보통 10년 정도 정보가 안 지워짐)로 나뉜다. 대표적인 비메모리 반도체로는 흔히 컴퓨터의 '두뇌'라고 부르는 CPU(중앙처리장치)를 들 수 있다.

챗GPT와 생성 AI 혁명 이후 자주 거론되는 GPU(Graphic Processing Unit; 그래픽처리장치) 역시 비메모리 반도체다. 병렬 연산이 가능하고 효율성이 대단히 높아서 AI 구동에 최적인 반도체로 평가받으면서 날개를 달게 된 것이다.

앞으로 자주 만나게 될 '나노'라는 용어의 정의와 함의도 정확히 알아두자. 나노(nano)는 반도체 회로 선폭을 측정하는 단위로, 10억분의 1미터를 뜻하는 나노미터(nanometer)의 줄임말이다. 쉽게 말해서, 반도체 제조가 얼마나 정교한가를 나타내는 '공정 단위'다. 나노 숫자가 작을수록 반도체의 성능이 탁월하고 저장용량이 크다는 뜻이다. 8나노 공정의 반도체는 28나노 공정 제품보다 훨씬 더 첨단 품질이다. 업계에서는 통상 28나노 이상 공정의 반도체는 범용 반도체(legacy chip; 레거시 칩), 14나노 이하를 첨단 반도체로 분류한다. 현재 생산되는 최첨단 반도체는 삼성전자, TSMC에서 만드는 3나노 반도체다. 최근에는 1나노~2나노 초첨단 반도체 제조 경쟁이 불붙은 상태다.

✦ AI 반도체, 정확히 어떤 뜻일까?

어떤 반도체를 AI 반도체라고 부르는지부터 간단히 짚고 넘어가자. 나 같은 비전문가도 상상할 수 있듯이, AI를 학습시키거나 AI 서비스를 제공하려면 엄청난 양의 데이터를 '동시에' 빠르게 처리하게 해주는 반도체가 필요하다. CPU 같은 기존 시스템반도체가 데이터를 '입력 순서대로(직렬)' 빨리 처리하는 데 초점을 맞춘다면, AI 반도체는 방대한 데이터를 '동시에(병렬)' 연산하고 분류하는 칩이다. AI 알고리즘의 기초는 수학이고 그중에서 핵심은 확률 이론이므로, AI 반도체는 확률을 높이는 기계라고 봐도 좋겠다. 이런 AI 반도체는 어마어마한 전력을 소모한다. 따라서 무엇보다 전력 효율성을 높이는 게 AI 반도체의 지상 과제다. 최근 AI 기술의 개발과정에서 엔비디아의 GPU가 이런 조건을 가장 잘 충족시킨다는 사실이 알려지면서 엔비디아가 AI 반도체의 대명사가 된 것이며, 전력 효율을 최대한으로 끌어올리는 반도체를 설계한다고 해서 ARM 같은 기업이 관심의 대상이 되는 것이다.

AI 반도체가 구성되는 단계를 아래와 같이 생각해보면 쉬울 것이다.

❶ D램(메모리)
❷ HBM = D램을 여러 개 쌓아 만든 고성능 메모리
❸ AI 가속기 = HBM 여러 개와 GPU를 조합해서 만든 장치
❹ AI 컴퓨터 = AI 가속기 + CPU + 낸드플래시(대규모 메모리) 결합
❺ AI 데이터센터 = AI 컴퓨터를 수천 대 모아서 만든 데이터센터

▲ 엔비디아의 AI 가속기 H200 실제 모습

AI 반도체 없이는 AI의 학습과 구동(운용)이 불가능하다. 아니, AI 모델 자체가 존재할 수 없다. 기존 범용 반도체들의 성능은 AI 기업들의 궁극 목표인 AGI 연구에 충분치 않다. AI 반도체가 없으면, 아무리 탁월한 학자와 엔지니어들이 머리를 맞대도 AI 기술은 발전할 수 없다. 챗GPT 혁명 이후 1년, 글로벌 기업에 각국 정부까지 나서 AI 반도체 확보에 혈안이 된 것도 그래서다. 같은 이유로 반도체 기업들은 전례 없는 기회가 불확실의 위기와 뒤엉킨 혼돈의 시간을 지나고 있다. 지금부터 들여다보고자 하는 AI 반도체 산업의 현황은 이렇게 요약할 수 있다. (1) AI 반도체 공급이 AI 확산 속도를 따라가지 못한다. (2) AI 반도체 공급의 80%~90%를 엔비디아가 차지할 정도로 시장은 지나친 과점 상태다. (3) AI 반도체 가격은 '하늘 높은 줄 모르고' 오른다. (4) 엔비디아의 AI 반도체를 손에 쥐려면 주문하고도 1년 넘게 기다려야 한다. (5) AI 반도체는 기존 반도체와는 비교가 안 될 정도로 높은 부가가치를 누리고 있다. (6) 미국, 일본, 중국 등 주요국은 상상을 초월하는 수준의 보조금을 퍼부으며 자국의 AI 반도체 산업을 부흥하기 위해 진력하고 있다.

시장조사업체 가트너는 AI 반도체와 이를 생산하는 파운드리 및 데이터센터 등을 포함한 생태계 규모가 2023년의 534억 달러에서 2027년 1,194억 달러, 2030년 3,050억 달러에 육박할 것으로 내다봤다. AI 반도체가 매년 두 자릿수 이상 성장할 것이며 미래 반도체 산업의 주인공이 된다는 전망이다.

AI 반도체 세계 시장 규모

(단위 : 달러)

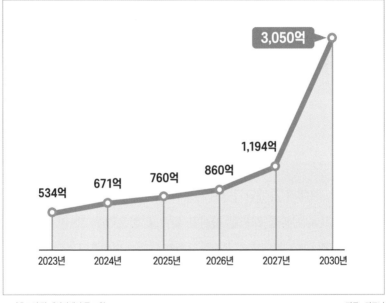

※ 파운드리 및 데이터센터 등 포함

자료 : 가트너

2

'엔비디아'라는
이름의 괴물

AI 만능 시대가 가까워지면서 반도체 산업의 최대 뉴스는 단연 엔비디아다. 여기에 이의를 제기할 사람은 아무도 없으리라. 챗GPT 혁명 이후 AI 반도체 이야기는 엔비디아로 시작해서 엔비디아로 끝난다 해도 지나침이 없을 정도다. 기껏 컴퓨터 게임에나 쓰이던 GPU로 싹을 틔우고, 그것이 AI 가속기(AI 학습·추론에 특화한 반도체 패키지)로 발전해 '돈 주고도 사기 힘든' 고성능 AI 칩으로 날아오르며 아예 AI 반도체의 완전체를 추구하더니, 급기야 로봇 개발 플랫폼까지 갖춘 경이로운 'AI 플랫폼 기업'으로 완벽히 변신한 엔비디아.

◆ **옛날 옛적 엔비디아가 있었는데…**

이미 1990년대에 PC 그래픽 수요가 갈수록 정교해지고 있음을 간

파한 엔비디아는 3D 그래픽을 빠르게 처리하는 반도체가 중요해질 것임을 확신했다. 그렇지만 이후에도 수십 년간 게임용 GPU라는 틈새시장의 골목대장으로 만족해야 했다. 그러다 반전의 기회가 왔다. 원래 그래픽 처리를 위해 만들었던 GPU가 일반적인 연산에도 유용함이 알려져 범용 컴퓨팅을 위한 GPU 기술이 개발된 것이다. 특히 GPU가 데이터 처리 가속에 초점을 맞춘 특성 때문에 딥 러닝을 위한 핵심 하드웨어로 채택된 것이 결정적이었다. GPU와 AI의 컴비네이션은 그때부터 유행처럼 번지기 시작했다.

1차 도약

엔비디아는 챗GPT 혁명과 더불어 최고 성능의 AI 반도체인 H100과 AI 학습 모델에 특화한 GPU인 A100을 출시하면서 본격적인 비상을 시작한다. 어마어마한 고속 병렬 계산으로 복잡한 3차원 이미지를 자연스레 구현한 엔비디아의 GPU는 이후 빠르게 생성 AI 반도체 시대의 주인공이 돼, 불과 몇 달 만에 AI 가속기 시장을 점령하다시피(90% 이상 점유율 확보) 했다. 이들은 빅 테크의 AI 서비스뿐만 아니라 각국 정부의 데이터 센터 및 수퍼컴퓨터 구축에도 필수품이 되어 지금도 품귀 상태다. LLM 개발에 쓰이며 개당 가격이 6,000만 원까지 치솟은 H100은 성능도 단연 우수하고 함께 제공되는 소프트웨어 서비스까지 압도적이어서, 타사의 경쟁을 허락하지 않는 독보적 제품이다.

2차 도약

2023년에 공개했던 Grace Hopper(그레이스 호퍼)라는 이름의 인공지능 수퍼칩 'GH200'가 2024년 2분기부터 양산에 들어가면서 엔비디아는 AI 반도체의 왕좌를 한층 더 굳건히 다진다. H100만 해도 현존 최고 사양

▲ 엔비디아의 차세대 수퍼칩 GH200

을 자랑하는데, 그 성능을 다시 혁신적으로 끌어올린 엔비디아의 차세대 AI 반도체가 바로 GH200이다. 게다가 GH200에 탑재된 CPU와 핵심 메모리인 HBM3E(5세대 HBM)까지도 엔비디아가 직접 설계했다고 하니, 놀라울 따름이다. 머잖아 대형 AI 플랫폼 기업들은 개당 1억 원의 가격표가 붙은 GH200을 사기 위해 긴 줄을 서야 할 것 같다. 그런 기업 하나마다 100만 개의 GH200이 필요할 거라는 가정은 그리 비현실적이지 않다. 그런 기업이 10개만 된다고 해도 엔비디아 매출은 1,000조 원에 이른다는 계산이 나온다. 그런 기업이 100개라면 매출은 현기증이 날 정도다. 시가총액 2,672조 원으로 세계 3위(2024년 3월 1일 기준)에 등극한 엔비디아의 성장이 어디까지일지는 예측 불허다.

3차 도약

2024년 3월 연례 GTC에서 젠슨 황은 엔비디아의 '초격차'를 재확인할 또 한 번의 AI 반도체 충격을 선사한다. 그가 '컴퓨팅의 새로운 시대를 열게 될 최강 칩'이라 소개한 차세대 AI 반도체는 'Blackwell(블랙웰)'. 전작 그레이스 호퍼와 견주어도 블랙웰 GPU의 연산 속도는 2.5배 빨라졌고, 블랙웰 기반 시스템으로 AI가 학습하거나 추론하면 최대 30배의

GTC (GPU Technology Conference)

엔비디아가 2009년부터 매년 열어온 개발자 콘퍼런스. 나흘간 열린 2024년 GTC의 경우, 구글·MS·아마존·오픈AI·삼성전자·SK하이닉스를 위시해 반도체·로봇·자동차 등 산업을 아우르는 300여 기업이 부스를 차렸고, 전문가 세션이 900회나 마련됐으며, 온·오프라인 관객 수 30만 명 이상을(2009년 첫 회의 참관자는 1천 명) 기록했다. 유명 팝스타의 공연처럼 발 디딜 틈도 없이 초만원을 이루어 '인공지능의 우드스톡'으로 불리기도 한다. 물론 행사마다 최고의 스타는 엔비디아의 CEO 젠슨 황이다.

참고로 GTC 2024에서 베일을 벗은 엔비디아의 주요전략은 (1) 하드웨어 부문 ⇨ 그레이스 호퍼보다 월등한 성능의 블랙웰 GPU, (2) 소프트웨어 부문 ⇨ 엔비디아 GPU를 활용해 소형 AI 서비스를 만들고 배포하는 'NIM(Nvidia Inference Microservice; 엔비디아 추론 마이크로서비스), (3) 장기 전략 ⇨ 반도체와 디지털 트윈 등의 역량을 총집결한 로봇 개발 플랫폼 지향 'Project GROOT(Generalist Robot 00 Technology)' 등으로 요약할 수 있다.

성능을 낸다. H200은 현재 가장 앞섰다는 GPU인데, 이를 넘어선다면 '괴물'의 탄생이라 불러도 좋겠다. 황의 말마따나, 물리학의 한계를 넘어 칩이 얼마나 확장될 수 있는지를 보여준다.

블랙웰 GPU의 기본 모델인 'B100'에는 트랜지스터가 2,080억 개나 들어있어, H100의 800억 개를 압도한다. 칩 내부의 두 GPU를 연결해 하나의 거대한 칩으로 작동하게 만듦으로써 트랜지스터 집적의 한계를 뛰어넘었다. 이걸 뒤집어 말하자면, H100을 활용해 GPT를 훈련하면 GPU 가 8,000개 필요하지만, B100을 쓸 땐 2,000개만 있어도 같은 결과를 낸 다는 얘기다. 블랙웰은 2024년 말부터 판매될 것으로 알려져, 업계가 온 통 주목하고 있다.

AI 기능은 '학습'과 '추론 혹은 생성'으로 나뉜다. 추론은 AI 모델이 예측이나 결론을 도출하는 것을 말하고, 학습은 AI 모델이 정확한 추론 을 할 수 있도록 사전에 훈련하는 절차다. 생성 AI가 글쓰기, 그림, 음악 작곡 등을 많이 연습하면 할수록 AI 추론 실력이 좋아진다. 그래서 수백 만 혹은 수천만 번 학습한다. 많은 연산이 필요한 것이다. 학습 시간이 수개월 걸리기도 한다. 고성능 AI 가속기로 개발·학습 시간을 줄이면, 그 것이 곧 AI 기업의 경쟁력이 된다. 엔비디아 블랙웰 사용은 AI 기업 경쟁 력 상승을 뜻한다.

물론 엔비디아의 앞에 꽃길만 있는 건 아니다. 무엇보다 AMD, 인텔, 구글, 메타 등이 AI 반도체를 자체 개발하며 무섭게 추격 중이다. 지금 이야 엔비디아가 정하는 가격조차 아무도 이의를 달지 못할 정도로 '엔 비디아 천하'지만, 2년~3년 지나면 어떤 경쟁 구도가 될지 예측 불가능이 다. 게다가 AI 모델과 기술 자체가 아직 초기 단계인지라, 앞으로 5년~10 년 후의 AI 생태계가 어떤 하드웨어를 요구할지 누구도 자신 있게 말할 수 없다. AI를 통한 사업 확장을 이룩하려면 상상을 뛰어넘는 자본을 투 입해야 한다는 것도 작지 않은 걸림돌이다.

◆ 이젠 반도체 회사 아니고, AI 인프라 업체

이런 상황을 모를 리가 없는 엔비디아는 이미 단순한 반도체 기업이 아닌 AI 인프라 업체 혹은 '종합 AI 플랫폼 기업'으로 진화하고 있다. GPU 기술 고도화와 AI 산업 수직계열화로써 시너지 효과를 극대화하고, 너른 생태계를 구축해 종합 AI 설루션 기업으로 나아가자는 전략이다. 자신들의 GPU 기반으로 소규모 AI를 개발하고 배포하는 'NIM'이란 서비스가 좋은 예다. 막대한 예산, 별도 서버 구축, 외부 클라우드 활용 등이 부담스러운 기업들이 엔비디아의 수퍼컴퓨터를 필요한 만큼 써서 LLM을 훈련하고 생성 AI 앱을 개발하도록 하는 '엔비디아 DGX 클라우드'도 마찬가지다.

엔비디아는 AI 수퍼컴퓨터 분야에서도 빼어난 실력자다. 생성 AI를 수백만 명에게 실시간으로 서비스하려면, 가령 챗GPT GPT-3.5의 경우 1만 개의 GPU가 필요했다. (GPU 하나로만 LLM을 학습시킨다면 수백 년이 걸릴 터!) 그러나 GPU 개수를 늘릴수록 학습 시간은 획기적으로 줄어든다. 광통신으로 서로 연결된 수백~수만 개의 GPU를 장착한 초거대 AI 연산 기기를 'AI Supercomputer(AI 수퍼컴퓨터)'라고 부른다. 2023년 발표한 AI 수퍼컴퓨터 'DGX GH200'에는 위에서 이미 설명한 GH200을 256개 연결해 탑재했다. 현재 전 세계 탑 텐 AI 수퍼컴퓨터 가운데 일곱 개가 엔비디아의 GPU 및 수퍼컴퓨터 설루션 'CUDA(쿠다)'를 쓰고 있다. AI 수퍼컴퓨터 역시 엔비디아의 비장의 무기인 셈이다.

이게 전부가 아니다. 엔비디아는 직접 AI 모델도 개발하는 등, 아예 AI 생태계를 스스로 구축하려는 중이다. 북치고 장구까지 치는 모습이랄까. AI 서비스 개발에 필수인 하드웨어와 소프트웨어 기술을 깡그리 장악한 기업의 막대한 영향력이 다시금 느껴진다. 더욱 놀라운 건 'BioNeMo(바이오니모)'라는 AI 신약 개발 플랫폼까지 개발했다는 사실이다. 바이오 및 신약 개발 분야에 맞게 확장된 AI 서비스를 제공해 AI 생명공학 혁신에 도전할 정도이니, 게임용 GPU를 만들어 팔던 그 엔비디아가 맞는가, 의아할 정도다. 질병이나 치료 분야에 특화된 신약을 개발해내는 전혀 다른 모습의 엔비디아, 이것이 바로 AI의 힘이다.

◆ 엔비디아를 그냥 저렇게 놔둘 셈인가?

2024년 2월 중순, AI 반도체에 관해 가장 신선하고 충격적인 소식이 미디어를 달구었다. 챗GPT 혁명의 주역 오픈AI가 무려 7조 달러(약 9,300조 원)에 이르는 규모의 투자로 자체 AI 반도체 생산망을 구축한다는 뉴스였다. 전 세계 기업 사상 전례가 없고 일본의 GDP보다 높은 투자금도 쇼크였지만, 글로벌 투자자와 기업을 규합해 'AI 제국'을 건설하겠다는 오픈AI의 야망 자체가 놀라움이었다. 어느 모로 보나 AI 산업과 반도체 산업의 질서를 단숨에 뒤집어버릴 메가톤급 프로젝트 아닌가. 그 실현 가능성은 차치하고라도, 반도체 자국 우선주의에 '열심인' 미국, 일본, 중국 등 주요국은 말할 것도 없고, 현재 AI 반도체 공급을 쥐락펴락하는 엔비디아와 AMD 같은 기업 그리고 공급을 주도하는 삼성전자, TSMC, SK하이닉스 등에도 정신이 번쩍 드는 뉴스였을 테다. 다른 한편으로 AI 소프트웨어 역량에서 선두를 달려온 오픈AI가 이런 식으로 AI 반도체까지 직접 생산하면, 인공지능의 종착점인 AGI의 등장이 앞당겨질 수 있다고 전망하는 이들도 있다.

기존의 반도체 기업들은 올트먼의 구상을 새로운 기회로 받아들일까. 오픈AI는 반도체 기반이 전혀 없다. TSMC와 삼성전자 같은 파운드리와 협업하지 않고는 AI 반도체를 만들 수 없다. AI 반도체에 꼭 들어가야 할 고품질 메모리 반도체는 삼성전자와 SK하이닉스 몫이다. 오픈AI의 계획이 절반이라도 현실화한다면, 누가 핵심 파트너가 되느냐에 따라 산업의 판도 자체가 달라질 수 있다. 실제로 올트먼은 10개 안팎의 반도체 공장을 지어 TSMC에 맡길 계획도 있었다. 하지만 TSMC는 안 그래도 각 부문 인력 부족에 처해 어렵다. 그렇다면 경쟁자인 삼성전자에 기회가 올 수도 있다. 반대로 엔비디아는 착잡할 수밖에 없다. 핵심 고객인 오픈AI가 '반도체 자립'을 이룩한다면 자신들의 점유율도 떨어지고 지배력도 약해질 테니까. 오픈AI 주도 아래 고성능 AI 반도체 설계는 누가 맡고 제조는 누가 하느냐에 따라 산업의 밑그림이 달라질 수 있다.

2023년 기준 5,270억 달러(약 701조 원)였던 세계 반도체 시장은 2030년이면 1조 달러 수준까지 커질 전망이다. 이런 상황에서 5조~7조 달러의 투자금을 모아 AI 반도체 생산망을 구축하겠다는 오픈AI의 구상은 반도체 업계에 큰 충격이 아닐 수 없다. 허황한 수치로 보일지도 모른다. 다만 챗GPT 혁명을 일으켰고 지금도 AI 기술 혁신을 선도하는 오픈AI가 주체라는 점에서 만만히 볼 수만은 없다. AI 반도체의 경우, 이해관계가 맞아떨어지는 민간 섹터의 활발한 협력이 각국 정부의 지원보다 더 효율적일 수 있으니 말이다.

◆ 오픈AI, '9,300조 원 AI 제국' 건설하나

그나저나 AI 반도체를 스스로 만들고 싶은 올트먼은 이 천문학적인 투자금을 어디서 조달할 요량일까? 우선은 '오일 머니'가 넘쳐나는 중동이 가장 주된 자금원이 될 것 같다. 일본의 소프트뱅크와도 몇 차례 만나 자신의 계획을 설명했다고 한다. 파운드리 최강자 TSMC와의 접촉도 있었으며, 삼성전자와 SK하이닉스 역시 반도체 협력의 논의 대상이다. 투자금 확보나 실제 생산 과정 분담 측면에서 글로벌 반도체 업계의 핵심 기업들을 모두 규합해, 그가 꿈꾸는 AI 제국의 동맹으로 삼을 모양새다.

올트먼의 원대한 꿈은 실현될 수 있을까? 물론 미지수다. 순수한 비즈니스 프로젝트로서의 가능성 혹은 타당성에는 동의할 수 있을지 모른다. 하지만 AI 반도체가 다양해지고 있는 상황에서 중·장기 시장성이 떨어진다는 의견도 만만찮다. 천문학적인 투자금 규모에는 고개를 갸우뚱하게 된다. 게다가 '생산은 아시아'라는 구상에 미국 제조업 부흥을 앞세운 정부가 동의하기도 어렵다. 실제로 허가가 떨어질 확률은 낮다는 게 업계의 평가다. 국가안보 위협이나 반독점법 위반 같은 문제에 휘말릴 수 있어, 싫건 좋건 미 정부의 승인 없이는 진척이 어려운 계획이다. 복잡하기 짝이 없는 글로벌 반도체 산업의 이해관계자도 모두 설득해야 한다. AI 반도체 시장의 막강한 큰손들이 이미 자체 반도체를 개발하겠다고 나서지 않았는가.

◆ 소프트뱅크도 둘썩, 코드명 '이자나기'

상상을 불허하는 샘 올트먼의 AI 드림이 업계를 화들짝 놀라게 한 지 채 며칠이 안 되어, 이번엔 손정의의 소프트뱅크가 엔비디아에 맞서 AI 반도체를 공급하는 1,000억 달러(약 133조6,000억 원)짜리 프로젝트를 준비하고 있다는 뉴스가 떴다. 소프트뱅크가 반도체 설계업체 ARM의 지분 90% 이상을 소유하고 있는 바, 새로운 투자금으로 ARM을 지원하면서 엔비디아에 대항하는 AI 반도체 기업을 키우겠다는 계획이다. 이를 위해 소프트뱅크는 자기자본 300억 달러를 투입하고 나머지는 중동의 오일 머니로 충당한다는 계획을 세웠다고 한다. 이자나기 프로젝트의 핵심 역할을 어떤 기업이 맡을지는 아직 모르지만, 어쨌거나 이쯤 되면 AI 분야에서 사상 유례없는 속칭 '쩐의 전쟁'이 벌어질 것 같다. 엔비디아의 '철옹성' 깨기가 이처럼 어려웠던가를 다시 통감하게 된다.

이 프로젝트의 코드명 'イザナギ(이자나기)'는 '창조와 생명의 신'을 뜻하는 일본어지만, 그 영어 표기(Izanagi) 끝에 인공지능 궁극의 목표인 AGI가 포함돼 묘한 상상력을 자극한다. 아닌 게 아니라 소프트뱅크는 10년 안에 인간의 지능을 뛰어넘는 AGI가 등장해 모든 산업에서 인류를 선도할 것으로 예측한 바 있다. WeWork(위워크), OneWeb(원웹) 등 투자에서 잇따른 실패를 맛본 소프트뱅크는 투자처 지분 일부를 정리해 AI 투자에 활용하고 있다. 앞으로 AI 분야에서 승부를 보겠다는 생각인 듯하다.

✦ 반도체 기업? '반도체 안 하는 기업도 있나?'

챗GPT와 생성 AI 혁명 후 1년, 우리는 새로운 컴퓨팅의 시대에 들어섰다. 세계적으로 AI 기술과 서비스를 채택하지 않는 기업이 없을 정도이고, 그러다 보니 AI 서비스의 기초 인프라인 AI 반도체 개발에도 숨 돌릴 겨를 없는 경쟁이 벌어졌다. 세계 시가총액 최상위 10대 기업 중 벅셔 해써웨이와 일라이릴리만 빼놓고 MS, 애플, 엔비디아, 아마존, 알파벳, 메타 등 8개 기업은 모두 AI 반도체 사업을 벌이고 있다. 그들 중 반도체를 '본업'으로 하는 회사는 오직 엔비디아와 TSMC뿐이다. 엔간한 대기업들은 죄다 반도체 사업에 뛰어들어 있단 얘기다. 그래서 이런 우스갯소리가 나온다. "'반도체 기업'이라고? 그런 말이 왜 필요해? 요즘 반도체 안 하는 회사도 있나?" 이래저래 AI 반도체 산업은 '엔비디아 1강' 독주체제에서 피도 눈물도 없는 각축장으로 변하고 있다.

파운데이션 모델을 만들거나 다양한 AI 서비스 개발에도 눈코 뜰 새 없이 바쁠 빅 테크 기업들은 왜 굳이 반도체까지 직접 만들려고 하는 걸까? 크게 두 가지 이유에서다. 우선, 그들 자신의 AI 서비스를 더욱 효율적으로 돌리기 위해서는 그 서비스에 최적화된 AI 반도체가 필수이기 때문이다. 가령 엔비디아의 H100, A100 같은 AI 가속기는 데이터 학습이나 추론 목적에 두루 쓰이긴 하지만, 범용 제품이다 보니 각 회사 AI 서비스의 미세한 부분까지 꼼꼼하게 구현하기는 어렵다. 그런 한계를 돌파하려면 직접 AI 반도체를 만드는 게 상책이란 얘기다. 둘째는 AI 개발용 GPU 시장의 80% 이상을 그러쥐고 있는 엔비디아 의존도를 낮추고 자체 역량을 강화해, 원활한 공급을 확보하고 싶어서다. 가격도 하늘 높은 줄 모르고 폭등하는 고급 GPU를, 그나마 돈을 주고도 살 수 없는 이 개탄할 상황을 벗어나고 싶은 게다. AI가 세상 모든 제품에 파고드는 챗GPT 혁명 2차 연도부터는 이런 움직임이 점점 더 확산하고 있다.

◆ 너도나도 '우리 나름 AI 칩 개발'

자체 AI 반도체 R&D를 주도하는 것은 역시 미국의 빅 테크 기업들이다. 그중에서도 가장 먼저 AI 칩을 출시한 건 구글로, 이미 30억 달러를 들여 AI 반도체를 100만 개나 만든 이력이 있다. 구글은 최근 개발 완료한 생성 AI 구동용 반도체 'TPU(Tensor Processing Unit; 텐서 프로세싱 유닛)' 시
리즈와 스마트폰용 온디바이스 AI를 위한 'Tensor G4(텐서 G4)' 등에 희망
을 걸고 있다. 특히 새로운 언어 모델 제미나이에는 TPU 시리즈 중에서
도 최고 사양인 TPU v5p가 적용되었으며, AI 챗봇 바드 개발에도 TPU
를 수만 개씩 사용했다고 한다.

MS도 이미 자체 개발한 AI 칩을 선보였다. 2024년 출시 예정인
'Maia 100(마이아 100)'라는 이름의 GPU와 'Cobalt 100(코발트 100)'라는 이름
의 컴퓨팅 작업용 CPU가 그것이다. 두 칩은 모두 TSMC가 생산한다. 아
울러 MS는 'Athena(어쎄나)'라는 AI 칩셋을 AMD와의 협력으로 개발하
는 중이다. 아마존의 클라우드 자회사 AWS는 데이터센터와 AI 스피커
'Alexa(알렉사)'에 적용되는 추론형 AI 반도체 'Inferentia(인퍼런시어)'와 머신
러닝 맞춤형 설계 칩인 'Trainium(트레이니엄)' 개발에 매진하고 있다. 그전
에도 AWS는 ARM 기반의 자체 AI 반도체 'Graviton 4(그래비턴 4)'를 공개
한 바 있다.

메타 역시 엔비디아의 범용 AI 반도체가 자신들의 AI 서비스 구현
에 미흡하다면서 자체 개발에 나섰다. 2023년 5월 'MTIA(Meta Training and
Inference Accelerator)'라는 자체 AI 반도체를 공개한 데 이어 'Artemis(아르테미
스)'로 명명된 2세대 칩 개발에 몰두하고 있다. 이렇게 개발한 자체 반도
체는 수십만 개의 기존 GPU와 함께 데이터센터에 탑재할 계획이다. 생
산을 맡게 될 유력한 후보는 삼성전자로 알려져 있다.

엔비디아 추격의 고삐를 제대로 당긴 것은 '잠든 사자' 인텔이라고 봐야겠다. 2024년 4월 최신 AI 반도체 'Gaudi 3(가우디 3)'를 최초로 공개하면서 '탈脫엔비디아 연합전선'을 선언했기 때문이다. 엔비디아의 AI 개발 플랫폼 CUDA(쿠다)와 AI 가속기를 쓰지 않고서도 대등한 수준의 AI를 개발할 수 있는 동맹 체제를 구축하겠다는 전략이다. AI 반도체 시장의 급성장을 부활의 계기로 삼은 인텔의 야심작 가우디 3의 특성은 다음과 같이 요약된다.

- 전력 효율 ⇨ H100보다 40% 높음
- 학습(추론) 성능 ⇨ H100보다 50% 높음 (1.5배 빠름)
- 대량생산 개시 ⇨ 2024년 3분기 예정
- 제조 방식 ⇨ TSMC의 5나노 공정

▲ 인텔의 최신 AI 가속기 가우디 3

특히 인텔은 또 한 번 세상을 바꿀 가우디 프로젝트의 가장 핵심적인 파트너로 네이버를 지목해 업계를 놀라게 했다. 자사 클라우드 인프라에 가우디 2를 이미 도입한 네이버는 가우디 소프트웨어 생태계 확장을 위해 인텔과 공동 연구소를 만들고 다양한 고객사에 가우디를 기반으로 한 AI 딥 러닝 서비스를 제공할 계획이다.

길게 보면 30년간 견고하게 구축해온 엔비디아의 AI 반도체 생태계를 과연 허물어뜨릴 수 있을까. 더구나 오픈AI, 구글, 애플 등도 자체 AI 모델을 위한 맞춤형 반도체 개발에 사활을 걸고 있지 않은가. 또 엔비디아의 AI 반도체는 이미 2나노 공정으로 만들어지고 있지 않은가. 그렇다, 인텔로서도 우선 시장을 선별적으로 공략했다가 점차 시장을 확대하는 등의 전략을 구사하겠지만, 엔비디아의 아성을 단기간에 따라잡기는 쉽지 않을 것이다. 그럼에도, 이제 초기에 불과한 AI 반도체 시장은 인텔이 오래 장악했던 CPU 시장과 사뭇 달라서 엔비디아의 독점 지속이 쉽지 않다는 게 업계의 의견이다. AI 반도체 개발·검증, 고객사 확보 등에 필요한 비용과 시간을 감당할 수만 있다면 엔비디아 독점 시대를 무너뜨릴 수 있다는 얘기다.

◆ 끈질긴 경쟁자 AMD

엔비디아의 또 다른 강력한 경쟁사는 AMD다. 고성능 AI 칩 'MI300X'와 가속 처리장치인 'MI300A'로 구성된 MI300 시리즈로 2024년 들어 주문 규모가 두 달 만에 35억 달러(4조6,095억 원)를 넘어섰다. 특히 MI300X는 H100 라인업보다 메모리 용량이 2.4배, 대역폭이 1.6배 이상이라고 평가된다. AMD는 CPU와 GPU를 협업하게 만들어 컴퓨팅 성능을 끌어올리는 소위 '이기종異機種 컴퓨팅'을 개발해왔고, 현재 이 기술은 클라우드와 고객 컴퓨팅 환경 등 많은 분야에서 주류가 되어 있다. 또 예전에 사용되던 단일 칩의 성능 한계 및 높은 비용을 극복하기 위해 '3D chiplet(3차원 칩렛)'이라는 칩 설계 방식을 적극적으로 활용하고 있다.

추가로 2024년 말에 2년 전 출시했던 AI 가속기의 3세대 제품을 출시할 예정인 AMD는 전반적으로 AI 가속을 지원하는 소프트웨어와 앱 등도 내놓고 있다. GPU 프로그래밍을 위한 자체 소프트웨어 플랫폼인 'ROCm'은 주요 AI 프레임워크와의 탁월한 호환성을 자랑하면서 엔비디아의 쿠다와 직접 맞붙어서 경쟁하고 있다. 그 결과 AMD는 클라우드 컴퓨팅에서부터 의료영상, 수퍼컴퓨터, 로봇 수술, 심지어 PC와 게임 콘솔에 이르기까지 전 분야를 지원하고 있다. 삼성전자와도 손잡고 차세대 SoC(System on a Chip; 시스템온칩) 설계자산(IP) 최적화를 도모하고 있다.

✦ 삼성전자, 엔비디아의 뒤통수를 때릴지도

엔비디아의 AI 칩은 막대한 전기를 필요로 한다. 그들의 GPU가 업그레이드됨에 따라 최대 소비전력도 400W→ 700W→ 1,000W(B100)로 급등해, 개당 대형 에어컨에 버금가는 전력을 소모하게 되었다. 데이터센터 안에 수만 대의 에어컨이 돌아가는 셈이니, 상상해보시라. 오죽했으면 H100의 연간 소비전력량이 소규모 국가와 맞먹는다느니, '엔비디아의 AI는 전기료를 먹고 자란다'는 말이 나돌까. 아닌 게 아니라 엔비디아의 2024년 H100 판매량이 200만 개로 전망되므로, 그 연간 전력 소비는 리투아니아나 과테말라의 연간 소비전력량과 비슷하다.

이 같은 전력 과소비의 주범이 엔비디아 AI 가속기의 '순차적인' 데이터 저장과 이로 인한 작업 처리 지연, 즉 '병목현상'임이 밝혀지자, 삼성전자도 해결책 찾기에 나섰다. 차세대 메모리 PIM 개발과정에서 메모리와 시스템반도체 사이 구조를 최적화시키는 경험을 쌓아 데이터 병목 현상을 풀어낼 최적의 설계도를 그리게 되었으며, 마침내 효율적인 AI 가속기를 직접 만들 수 있다는 희망을 찾아낸다. 그리고 거기에 '마하-1' 이란 이름을 붙였다. 쉽게 말해서 메모리 내부에 각각 작은 AI 엔진을 장착하고 데이터의 '병렬 처리'를 극대화해 성능을 높이고 전력 소모를 낮춘 것이다. 그리고 이를 실증해보기 위해 AI 데이터 처리 경험이 풍부한 소프트웨어 기업 네이버와 손을 잡게 된다. 네이버는 '파운데이션 모델'을 보유하고 동시에 AI 수퍼컴퓨터와 데이터센터를 운영하는 세계 몇 안 되는 기업이다. 마침 네이버는 사용 중인 엔비디아 GPU 기반 AI 칩이 너무 비싸고 전력 소모량이 커 고민하던 중이었다. 마하-1의 활용 테스트에서 이미 네이버의 초거대 AI 모델 하이퍼클로바X를 구동하는 데 성공한 상태다. 이렇게 국내 하드웨어와 소프트웨어 1위가 의기투합해 한국판 '반엔비디아 전선'이 형성된 것이다.

삼성전자가 마하-1 AI 가속기 개발에 성공한다면, 엔비디아가 독주하던 AI 칩 대표 주자의 반열에 이름을 올릴 것이다. 게다가 값비싼 HBM이 아니라 자사의 저렴한 저전력 메모리를 거기에 탑재한다면, 투자자들이 오매불망 꿈꾸어오던 소위 '10만 전자'를 훌쩍 넘을 거란 말도 과장이 아니다. 현재 진척 상황은? 마하-1을 우선 추론용에 특화된 칩으로 설정하고, 양산을 위한 최종 칩 설계 확정을 앞두고 있다. 병목현상을 8분의 1로 줄이고, 8배의 전력 효율을 달성하는 것이 목표다.

엔비디아는 '데이터 도로 폭' 늘리는데, 삼성의 마하-1은?

삼성전자가 비밀병기로 깜짝 소개한, 아직은 상상 속에만 존재하는, '마하-1'은 도대체 어떤 식으로 엔비디아의 가속기를 따라잡을 셈일까? 일반인의 눈높이에서 쉽게 설명해보자.

기존의 AI 가속기는 '병목현상'이란 것 때문에 데이터 처리가 늦다. AI 기술 발전으로 처리해야 할 데이터가 자꾸 늘어날 터이니, 이 문제는 갈수록 심각해질 것이다. 엔비디아는 대역폭이 넓은 메모리 HBM으로 병목현상을 줄이고 있다. 말하자면 데이터가 오가는 도로의 폭을 늘림으로써 해결한다는 얘기다. 하지만 알다시피 HBM은 비싸고 귀한 데다, 전력 소모도 많다. 그럼, 마하-1은?

마하-1은 데이터 도로는 건드리지 않고 가만둔다. 대신, 오가는 데이터를 '미니 사이즈'로 줄일 요량이다. 도로는 놔두고, 차량을 경량화하면 될 것 아닌가. 그런데, 어떻게 데이터를 줄이거나 압축할까? '신호처리'나 '양자화' 기법을 쓰기도 하고, 아니면 AI 모델의 매개변수 자체를 줄이는 방법도 있다고 한다. 이 복잡한 기술들을 여기서 설명할 순 없다. 다만 우리가 알아야 할 진짜 중요한 건 이런 방법을 쓰면 HBM이 필요 없어진다는 점이다. 도로를 건드리지 않으니, 도로 폭 늘리는 HBM이 왜 필요하겠는가. 대신 전력 소모를 확 줄여주는 (엔비디아에 비해 전력 효율 8배) 메모리 LPDDR을 쓴다. HBM을 안 쓰니, 마하-1은 가격도 훨씬 매력적일 것이다.

✦ '쿠다' 잡을 소프트웨어 플랫폼

'AI 개발 소프트웨어'는 AI가 다양한 데이터를 학습·추론할 수 있도록 프로그램을 짜는 소프트웨어. 엔비디아가 2006년 내놓은 CUDA(쿠다)는 현존하는 모든 AI 개발 소프트웨어 가운데 최고 성능이다. 자타 공인이다. 전 세계 400만 명 이상의 개발자가 사용하면서 가히 업계 표준으로 자리 잡았다. 쿠다는 무료다. 하지만 오로지 엔비디아의 반도체에서만 구동된다. 다른 기업이 탁월한 품질의 AI 반도체를 시장에 내놔도, 그 반도체에선 쿠다를 쓸 수 없다. 쿠다에 익숙한 개발자들이 결국 엔비디아 AI 반도체를 선택하게 되는 까닭이다.

구글, 인텔, 퀄컴, 삼성전자, ARM 등 주요 테크 기업들은 'UXL(Unified Acceleration Foundation; 통합 가속 재단)'이라는 기술 컨소시엄을 구성해 쿠다에 맞서는 신규 소프트웨어 프로젝트를 추진하고 있다. 목표는? 어떤 하드웨어에서든 작동할 수 있는 '오픈소스' 형태의 AI 개발 소프트웨어 만들기다. 개발자들이 엔비디아의 AI 플랫폼에서 벗어나고 엔비디아 반도체를 쓰지 않아도 AI 개발을 할 수 있게 하겠다는 게 핵심이다. 아마존과 MS 등에도 프로젝트 동참을 요청하면서 2024년 말을 기술 개발 완료 시점으로 잡고 있다.

업계 표준인 쿠다를 대체할 새로운 AI 개발 플랫폼이 나타날 가능성이 일단 생겼다. AI 반도체 개발 경쟁은 더욱 치열해질 것이다. 고성능 AI 반도체를 개발하는 것만으론 엔비디아를 따라잡지 못한다는 게 정설이었지만, 쿠다의 지배력이 깨진다면 얘기가 달라진다. 엔비디아의 독점 체제가 무너지고 2만5,000달러~4만 달러(3,300만~5,300만 원)라는 AI 반도체 가격은 빠르게 하락할 수 있다.

◆ GPU, 경쟁할 수 없다면, 빌려 쓸 순 없을까?

AI 기술과 서비스 개발 경쟁이 뜨거워지면서 핵심 부품 GPU 등의 가격은 그야말로 천정부지인 데다, 그나마 1년 가까이 기다려야 공급받을 수 있다. 타개책을 연구하는 기업들이 늘어나건만, 쉽게 길이 보이진 않는다. 그래서 이런 아이디어까지 나온다. 비싸고 구하기 어렵다면 빌릴 수는 없을까. 국내외 일부 IT 기업들이 마치 소프트웨어를 구독형으로 서비스하듯이, GPU 등의 부품과 생성 AI 플랫폼까지 구독형 상품으로 내놓고 있다. 덕분에 주머니가 얕은 스타트업들은 클라우드에서 GPU를 빌어 사용할 수 있다. 소위 'GPUaaS(GPU as a Service)' 즉, 서비스형 혹은 구독형 GPU다.

삼성SDS는 삼성 클라우드 플랫폼에서 고성능 GPU H100을 시간당 17,000원 수준에 빌려준다. 큰 관심을 보이는 기업이 120개 이상이란다. KT 클라우드는 아예 고객 맞춤형 상품을 구독형으로 내놨다. 구글, AWS, IBM 등 해외의 빅 테크들도 적극적이어서, 클라우드 기반으로 GPU를 기업들에 빌려주는 시간당 혹은 연간 구독 상품을 선보였다. 이에 넷플릭스는 콘텐트 제작 업무에 AWS의 GPU 서비스를 활용하고, 메타도 MS의 애저에서 구동되는 GPU로 일부 AI를 개발한다. 시장조사업체 Fortune Business Insights(포천 비즈니스 인사이츠)에 따르면 서비스형 GPU 시장은 2030년 255억3,000만 달러(34조3,500억 원)로 2023년의 8배 가까이 커진다고 하니, 얕잡아볼 규모가 전혀 아니다.

3

'HBM'이란
이름의 기적

우리가 흔히 D램이라 부르는 칩은 정보를 쓰고 지울 수 있는 전자기기용 메모리 반도체다. 이런 D램 여러 개를 수직으로 연결해 한 번에 대량의 데이터를 처리하는 초고성능·초고용량 메모리로 만든 것이 바로 '고대역폭 메모리'로 번역되는 HBM(High Bandwidth Memory)이다. GPU 안에도 단기 기억 장치, 즉, cache memory(캐시 메모리)가 있지만, AI 학습을 위한 매개변수를 모두 담기에는 턱없이 부족하다. 이걸 해결하기 위해서 HBM을 캐시 메모리 가까이에 설치하는 것이다. 엔비디아 GPU는 이런 패키징 기술이 더해지면서 AI 개발을 위한 필수품이 됐고, 챗GPT와 생성 AI 시대가 꽃피면서 수요는 폭발적으로 늘었다. 일반 D램보다 2배~3배 비싸고 개당 수익률은 최고 10배나 되는 고부가가치 상품이지만, AI의 방대한 학습과 연산 성능을 크게 향상하려면 반드시 HBM을 사용해야 한다.

HBM은 D램을 수직으로 쌓아 올려 속도를 높이면서 전력 소비를 줄인 데다, 이렇게 쌓인 D램 내부를 전극이 관통하여 위아래로 데이터 전송 통로를 만든다. 예전엔 금속 배선으로 D램 칩을 복잡하게 연결했는데, HBM은 수직으로 통로를 만들어 데이터 처리 속도를 혁신적으로 끌어올렸다. 그런 구조 때문에 HBM을 '엘리베이터가 설치된 아파트'에 비유하는 이들도 많다.

원래 HBM을 처음 연구한 것은 미국 AMD였다. 그러나 SK하이닉스가 결실을 보도록 도와주고서도, 막상 AI 시대에 HBM 주도권을 놓치고 만다. SK하이닉스는 2013년 세계 최초로 HBM 개발에 성공했지만, 너무 비싸서 오랫동안 주목받지 못했다. 하지만 경쟁사들이 HBM을 포기하는 와중에도 SK하이닉스는 끈질기게 투자해 수율을 높였고, D램을 12층 쌓아 올린 '12단 적층 HBM3'을 최초로 출시했다. 이후 생성 AI 열풍으로 수요는 급증했고, 4세대 HBM3에 이어서 5세대 HBM3E까지 공개

글로벌 HBM 시장 점유율 예측(2024)

(단위 : %)

마이크론
5.1

SK하이닉스
52.5

삼성전자
42.4

※ 2024 예상치 기준

자료 : 트렌드 포스

7개월 만에 세계 최초로 양산에 들어가 먼저 엔비디아에 공급하고 있다.

4세대 HBM까지는 SK하이닉스와 삼성전자가 주거니 받거니 시장을 주도해왔다. 지금도 SK하이닉스가 HBM 공급의 52%, 삼성전자가 42% 정도를 차지하면서 이 둘이 시장을 나눠 갖고 있다. 특히 엔비디아의 첨단 AI 반도체에 들어가는 HBM 물량은 SK하이닉스가 사실상 독점 공급하고 있다. 크게 보면 SK하이닉스가 시장을 주도하고, 삼성이 바짝 추격하는 모양새다. 최근 월스트리트저널을 위시한 외신들은 "삼성전자가 초반 AI 칩 경쟁에서 SK하이닉스와 마이크론에 뒤처졌지만 빠르게 따라잡고 있으며 계획대로 12단 HBM3E를 양산하면 예전처럼 1년이 아니라 3개월 정도만 뒤처지게 될 것"이라고 보도했다.

초기 판단 실수로 HBM 개발이 뒤늦었던 삼성전자는 엔비디아의 경쟁사인 AMD에 HBM3를 납품하는 동시에, 2024년 상반기 양산 계획인 5세대 HBM3E의 경우는 성능 테스트를 통과해 엔비디아에도 공급을 시작할 계획이다. 젠슨 황이 개발자 콘퍼런스에서 삼성의 HBM3E 옆에 '젠슨이 승인함'이라는 요지의 메시지를 남긴 후로, 이 제품의 엔비디아 납품 가능성은 확고해 보인다. 최근에는 마이크론까지 HBM3E 공급경쟁에 가세해 한 치 양보도 없는 전투가 벌어지고 있다. 시장조사업체 Intel Market Research(인텔 마켓 리서치)는 글로벌 HBM 시장 규모가 2023년의 8억 6,000만 달러에서 2030년까지 489억 달러 수준으로 커질 것으로 예상한다. 그리고 전체 D램 매출 가운데 HBM 매출이 차지하는 비중은 2024년 20.1%(2022년에는 2.6%에 불과)에 이를 것으로 본다.

현재 글로벌 HBM 시장은 절대적인 '판매자 시장(셀러즈 마켓)'이다. 공

글로벌 HBM 시장 선장 전망

2023년	8억 5,678만 달러
2030년	489억 2,541만 달러
	연평균 성장률 68.08%

자료 : 인텔 마켓 리서치

급이 수요를 따라가지 못한다. HBM이 AI 산업과 함께 가기 때문에 미래 전망도 압도적인 성장이다. 게다가 HBM은 영업이익이 일반 D램보다 월등히 높기까지 하다. 어느 모로 보나 낙관할 수밖에 없고, 따라서 치열한 경쟁이 벌어질 수밖에 없는 영역이다. 전반적인 메모리 반도체 불황에도 SK하이닉스가 흑자 전환에 성공한 것 역시 HBM 덕분이었다.

❶ SK하이닉스, 내친김에 6세대까지 휘어잡는다

AI 반도체 최강자 엔비디아는 현재 D램 최고 품질이라고 하는 SK하이닉스의 HBM3E를 공급받아, TSMC에 최종 조립을 맡기고 있다. 그러니까, AI 반도체에 관한 한 미국은 설계 정도만 하는 형국이다. 미 정부는 390억 달러(약 52조6,300억 원)의 보조금을 일찌감치 책정해놓고, AI 반도체 설계→ HBM 생산→ 패키징까지 전 공정을 미국 내에서 하는 시스템을 구축 중인데, 이 공급망이 완성되면 미국 대표 AI 반도체 기업들은 '메이드 인 USA' 부품만으로 생산할 수 있게 된다.

현재 이천에서만 HBM을 생산하고 있는 SK하이닉스는 용인에 120조 원을 투자해 첨단 메모리 팹 4기를 신설하고 청주 팹 HBM 라인을 증설하는 등, 국내외에서 HBM 관련 투자와 시설을 확장 중이다. 미국 인디애나주에도 40억 달러를 들여 첫 번째 해외 HBM 공장을 짓는다. 막대한 보조금과 HBM의 고객사를 한꺼번에 확보할 수 있어서 SK하이닉스에도 유리하다.

최근 SK하이닉스는 2026년 양산 예정인 6세대 'HBM4'의 상세 성능을 공개했다. D램을 16단으로 쌓아 데이터 처리 용량을 48GB까지 끌어올림으로써, 2024년 초 양산에 들어간 5세대 'HBM3E'에 비해 속도를 40% 높이고, 전력 소모량을 70% 수준으로 떨어뜨렸다. 납품처도 엔비디아 AI 서버에서 자동차 전장 등으로 확대한다. 지금 SK하이닉스의 기업광고에는 자기 자신들을 "AI와 미래를 잇는 코드"로 표현하고 있는데, 앞으로의 성과에 따라 과연 그 이름이 얼마나 적절한지가 판명될 것이다.

삼성전자가 단기적으로는 HBM3E로 HBM 시장을 공략하고, 장기적으로는 아예 AI 가속기('마하-1')를 만들어 HBM을 대체해버릴 계획인데 반해, SK하이닉스는 계속 차세대 HBM을 키워 주도권을 유지하겠다는 뜻을 나타냈다. 양사의 주도권 경쟁은 치열해질 테지만, 어쨌거나 HBM 수요 폭발은 한국 반도체 산업 수퍼사이클의 기폭제가 될지도 모른다.

◆ 20조 원 초강수 베팅, 생산능력부터 갖춰라

HBM 수요가 폭발하자 SK하이닉스는 생산 전략까지 재빨리 바꾸었다. 낸드플래시 공장을 추가하려던 계획을 접고 20조 원을 투입해 낸드플래시 생산기지에 D램·HBM 공장을 짓기로 한 것이다. 창립 이후 지켜왔던 'D램은 이천, 낸드플래시는 청주'라는 전략을 버린 셈이다. 양산 시점은 2025년 11월이다. HBM 기술뿐 아니라 생산능력에서도 밀리지 않겠다는 의지요, 승부수라 하겠다.

이런 생산 전략 변경은 AI 시대 HBM과 서버용 DDR5(더블데이트 레이트 5) 같은 고부가가치 D램 수요가 늘어나고 있어서다. 현재 엔비디아 등 AI 가속기 제작사들은 선급금까지 주면서 HBM의 '원활한 공급'을 요청하는 상황. SK하이닉스는 앞으로 5년간 HBM 매출이 연평균 60% 이상 증가할 것으로 보고 있다. 골드만삭스 역시 2022년 33억 달러 규모였던 글로벌 HBM 시장이 2026년 230억 달러로 커질 것으로 전망했다. 그러니 생산시설이 부족해 주문을 못 받는 상황만큼은 피해야 하지 않겠는가.

SK하이닉스는 4세대 이후 첨단 HBM 시장을 주도하면서, '큰손' 엔비디아와의 끈끈한 관계를 바탕으로 시장의 절반 이상을 점유하고 있으며, HBM3 이상 첨단 제품만 놓고 보면 90% 이상이다. 그럼에도 생산능력이 부족하다는 약점이 늘 고민이었다. 고도의 기술력은 물론이고 복잡한 공정에도 빠르게 대응하지 못한다면 HBM 시장을 주도할 수 없다. 쏟아지는 첨단 D램 주문에 대응하기 위해선 생산시설이 최소 두 배 이상 필요했다. 낸드플래시 생산기지를 포기하면서까지 HBM 증산을 선택

2013	SK하이닉스 HBM 최초 개발
2015	삼성전자 HBM2 개발
2019	SK하이닉스 HBM2E 공개
2020	삼성전자 HBM2E 공개
2021	SK하이닉스 HBM3 개발
2022	SK하이닉스 엔비디아에 HBM3 공급
2022	삼성전자 HBM3 양산
2024	SK하이닉스·삼성전자 HBM3E 양산

한 배경이다. SK하이닉스는 생산시설을 먼저 확보해놓고 설비투자 속도는 시장 상황에 맞춰 조정한다는 계획이다.

시장에선 SK하이닉스의 D램 생산능력이 삼성전자의 60%~70% 수준이므로 결국 최후의 승자는 삼성전자일 거라고 늘 평가해왔다. 그러나 이번 생산 전략 변경으로 시장의 우려가 사라질 것으로 보고 있다. 물론 삼성전자도 나름의 대응책을 세우겠지만, 적어도 SK하이닉스가 생산능력이 모자라 HBM 고객을 뺏길 가능성은 적어질 거란 얘기다.

✦ TSMC와 손잡고 6세대 공동 개발

SK하이닉스는 파운드리 최강 TSMC와 기술 협력 MOU도 체결했다. 2026년 양산 예정인 HBM4(6세대)를 공동 개발하고, 첨단 패키징 기술 협력도 강화한다는 골자다. SK하이닉스는 지금까지 HBM의 두뇌 역할을 하는 '베이스 다이'를 자체 공정으로 만들어왔지만, HBM4부터는 TSMC의 첨단 공정을 활용해 만듦으로써 메모리 성능의 한계를 돌파할 요량이다.

또 SK하이닉스는 '맞춤형 메모리'의 제작·공급으로 HBM 주도권을 굳히고 종합 AI 메모리 기업으로 나아갈 계획이다. 규격화된 D램과 달리 HBM은 각 고객사 요구사항을 반영해 제작한다. TSMC의 첨단 파운드리 공정 활용은 엔비디아 등 설계회사의 요구사항 증가를 반영한 측면도 있다.

메모리, 파운드리, 패키징까지 모든 걸 할 수 있는 '반도체 원스톱 서비스' 기업은 삼성전자뿐이다. 다른 어느 기업도 넘볼 수 없는 강점이자 경쟁력이다. SK하이닉스와 마이크론은 메모리만 잘하기 때문에, TSMC 같은 파운드리 전문 기업에 의존하지 않을 수 없다. SK하이닉스가 6세대 HBM4 제작에 첨단 파운드리 공정 도입을 결정한 배경이다.

어쨌거나 현재 HBM 시장 선두인 SK하이닉스는 2024년 상반기 중 HBM3E를 양산해 엔비디아의 H200과 B100에 장착된다. 기존 공정으로 이미 16단 제품까지 성공한 상황이라, SK하이닉스의 우위는 당분간 계속될 것 같다. 실제로 SK하이닉스의 2024년 HBM은 이미 완판됐고, 시장 선점을 위해 벌써 2025년을 준비하는 상황이다. 수요가 폭발적으로 늘어나고 있는 AI 반도체를 둘러싸고 이제 '삼성 대 비非삼성 연합군' 경쟁 구도로 변하는 모양새다.

삼성전자는 세계 최초로 2025년 '꿈의 메모리'로 불리는 3차원(3D) D램을 공개하기 위해 분주하다. 기존의 D램은 기판에 최대 620억 개에 달하는 셀(데이터 저장공간)을 수평으로 빡빡하게 배치해 전류 간섭 현상을 피하기 어렵다. 하지만 3D D램은 셀을 수직으로 쌓아 단위 면적당 용량을 3배 키우고 간섭 현상도 줄인 제품이다. HBM은 D램을 여러 개 쌓아 용량을 늘리지만, 3D D램은 내부에 있는 셀을 수직으로 쌓은 한 개의 D램이라는 점에서 대조된다. '칩 크기는 줄이고 데이터 처리용량은 늘려야 하는' D램 개발자의 영원한 과제가 더욱 중요해진 AI 시대엔 3D D램이 게임 체인저가 될 수 있다.

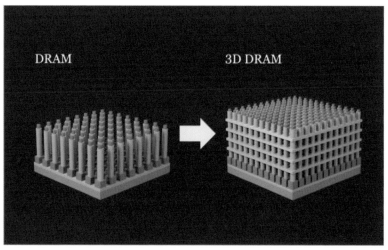

▲ 일반 D램과 3D D램의 기본 콘셉트　　　　　　　　자료 : 램리서치 SEDEX 2021 기조연설

삼성이 지금까지 이룩한 V(수직) 낸드플래시, 14나노미터 핀펫(FinFET), 게이트 올 어라운드(GAA) 등 이름조차 알쏭달쏭한 최첨단 기술을 이제 3D D램이 이어받을까. 삼성 특유의 '기술 초격차'에 다시 시동을 걸 수 있을까. '작은 면적-큰 용량'을 지향하는 반도체 개발 경쟁에서 주도권을 잡을까. 업계에는 삼성이 HBM 시장에서 SK하이닉스에 내준 주도권을 3D D램으로 되찾을 거라는 예상이 퍼져 있다.

3D D램은 스마트폰, 노트북처럼 작은 기기에 먼저 적용될 것 같지만, 도로에서 수집한 수많은 데이터를 처리해야 하는 자율주행에 활용될 가능성도 크다. 3D D램 시장은 2030년께 1,000억 달러(135조 원) 규모에 이를 것이란 관측이 나온다. 4년 전부터 3D D램 연구를 시작한 마이크론을 비롯해 경쟁사들도 3D D램 개발에 열중이지만 아직 로드맵은 공개하지 못했다. SK하이닉스는 여러 기회에 3D D램 콘셉트만 공개한 정도다. 중국의 경우, 메모리 1위 창신메모리(長鑫存储; CXMT)와 몇몇 업체들도 3D D램 개발에 속도를 내며, 삼성전자를 추격할 기회를 호시탐탐 노리고 있다.

AI 반도체 시장 주도권 탈환을 위한 또 다른 방안으로, 삼성전자는 '고객 맞춤형 HBM' 개발과 'CXL(Compute Express Link)' 개발을 동시 추진하고 있다. 이중 CXL은 중앙처리장치, 메모리, GPU, 저장장치 등을 보다 효율적으로 활용하기 위한 새로운 인터페이스, 혹은 AI로 구동되는 고성능 컴퓨터에 특화된 D램 반도체다.

아울러 삼성전자는 '하이브리드 본딩'이라는 이름의 HBM 적층 신기술을 성공적으로 구현해, 차세대 HBM 16단 HBM4에 적용할 계획이다. 어떻게든 지금까지 HBM 분야에서 놓쳐버린 주도권을 되찾아오기 위해 다양한 전략을 모색하는 모습이다. SK하이닉스의 8단 적층 세계 최초 개발, 마이크론의 12단 고용량 HBM, 그 뒤를 이어 이젠 삼성이 칩과 칩 사이 공간을 완전히 없앤 새로운 공정 기술로 16단까지 올리면서 더욱 빠른 AI 학습 훈련을 조준하고 있다.

'아차' 하는 순간 HBM 시장에서 SK하이닉스에 주도권을 빼앗기고 2023년 매출에서 TSMC, 인텔, 엔비디아에 밀려버린 삼성전자는 어디서 반격의 실마리를 찾을까? 반도체 산업 전반의 불황도 있었지만, 삼성이 사업을 잘못한 측면도 있었다는 업계의 평가 속에서, 삼성의 전략은 두 방향으로 펼쳐진다. HBM이 필요 없는 신개념 AI 가속기를 출시하는 게 그 하나, 그리고 동시에 HBM 시장에서도 치열하게 싸우겠다는 게 또 다른 하나다. 병행 전략, 즉, 투-트랙(two-track) 접근법으로 2년~3년 내 반도체 세계 1위를 탈환하겠다는 각오다. 그리고 여기에 2030년까지 20조 원이 투입될 예정이다.

✦ HBM을 안 쓰는 가속기

데이터 학습으로 고도화한 AI를 실제 서비스에 활용하는 과정이 추론인데, 마하-1은 바로 이 추론에 특화된 가속기다. 학습용이든 추론용이든 현재 AI 가속기는 엔비디아가 90% 이상 잡고 있는데, 삼성은 마하-1로써 엔비디아의 H100 등과 정면 대결을 벌이고 AI 반도체를 뿌리째 뒤흔들겠다는 구상이다.

기존의 가속기를 구성하는 GPU와 HBM은 대량의 데이터를 주고받으며 AI를 고도화하지만, 이 과정에서 속도가 떨어지고 전력이 과소비되는 소위 '데이터 병목현상'이 생긴다. 마하-1은 이런 병목현상을 8분의 1로 줄이고, 전력 효율을 8배 높였기 때문에, AI 가속기에 HBM 대신에 저전력 D램을 붙일 수 있다. 그래서, HBM이 필요 없는 가속기가 된다는 얘기다. 마하-1을 개발 중인 삼성은 아예 GPU까지도 자체 개발해서 저전력 D램을 붙이는 최첨단 패키징 작업까지 '원스톱'으로 AI 가속기를 만들 것이란 전망이다. 2024년 말 출시 예정인 마하-1이 엔비디아의 AI 가속기 독점을 깨뜨릴 수 있을까. 그리고 어느 내부자의 표현대로, 마하-1 때문에 HBM은 안타 하나만 내고 사라지는 'one-hit wonder(원-힛 원더)'가 될까?

실제로 삼성전자는 2024년 말 마하-1을 네이버에 20만 개 납품하기로 하고, 가격과 수량을 조율하는 중이다. 업계는 이 거래 규모를 1조 원 정도(엔비디아 제품의 10분의 1 수준인 개당 500만 원)로 추산한다. 네이버는 마하-1을 AI 추론용 서버에 투입해 엔비디아의 AI 가속기를 대체할 계획이다. 삼성전자는 네이버 납품을 발판 삼아 MS, 메타 등 빅 테크 공략에도 나섰다.

✦ HBM 전쟁, 이것도 놓칠 순 없어

'아픈 손가락.' D램 분야에서 30년 넘도록 세계 1위를 놓친 적이 없는 삼성전자에 HBM은 아픈 손가락이다. 세계 최초로 HBM 사업화를 시작하며 AI 반도체 생태계를 확장할 다양한 메모리 제품을 준비했으나, 한 수 아래로 생각했던 SK하이닉스에 주도권을 내줬기 때문이다. '틈새 상품'이던 HBM은 갑자기 메모리 반도체 대표 주자가 됐다. 2030년 글로벌 시장은 1조 달러에 이를 거란 추정까지 나온다. 삼성이 마하-1 가속기로 엔비디아와 일전을 벌일 각오를 다지면서도, 동시에 HBM 시장도 결코 포기할 수 없는 이유다.

10년 넘게 삼성전자, SK하이닉스, 마이크론이라는 세 '선수'만이 경쟁해온 'D램 경기장'에서 2024년부턴 누가 어떻게 경주를 벌이게 될지 알 수도 없다. 안 그래도 AI 반도체 주도권을 잡지 못해 좌불안석이던 삼성전자는 에이스 직원 100여 명을 차출해 'HBM 원팀 TF'라는 이름의 '별동대'까지 구성했다. 최대 고객 엔비디아에 대한 5세대 HBM 공급 기회를 SK하이닉스에 '탈취'당했지만, 젠슨 황이 5세대 가운데 업계 최대 용량(36GB)인 삼성의 12단 적층 HBM3E 테스트에 만족을 표명하면서 2024년 말부터 양산될 엔비디아의 차세대 AI 가속기 블랙웰에 장착될 가능성이 커 보인다. 삼성은 이 'HBM3E 12단' 모델의 양산을 2024년 2분기 중 시작한다고 최근 공식적으로 확인했다. 아울러 2024년 HBM 생산량을 전년보다 3배로 늘릴 것이라고도 밝혔다.

추가로 삼성은 SK하이닉스와 마찬가지로 2025년 출시를 목표로 6세대 HBM4를 개발 중이다. HBM 적층을 16단까지 올리면서 칩과 칩 사이의 공간을 완전히 없앤 새로운 공정 기술을 개발하고 있다. 반도체 부문 조직의 역량을 모두 결집해 이 HBM4의 경쟁력을 극대화하는 것이 HBM 원팀 TF의 주요 미션이기도 하다.

따라서 향후 HBM 시장은 ⑴ 삼성전자 ⑵ SK하이닉스+파운드리A ⑶ 마이크론+파운드리B의 3자 경쟁 구도로 바뀐다는 예상을 해볼 수 있다. 그리고 이들 중 패퇴한 쪽은 반도체 산업의 가장자리 혹은 구석으로 밀려날 수 있다.

챗GPT와 생성 AI 혁명 이후 인텔의 목표는 '단말기에서부터 엣지, 네트워크, HPC, 데이터센터까지 모든 곳에서 쉽게 AI를 사용할 수 있는 CPU'로 요약할 수 있다. 최근 출시한 모바일 프로세서 'Intel Core Ultra(인텔 코어 울트라)'와 전력 소모를 확 줄인 데이터센터용 프로세서 'Xeon E5(지언 E5)'는 그러한 목표에 이르는 첫 발걸음이다. 인텔은 이러한 AI 칩을 앞세워 2년 안에 AI PC 1억 대 이상 보급을 지원함으로써 AI 대중화를 앞당긴다는 포부도 밝혔다. 덧붙여 인텔은 앞서 언급했던 것처럼, 2024년 4월 엔비디아의 GPU 시장 석권에 저항하는 차세대 AI 가속기 '가우디 3'를 발표한 바 있다.

특히 인텔 코어 울트라는 40여 년 만에 처음으로 구조를 바꾼 PC용 CPU 제품이다. CPU, GPU, 입·출력 인터페이스가 혼합된 기존 제품과 달리, 신제품은 이를 영역별로 분리해 타일 모양으로 배치하고 노트북용 프로세서로는 최초로 NPU를 탑재했다. 타일 구조의 장점은? 사용자가 진행 중인 작업을 위해 필요한 코어만 가동하고 나머지 불필요한 코어는 구동을 멈춘다는 점이다. 전력 효율을 극대화한다는 뜻이다. 그래서 이 CPU가 장착된 초경량 노트북으로 영화를 보거나 동영상을 편집할 땐 전력 소모가 40% 적어진다. 기존 세대에 견주어 2배 빨라진 그래픽 성능도 두드러진 강점이다.

인텔 코어 울트라는 확산 일로에 있는 온디바이스 AI 추세에 대응하려는 포석이며, 이로써 인텔은 그런 흐름의 선봉장 역할을 맡을 것이

▲ CPU, GPU, NPU, 입출력 등 영역별로 구분된 인텔 코어 울트라의 '타일 구조'

다. 엔비디아의 GPU 독점은 돌파하기가 당분간 어렵지만, NPU 시장에선 삼성, 퀄컴, 인텔 등의 경쟁자들이 기회를 얻을 수 있을 것이다. 인텔 코어 울트라는 삼성·LG·델·HP 등 전 세계 AI 노트북 230여 종에 탑재될 예정이다.

그러나 인텔의 독식이 예상되던 이 시장은 2024년 4월 AMD가 'Ryzen(라이젠) 프로' 시리즈를 내놓으며 경쟁 구도로 바뀌게 됐다. AMD의 새 프로세서는 조만간 HP와 레노버 PC에 적용될 예정이다. 게다가 조용하던 퀄컴까지 가세했다. 지금까지 주로 스마트폰 프로세서에 집중해 '스마트폰의 두뇌'로 불리던 퀄컴이 갑자기 PC용 AI 프로세서 'Snapdragon X Plus(스냅드래건 X 플러스)'를 내놓은 것. 이제 AI PC용 프로세서 시장은 3파전으로 흐를 조짐이다. 자체 AI 칩 'M4'를 개발 중인 애플을 제외한다면 말이다.

파운드리 영역에서도 인텔은 큼직한 뉴스거리였다. 그동안 자체 파운드리 소요량만 처리하던 인텔이 파운드리 시장 본격 진출을 선언한 것이다. 글로벌 기업들이 AI 반도체 직접 설계에 나서면서, 그들의 칩을 제조해줄 파운드리 수요가 폭발할 것이라는 셈법이다. 심지어 2027년엔 '꿈의 공정'으로 불리는 1.4나노미터 초미세 공정을 도입한다고 했다. 삼성전자의 도입 목표 시점과 같다. 현재 최첨단 공정이 3나노이고 TSMC가 2나노 공정을 2025년에야 시작한다는 점을 고려한다면, 가히 폭탄선언이다. 인텔이 파운드리 사업에서 전례 없는 기회를 맞게 될까? 팽배해 있는 '미국 먼저 챙기기' 움직임과 맞물려 미국 기업들의 파운드리 수요 상당 부분이 인텔로 갈지도 모른다.

인텔의 전략은 압도적 파운드리 최강자 TSMC와 파운드리를 '제2의 메모리'로 키우려는 삼성전자 모두에 대한 선전포고다. 인텔로 말하자면, CPU 황제로 한때는 '반도체 제국'이었고 지금도 반도체 전 분야를 통틀어 1위 아닌가. 양쪽 모두 상당한 영향을 피하기 어렵다. 파운드리 시장이 TSMC(60% 점유)와 삼성전자의 '1강 1중'에서 '1강 2중'으로 바뀔 거란 예측이 벌써 나온다.

❹ 마이크론, 삼성·SK하이닉스 추월하나

마이크론은 지금까지 HBM 시장에서 존재감이 거의 없었다. 그런데 최근 엔비디아의 H200 GPU에 장착될 5세대 'HBM3E 설루션'을 양산한다는 얘기가 돌았다. 이를 위해 TSMC와의 협업을 통해 약점으로 꼽히던 패키징 공정을 강화했다는 것이다. 사실이라면 기술 면에서도 마이크론이 삼성전자·SK하이닉스를 바짝 뒤쫓으며 차세대 HBM을 그들보다 먼저 양산한다는 뜻이다.

이것은 HBM 4세대를 건너뛰고 곧바로 5세대를 양산함으로써 SK하이닉스와 삼성전자를 따라잡으려는 마이크론의 승부수다. 마이크론은 자신들의 HBM3E가 전력 효율이 현저히 높아 AI 반도체에 대한 수요에 대응할 수 있다면서, 뒤늦은 출발을 충분히 만회할 수 있다고 자신한다. 게다가 최근 136억 달러가 넘는 미국 정부의 보조금까지 받게 되면서, 기세가 등등하다. 나아가 HBM3E보다 더 우수한 36GB 12단 HBM3E 신제품까지 내놓으며 시장을 공략하겠다는 것이다. 이래저래 HBM이 미래 AI 반도체 시장의 핵심 승부처임은 확실해 보인다.

한편, 생성 AI로 인한 HBM의 튼튼한 수요 덕분에 '뜨거운 봄'의 재활을 꿈꾸는 전통의 반도체 기업들도 있다. HBM 반도체가 AI 기능 구현에 필수품이 되면서 저전력 반도체 설계에 독보적 기술을 보유한 ARM과 통신용 반도체를 주력으로 하는 브로드컴은 AI 반도체 수요 폭발로 엔비디아 못지않은 대접을 받고 있다. AI 기술이 일취월장하면서 데이터 통신량이 따라 치솟자, 브로드컴의 통신 칩 수요도 급증하고 네트워크 부문 매출도 덩달아 뛰었다. AI 인프라에서 네트워크는 GPU만큼이나 중요하므로, AI 도입이 확대될수록 브로드컴은 혜택을 누릴 수밖에 없다.

➎ TSMC, 위탁생산 전문이라고 깔보지 마

엔비디아도 고객이다. '엔비디아 타도'를 외치는 AMD도 고객이다. 심지어 같은 영역에서 경쟁하는 인텔조차 CPU 생산을 맡기는 고객이다. 파운드리(반도체 위탁생산) 1위 TSMC 얘기다. 설계 등의 다른 부문은 몰라도, 생산 점유율만큼은 적어도 90%쯤 된다. 누가 AI 반도체의 승자가 되든, TSMC의 AI 반도체 '생산' 점유율은 독점에 가까운 수치라고 분석하는 전문가들도 적지 않다.

✦ 황금알을 낳는 '3나노' 거위

지난 수년간 반도체 불황에도 TSMC는 그다지 흔들리지 않았다. 매출 감소 폭도 주요 반도체 기업 중 가장 적었다. 비결이 무엇일까? 답은 생산 공정이다. 함부로 손댈 수 없을 정도로 어렵다는 3나노 등 최첨단 공정으로 칩을 만들기 때문이다. 회로 선폭(나노 수치)이 좁아질수록 칩 소비 전력은 줄고 처리 속도는 빨라지는 데다, 공정 수율이 아직 낮아서 생산가격이 치솟고 제품 가격도 높아진다. 3나노 공정으로 만든 웨이퍼 가격은 7나노 공정 제품의 2배가 넘을 정도라고 한다. 지금까진 이처럼 비싼 칩 가격을 감당할 수 있는 회사가 애플뿐이었지만, 이젠 상황이 다르다. 기꺼이 지갑을 열겠다는 '큰손' 고객사들이 TSMC 3나노 앞에 길게 줄을 섰다. 심지어 '천하의' 엔비디아조차 순서 경쟁에서 밀려 대기 중이란다. 모두 AI라는 거대한 파도를 놓치지 않기 위해서다. 고객들이 값비싼 3나노 공정에 진입하므로, 당분간 TSMC의 특수는 '따놓은 당상'이다. TSMC가 2024년 상반기 3나노 2세대 공정을 가동하는 것도 그래서다. TSMC는 다시 한번 황홀한 최고의 순간을 맞을 것 같다.

파운드리 부문만 떼어 생각할 때, TSMC와 삼성전자의 시장점유율은 2023년 3분기 45.5%포인트 격차에서 4분기 49.9%포인트로 더 벌어졌다. 삼성도 3나노 공정에 진입해 있고, GAA 같은 고급기술을 TSMC보다 먼저 적용하기도 했지만, 아직은 큰 효과를 보지 못하고 있다.

❻ 토종 AI 반도체 기업의 비상

다양한 AI 서비스에 대한 수요가 급증하면서, 필수 하드웨어인 AI 반도체도 글로벌 IT 업계의 가장 뜨거운 분야로 떠올랐다. 국내에서는 AI 반도체 산업의 혁신을 이끄는 스타트업이 적지 않다. 물론 AI 산업과 생태계 자체가 여전히 유동적인 상태라, AI 반도체 시장도 딱히 선두주자가 없는 무주공산無主空山이다. 내로라하는 빅 테크 업체들이 모두 AI 반도체 개발에 나섰으나 아직 시장을 확실히 장악하지 못했고, 스타트업들이 내놓은 AI 반도체도 산발적·제한적으로만 사용된다.

그것은 어떤 기업이든 성능 좋은 AI 반도체를 내놓으면 충분히 세계시장을 장악할 수 있다는 의미도 된다. 누군가의 AI 반도체가 본격 AI 서비스에 탑재되기만 하면, 수백억 달러의 연간 매출을 달성할 수 있다는 얘기가 과장이 아니다. 그래서 모두가 AI 반도체의 향방을 지켜보는 것이다.

국내 IT 대기업들도 AI 반도체 스타트업들을 알아보고 손을 잡는다. 네이버·KT·NHN 클라우드 삼총사는 컨소시엄을 구성해, 그들의 데이터센터에 리벨리온·사피온·퓨리오사AI의 AI 반도체를 활용하고 있다. 세계시장에서 이들의 AI 반도체가 서비스에 쓰일 수 있다는 검증 결과(레퍼런스)가 쌓이는 것이다. 우리의 AI 반도체 스타트업이 글로벌 AI 반도체 시장을 주름잡는 꿈이 한낱 꿈으로 끝나지 않을 수도 있다.

○ KT와 협업하는 리벨리온은 2023년 AI 반도체 기술력 검증 테스트 MLPerf(엠엘퍼프)에서 세계 최고라는 성적표를 받았다. 이어 데이터센터용 AI 반도체 '아톰(ATOM)'을 탑재한 '아톰 카드'가 PCIe 5.0 테스트를 통과하며, 생성 AI 추론을 위한 필수 설루션의 성능과 신뢰성을 확보했다. 반도체 대규모 납품에 꼭 필요한 이 테스트에 합격한 국내 기업은 삼성전자와 SK하이닉스뿐이다. 아톰은 컴퓨터 비전 처리 속도에서 엔비디아 GPU T4보다 3.4배 빨랐고, 언어모델 분야에서도 퀄컴과 엔비디아 제품보다 성능이 훨씬 앞섰다. 2024년 중순부터 고객사가 아톰 카드로 sLLM을 구동할 수 있도록 지원할 예정이다.

○ 1세대 AI 반도체 '워보이'를 생산해 네이버와 카카오의 데이터센터에 납품해온 퓨리오사AI는 2024년 상반기에 2세대 AI 반도체 '레니게이드'를 양산한다. 추론 부문의 NPU 중 최초로 HBM3를 사용해 챗GPT 수준의 LLM 구동이 가능하다. 대만의 에이수스 역시 워보이를 자사 AI 서버에 적용할 계획인데, 에이수스의 서버 사업이 5배 성장 목표를 세우고 있어, 퓨리오사의 AI 반도체 공급도 대폭 늘어날 전망이다.

○ 온디바이스 AI 반도체를 개발하는 딥엑스는 객체 인식, 음성 인식, 이미지

분류, 화질 개선 등의 AI 알고리즘 연산 처리를 지원한다. 딥엑스의 다양한 반도체는 AI가 필요한 서비스의 대규모 컴퓨팅을 빠르게 적은 전력 소모로 처리하는 게 강점이다. 지금은 컴퓨터 비전용 AI 반도체에 집중하고 있어서, 40여 기업들이 사전 검증 테스트를 진행 중이다.

○ 망고부스트는 특이하게도 DPU(Data Processing Unit; 데이터처리장치)를 개발한다. DPU는 데이터센터에서 서버 최적화, 즉, 대규모 데이터의 효율적인 처리를 돕는 시스템반도체로, 빅 테크 기업들이 앞다퉈 기술 확보에 나서고 있다. 시장은 매년 35% 성장해 2027년 100조 원 규모가 될 전망이지만, 개발업체는 엔비디아 휘하의 Mellanox(멜라녹스), AMD가 사들인 Pensando(펜산도), MS가 인수한 Fungible(펀저블) 등 다섯 손가락에 꼽을 정도. 망고부스트는 자체 설계자산을 기반으로 AMD와 함께 DPU 제품을 개발했다.

○ 하이퍼엑셀의 비즈니스는 서버 운영비를 줄이는 반도체 개발이다. 메모리 대역폭 사용을 극대화해 비용 효율성을 높인다는 콘셉트다. 최근 AI 서비스 수요 급증으로 전망이 밝다. AI 맞춤형 반도체로 개발한 하이퍼엑셀 오리온은 챗GPT처럼 구동 비용이 많이 드는 LLM에 최적화돼 있다.

이런 국내 AI 반도체 스타트업의 성패는 1년~2년 안에 갈릴 것이다. 이런저런 테스트 결과를 보면 이들의 제품이 엔비디아 등을 앞서기도 하지만, 시장과 고객의 엄격한 검증은 또 다른 문제다. 뛰어난 기술이라고 자랑은 하지만 자세히 보면 모호한 구석이 많아서 기술 수준을 더 높여야 한다는 지적도 많다. 종합 점수로 보면 글로벌 상위권 기업과의 격차가 여전하다는 얘기다. 결국은 해외에서 믿을 만한 고객사를 확보한 AI 반도체 스타트업만 살아남을 것이다.

❼ NPU, 인간의 뇌를 닮은 반도체

NPU(Neural Processing Unit; 신경망 처리장치)는 AI 연산을 위해 인간의 뇌 신경망을 모방한 시스템반도체로, 정보 처리 방식이 사람의 뇌(신경망)와 비슷하다. CPU나 GPU보다 범용성은 떨어지지만, AI의 양대 축인 '학습'과 '추론' 중 추론에 특화돼 있다. 특히 추론(서비스) 영역에서는 GPU보다 더 효율적이다. NPU는 주로 전자기기용 시스템 온 칩(SoC)에 장착돼 외국어 자동 번역, 콘텐트 화질 업그레이드 등을 담당한다. 미래의 NPU는 아예 프로그래밍이 가능한 반도체(FPGA)라든가 주문형 반도체(ASIC) 혹은 뇌 신경세포와 연결고리 구조를 닮은 뉴로모픽(Neuromorphic) 등의 형태로 발전할 것이라 한다.

온디바이스 AI를 장착한 기기는 클라우드 연결 없이 자체적으로 AI 서비스를 구현하는데, 이 기능을 수행하는 것이 바로 NPU다. 온디바이스 AI와 NPU는 한 몸처럼 같이 움직인다는 얘기다. 최근 온디바이스 AI 기능을 장착한 스마트폰, TV, 노트북, PC 등이 잇달아 나오면서 NPU는 덩달아 '귀한 몸'이 되고 있다. 시장조사업체 가트너는 NPU 시장 규모가 2022년의 326억 달러(43조 원)에서 2030년 1,170억 달러(약 154조 원)로 커진다고 전망하는데, 이는 챗GPT 혁명이 불러온 변화의 하나다.

◆ GPU 밀어내고 패권 장악

AI 및 IT 전 분야에 걸쳐 NPU 개발이 한창 뜨겁다. 전통의 반도체 회사들도 NPU를 미래 먹거리로 삼고 시장 확대에 사활을 거는 모습이다. 삼성전자는 NPU 성능을 14.7배 끌어올린 스마트폰용 '엑시노스 2400'을 이미 2023년에 공개했고, 퀄컴은 NPU 성능을 98% 개선한 스마트폰용 'Snapdragon(스냅드래건) 8 Gen 3'로 이에 맞섰다. 뒤이어 구글, 애플, 아마존 등 거인들과 LG전자까지 NPU 행렬에 동참했다. 다른 회사가 만든 NPU를 쓰기보다는 맞춤형 NPU를 직접 만들어야 자사의 온디바이스 AI 제품을 제대로 구동할 수 있다는 이유에서다. 가령 LG전자는 TV 화질을 자동 개선하는 AI 기능을 업그레이드하기 위해 작년부터 2세대 NPU 개발에 들어갔다. 삼성전자의 '두뇌' 역할을 하는 삼성리서치는 온디바이스 AI를 구현하는 반도체인 NPU 개발 역량을 강화하기 위해 개발자 200여 명을 한꺼번에 투입했다. 미국 실리콘 밸리, 오스틴 등 R&D 핵심 기지에서도 NPU 설계 경력자는 인기 충천이다.

NPU는 머지않아 GPU를 밀어내고 온디바이스 AI 시대의 패권을 잡을 것으로 보인다. GPU는 병렬 연산에 특화돼, 대규모 데이터의 AI 학습에 적합하고 클라우드를 활용한 현행 AI 시스템에는 그런대로 어울려 'AI 칩'으로 주목받았다. 하지만 덩치도 크고 비싼 데다, 스마트폰처럼 작은 기기에 활용하기는 어렵다. 인터넷 연결 없이 AI 기능을 수행하려면 작고 빠른 NPU만한 칩이 따로 없다. 글로벌 대기업들이 '차세대 AI 서비스'용 반도체 칩으로 NPU를 선택하는 이유도 여기에 있다. AI 영역뿐만이 아니다. 테슬라는 NPU를 자율주행 서비스에 활용하기로 했다. 개별 차량에 HW3.0 같은 이름을 붙인 온디바이스 자율주행용 NPU를 탑재하는 것이다.

✦ NPU 개발에 진심인 스타트업들

국내에 NPU를 전문으로 하는 AI 반도체 스타트업들이 등장한 건 2017년부터였다. 이들은 상당한 시간이 흐르고 2024년~2025년에야 비로소 시제품 양산과 검증 과정을 거치게 된다. 대표적으로 국내 최초의 상용화 AI 반도체를 출시했던 설계 전문 스타트업 사피온이 AI 추론에 특화된 NPU를 내놨다. 엔비디아 GPU의 대안으로 떠오르는 칩으로, 2024년 상반기 양산에 돌입해 LLM 시장을 공략할 신무기다. 'X330'이란 이름의 이 NPU 칩은 경쟁사의 5나노 동급 추론 모델과 비교할 때 연산 성능은 약 2배, 전력 효율은 1.3배 우수하다고 알려졌다. 데이터센터 운영의 비용 효율성을 개선해 고객사가 총소유비용을 절약할 수 있다는 뜻이다. 이 제품에는 SK하이닉스의 그래픽 D램이 탑재됐고, 대만 TSMC의 7나노 공정으로 생산된다.

전작인 X220만 해도 반도체 성능 테스트 대회 엠엘퍼프에서 경쟁사 최신 칩보다 2배 이상 빠른 데이터 처리 속도와 전력 효율을 인정받았는데, X330은 그보다도 월등한 성능과 전력 효율을 뽐낸다. 응용 범위 또한 훨씬 더 넓어졌다. X220 네 개가 할 일을 X330 하나로 처리할 수 있는 정도다.

AI 추론 분야에 강점을 지니고 여러 산업 분야에서 LLM 지원 등 레퍼런스를 쌓고 있는 사피온은 NHN 데이터센터와 SK텔레콤에 NPU 기반 대규모 클라우드 인프라도 구축했다. 언어모델 기반인 SK텔레콤의 '스팸 문자 검출' 서비스에도 그들의 제품이 적용된다. 앞으로는 자율주행차 IP 등 말단 기기용 고성능 AI NPU를 선보이고 좀 더 다양한 반도체를 출시할 계획이다.

엔비디아 아성에 도전하는 AI 반도체 경쟁은 그 외에도 더 치열해지고 있다. 사피온과 함께 한국에서 태동한 퓨리오사AI는 첫 HBM3를 탑재한 2세대 NPU를 2024년 상반기에 양산할 예정이고, 리벨리온 역시 삼성전자의 4나노 공정으로 HBM3E를 탑재한 차세대 AI 반도체를 개발 중이다. NPU 전문 팹리스인 모빌린트도 이미 첫 시제품 양산을 목전에 두었다. 이들은 세계시장에서도 높은 평가를 받고 있다.

◆ 차세대 메모리는 하이브리드 반도체

'똑똑한' AI를 구현하려면 성능 좋은 반도체는 필수다. 아무리 잘 설계해도 반도체 용량과 속도가 받쳐주지 못하면 그 AI는 아무짝에 쓸모없는 껍데기가 되기 때문이다. 요즘 가장 주목받는 메모리 반도체 HBM은 바로 이런 고민의 산물이다. 여러 개의 D램을 수직으로 쌓아 용량을 늘리고 속도를 끌어올렸다.

메모리 제조사들은 당연히 HBM의 뒤를 이을 차세대 반도체를 찾게 되고, 그 과정에서 다음 주자로 지목된 것이 '하이브리드 반도체'이며, 한창 개발 중인 PIM(processing in memory)이 그런 제품이다. 쉬운 등식으로 표현하자면, '하이브리드 반도체=D램의 데이터 저장 기능+CPU 등 연산 기능'이다. CPU와 메모리가 한 몸이 되어, 데이터 처리 속도가 빠르다. 지금은 따로 떨어진 CPU와 메모리가 데이터를 주고받는 데 시간이 소요되지만, PIM에선 이 과정이 생략되기 때문이다. CPU의 부담이 줄어드니 덤으로 전력 소모량도 감소한다. 하지만 이 칩이 장착된 PC나 스마트폰을 만나려면 몇 년 더 기다려야 한다.

AI 업체 주가, 거품인가?

"AI는 5차 산업혁명 테마다. 공격적으로 투자해야 한다."

"AI 열풍은 2000년대 초 IT 버블을 닮았다. 조심하라."

주식시장(특히 미국 증시)의 AI 랠리가 1년 넘게 이어졌다. 곧 변곡점이 닥칠지, 이미 너무 뜨거워진 건지, 아직 상승 여력이 충분한지, 논쟁도 뜨겁다. 한 해 동안 240% 폭등해 시총 3위가 된 엔비디아에 대해서조차 '최고점이다', '더 오른다'의 갑론을박이 한창이다.

무엇보다 IT 버블과의 비교는 적절치 않다는 게 내 생각이다. 70년 역사 위에 제대로 상용화가 시작된 AI 개념을, 검증도 없이 '묻지 마' 투자로 이어졌던 IT 거품과 견주는 것은 무리라고 본다. 기회 있을 때마다 강조했듯이, AI 기술과 서비스가 각 산업의 생산성에 얼마나 공헌하느냐가 중요하다. 따라서 투자하고자 하는 AI 기업의 기술력과 특성부터 이해하고 나아가 비즈니스 모델, 영업이익률, 현금 창출 능력, 진입장벽 같은 요소들을 꼼꼼하게 따져야 할 것이다.

지금 AI에 투자해도 늦지 않을까? 썩 현명하지 않은 질문이다. AI가 활용되지 않는 산업이 없을 정도고, 개인의 업무와 일상에도 파고들어 생산성을 높이고 있다. 느낌이나 의견이 아니라 '팩트'다. AI 기술의 수준도 빠르게 높아지면서 활용 영역과 방식도 급속히 확대하고 있다. 기대감이 이미 충분히 반영되어 가격이 많이 올랐다는 의견은 있을 수 있다. AI의 특정 영역 주식들이 과대평가 되었다는 의견도 있을 수 있다. 그럼에도 AI 종목 투자는 '너무 늦지 않은가'의 문제가 아니라, '어디에 어떻게 얼마 동안 투자할까'의 문제다. 그런 의미에서의 치열한 공부가 필요할 뿐이다. 아무리 AI 산업 전반의 전망이 확실하다 해도, 개별 기업의 주가 움직임은 천차만별이고 등락은 불가피하니까. 조급해서는 안 된다. 불안하면 분산 투자로 접근하자. AI 산업의 중심이 어디로 움직이는지 눈여겨보자.

AI 반도체,
비즈니스에서 전쟁으로

❶ 미국, '실리콘'은 실리콘 밸리로

MS가 엔비디아의 AI 가속기에 너무 의존하기 싫어서 자체 개발한 AI 반도체 'Maia 100(마이아 100)'을 인텔의 1.8나노 초미세 제조 공정으로 2024년 말부터 생산할 거란 뉴스가 떴다. 아무리 CPU 세계 1위 인텔이라지만, 파운드리 영역에선 기껏해야 점유율 1%, 경력 4년 차인데? 초미세 공정용 극자외선 장비를 사용해본 적조차 없어서, 자칫 수율이 떨어지면 제때 납품받지 못할지도 모르는데? 그런데도 MS를 비롯한 미국 기업들이 기꺼이 인텔의 손을 잡아준다고? 이미 MS 등의 대형 고객사로부터 150억 달러어치의 주문을 확보했다니, 이것은 미국 기업들의 '은밀한 동지애'?

겉으로는 업체들이 서로 밀어주고 당겨주는 모습이지만, 속을 들여다보면 미국의 소위 '반도체 패권주의' 열망이 표출된 결과다. 두고 볼 일이지만, 인텔의 마이아 양산이 계획대로 실행된다면, 2나노 공정을 2025년에야 도입할 계획인 삼성전자나 TSMC보다 앞선다. AI 반도체에 특화된 파운드리에서 이 두 아시아 기업이 지닌 주도권이 흔들릴 수도 있다는 뜻이다. 그리고 인텔의 이런 과감한 계획 뒤에는 미국 정부의 노골적인 반도체 패권 욕망이 자리 잡고 있음을 주목해야 한다. 삼성전자와 SK하이닉스 등, '반反아시아 반도체 연대'로 타격을 받을 수 있는 국내 기업들엔 곤혹스럽지 않을 수 없다. 젠슨 황의 말마따나 생성 AI의 지평에 '티핑 포인트'가 온 것인지 모른다.

챗GPT 혁명으로 AI 반도체 수요가 급증하고 '반도체'가 갖는 경제적 함의가 더더욱 무거워지자, 미국·일본 등 강대국들은 관련 산업과 기업을 다양한 형태로 전폭 지원하며 한때 한국·대만 등에 빼앗겼던 반도체 패권을 되찾고자 전력을 다하고 있다. 특히 미국은 동북아시아에 치우친 첨단 반도체 패권을 되찾기 위해 전방위적 지원에 나서며 '반도체 부흥 카르텔'에 제대로 시동을 걸었다. 사실 반도체를 맨 먼저 개발한 건 미국이요, 그 발상지는 실리콘 밸리였다. 그런데도 미국의 반도체 제조 능력 점유율은 1990년의 37%에서 현재 12%로 떨어졌다. '반도체는 경제가 아니라 안보의 문제'라는 구호 아래 미국은 이 점유율을 2030년까지 20%대로 끌어올릴 심산이다.

◆ 국가 지원 1순위는 반도체, 인텔에 200억 달러 퍼부어주기

미국 정부는 2024년 말부터 직접 지원금과 대출 형태로 총 200억 달러(약 26조 원) 규모의 지원금을 인텔에 지급한다. 시장의 예상을 크게 웃도는 이 지원금은 2022년 반도체법(CHIPS Act)이 제정된 뒤 최대 규모로, 삼성전자(60억 달러)와 TSMC(50억 달러)에 대한 지원금의 무려 4배에 달한다. 그뿐인가, 인텔은 향후 5년간 투입될 시설·설비 투자금 1,000억 달러에 대해 25%의 세액공제까지 추가로 누린다. 파운드리 선두 탈환까지 노리는 인텔은 이로써 반도체법의 최대 수혜자로 천군만마를 얻게 됐다.

이렇듯 미국 정부의 '반도체 미국 우선주의'는 노골적이고, 수요 폭증을 맞은 첨단 반도체는 그야말로 '전략물자'가 돼버렸다. 상무부 장관이 대놓고 '실리콘(반도체)을 실리콘 밸리에 돌려주자'고 외치는가 하면, '아시아 80%, 미국·유럽 20%'인 반도체 생산 비율을 10년 안에 50% 대 50%로 바꾸겠다고 벼르는 형국이다. 미국 반도체 기업이 시장 지배력을 잃는 데 30년 이상이 걸렸다. 경쟁력을 단기간에 되찾을 순 없다는 얘기다. 따라서 정부 차원의 보조금 같은 장기적 지원이 불가피하다. 앞으로 AI 반도체 분야에서 미 정부의 입김은 갈수록 세질 것이다

✦ 이젠 메모리까지 직접 만들 속셈?

"마이크론의 공장 설립 등 미국 내 반도체 투자로 외국 기업들이 수십 년간 지배했던 첨단 메모리 칩 기술의 우위를 미국으로 되찾아올 것!" 이것은 누군가의 희망 사항이 아니라, 백악관이 공언한 목표다. 반도체 산업을 깡그리 자국으로 이식하려는 미국의 커다란 퍼즐이 완성돼 가는 모습이다. 2024년 4월 25일 미국 정부는 국내 최대 메모리 기업 마이크론의 공장 설립을 위한 61억4,000만 달러(약 8조4,500억 원)의 현금 보조금과 75억 달러(약 10조3,000억 원)의 대출을 발표했다. 인텔-TSMC-삼성전

자-글로벌 파운드리즈 등으로 이어왔던 미 정부 보조금의 클라이맥스가 아닌가 싶다. 게다가 보조금의 대상이 지금까지의 파운드리와 패키징 중심에서 메모리 반도체로 확대되었다는 점에서 의미가 특별하다. 미국의 '반도체 굴기'가 전모를 드러낸 것이다. 마이크론은 앞으로 20년간 총 1,250억 달러(약 172조 원)를 미국 내에 투자하기로 약속하며 맞장구를 쳤다. 그들의 두 공장은 2028년~2029년부터 반도체 생산을 시작해 총 7만 개가 넘는 일자리를 창출할 예정이다.

미국 정부의 반도체 보조금 현황

(단위 : 달러)

대상 기업	보조금 규모	대상 투자 사업
Micron Technology (마이크론)	136억4,000만 (대출 포함)	최첨단 메모리 반도체 공장 및 연구 시설 신축
Intel(인텔)	195억 (대출 포함)	최첨단 파운드리 공장 신축 및 최첨단 패키징 시설 전환
TSMC	66억	최첨단 파운드리 공장 신축·확장
삼성전자	64억	최첨단 파운드리 공장 및 패키징 공장 신축
Global Foundries (글로벌 파운드리즈)	15억	신규 생산 라인 및 구형 반도체 공장 현대화
Microchip Technology (마이크로칩 테크놀러지)	1억6,200만	반도체 공장 현대화 및 확장
BAE Systems (BAE 시스템즈)	3,500만	반도체 공장 현대화

마이크론은 1990년대 D램 저가 공세에서 살아남은 유일한 미국 메모리 업체다. 애초에 D램을 발명한 인텔이 가격 경쟁에 밀려 시장에서 물러난 상황에서 마이크론은 M&A를 통해 간신히 살아남고 세계 3위로 성장했지만, 생산은 대부분 아시아에서 이뤄진다. 미국 정부는 이번 보조금 지급을 통해 첨단 D램 생산을 미국으로 돌려놓겠다는 전략이다.

여태 생산능력이 크게 뒤처졌던 마이크론은 이 보조금을 등에 업고 약진할 태세다. 2023년 4분기 삼성전자 45.5%, SK하이닉스 31.8%, 마이크론 19.2%로 기록되었던 D램 시장점유율도 앞으론 어떻게 달라질지 모른다.

마이크론의 투자와 정부 지원은 완결된 형태의 반도체 공급망을 미국 안에 구축하려는 야심과 구상을 고스란히 보여준다. 삼성전자와 SK하이닉스가 시장의 70% 정도를 차지하고 있는 메모리는 반도체 공급망의 기초로, 지금까지 미국은 이를 한국과 대만 등에서 공급받아왔다(국내 제조는 세계 생산량의 2%에 불과). 하지만 마이크론의 투자로 이젠 미국에서 생산할 수 있게 된다. 이런 변화는 AI 생태계에서 무엇을 의미하는가? 메모리 반도체·HBM·AI 가속기 등 모든 최첨단 반도체를 미국 땅에서 해결할 거란 뜻이다. 이 같은 미국의 욕심은 삼성전자와 SK하이닉스의 미래를 어떻게 건드릴까.

✦ 삼성전자, 자의 반 타의 반 미국 투자

업계의 관심사였던 삼성전자의 미국 반도체 투자가 450억 달러로 확정되고, 미국 정부는 그 16% 정도인 64억 달러를 보조금으로 제공하기로 했다. 금액은 인텔이나 TSMC에 못 미치지만, 투자 규모에 비해선 가장 높은 수준이라, 삼성전자의 위상과 기여도가 반영됐다는 얘기도 나온다. 삼성이 결정한 미국 투자의 핵심은 (1) 파운드리 라인 추가, (2) 첨단 패키징 공장 신축, (3) 첨단 R&D 시설 신축이다. 전후 공정을 아우르는 생산기지를 구축하여, 제조 공정 전체를 아우르는 '원스톱 서비스'를 제공하겠다는 전략이다.

미국에는 엔비디아·퀄컴·AMD·브로드컴 등 쟁쟁한 팹리스가 다수 포진해있다. 이 시장에서 TSMC나 인텔 등과 경쟁하려면 미국 고객과 가까운 곳에서 반도체 완제품을 공급할 완전한 생산기지, 즉, 토털 설루션을 갖춰야 한다. 삼성전자는 실제로 그동안 이런 토털 설루션에 많은 공을 들여왔고, 최근 미국의 한 팹리스를 고객사로 확보하고 초미세 공정과 3D 적층 등 첨단 패키징 기술을 활용해 이미 제품 개발에 돌입한 것으로 알려진다.

❷ 일본 '잃어버린 30년' 지웠다

반도체 패권 전쟁에서 승기를 잡으려는 각국의 보조금 경쟁이 뜨겁다. 미·일은 물론이거니와 유럽·인도까지 공장 건설 비용의 70%까지 지원하는 파격적인 보조금으로 반도체 기업들을 유혹하고 있다.

특히 일본 정부는 반도체를 경제·안보상 중요 물자로 규정했다. 그들은 3년간 반도체 관련 예산 총 4조 엔을 확보해 자국에 반도체 공장을 건설하는 기업에 비용의 50%를 지원하는 등, 자국 내 공급망 구축에 지극정성이다. 자국의 반도체 기업인 라피더스도 모두 총 9,200억 엔(8조 2,000억 원)가량의 보조금을 받는다. 미국과 정상회담 후 공동성명에도 반도체 조달에서 특정국에 대한 의존도를 낮추기 위해 공급망 구축에 협력한다는 내용을 담았다.

✦ 일본 반도체 부활 전략에 먼저 득 보는 TSMC

총투자비 1조3,000억 엔(약 11조5,000억 원)의 절반을 일본 정부가 지원한 TSMC 구마모토 1공장은 2024년 4분기 본격적인 상업 생산을 시작한다. 12나노~28나노 수준의 웨이퍼를 월 5만5,000장 이상 제조할 계획이다. 현지 조달률이 2030년 60%에 이를 것이라는 전망에 근거하여 이 설비투자의 경제 효과가 10년간 10조5,360억 엔에 달할 것으로 추정한다. 일본의 경제성장이나 임금 인상, 고용 확대에 큰 기회가 될 것이라는 기대가 크다.

TSMC는 2공장 역시 구마모토 1공장 근처에 건설할 것이며 2027년 말부터 일본 내에선 가장 첨단인 6나노 수준의 반도체를 생산한다. 일본 정부는 이 공장에도 7,320억 엔을 보조할 방침이다. 두 공장을 더하면 보조금만 1조2,080억 엔에 이른다.

세계 파운드리 점유율 60% 수준인 TSMC는 생산능력의 90%가 대만에 집중돼 있었다. 이제 일본은 미국과 힘을 합쳐 반도체 생산 거점을 분산해 공급망을 강화하려 하고 있다. 최첨단 반도체 제조를 목표로 하는 자국 반도체업체 라피더스를 중심으로 공급망을 강화하는 모습이다.

❸ 중국답게 '반도체 인해전술'

세계 최고 설계업체들을 탄생시킨 미국이 여전히 '팹리스 강국'이라는 데 이의를 달기는 어렵다. 하지만 1,000개 이상을 헤아리는 중국의 팹리스들을 무시해서도 안 될 일이다. 이들의 총매출은 2022년에 벌써 100조 원을 가뿐히 넘어섰다. 일취월장하는 AI 서비스의 핵심이 데이터의 '대량 신속' 처리이다 보니, 고성능 GPU와 NPU 수요가 폭증하고 팹리스의 중요성은 갈수록 커지고 있다.

흥미롭게도 중국 팹리스들을 이렇게 키운 건 대중 압박의 고삐를 죄었던 미국이다. 궁지에 몰린 중국 업체들이 팹리스에 '올인'하게 만들었기 때문이다. 아이로니컬한 일이 아닐 수 없다. 반도체 미세 공정에 없어선 안 될 장비의 중국 반입이 막혀 제조는 물 건너가고, 설상가상 고품질 반도체 수입까지 막히니, 중국은 자체 설계에 몰두하고 생산은 파운드리에 맡기는 길을 당연히 찾지 않겠는가. 비싸고 골치 아픈 제조시설이 필요 없는 데다, 중국에는 30여 년씩 해외에서 반도체를 공부한 고급 인력도 수두룩하다. 그래서 인해전술을 펼쳐도 될 만큼 많은 팹리스가 태어난 것이다.

✦ 미국 반도체 퇴출

미국이 첨단 반도체 제조 설비와 AI 서버용 고성능 반도체의 중국 수출을 2년 가까이 금지해온 것은 주지의 사실이다. 중국은 이에 대한 보복으로 정부 부처나 공기업 등의 PC와 서버에서 미국 반도체를 단계적으로 퇴출하고 있다. 인텔과 AMD의 반도체는 물론이고, MS 윈도와 오라클 DB 소프트웨어 등도 배제 품목이다. 인텔(중국 내 매출 비중 27%)과 AMD(중국 내 매출 비중 15%)는 실적 타격이 예상된다. 대신 화웨이와 페이텅(飞腾; Phytium) 등 18개 중국 기업의 제품 사용을 유도해 장기적으로 2027

년까지 국내 공급업체로의 전환을 완료한다는 전략이다. 이 같은 정부, 당 기관, 8대 산업 등의 IT 인프라 교체를 위해선 2027년까지 6,600억 위안(122조 원) 수준의 투자가 필요하다는 게 업계 추산이다. 그러나 중국 정부의 희망대로 PC와 서버 프로세서의 교체가 이루어진다면, 2026년엔 국산 서버가 전체 서버 출하량의 23%를 차지할 것으로 예상한다.

❹ 한국, 아직도 정신 못 차렸다

세계 주요국이 반도체 등 첨단산업 유치를 위해 막대한 보조금을 지급하는 사이, 한국 정부의 반도체 산업 지원은 하품 날 정도로 미온적이고 느려터졌다. 반도체 기업의 투자 부담을 완화하는 입법은 국회 문턱도 못 넘고 있다. 정부의 '첨단전략산업 특화단지 종합지원 방안'에도 꼭 필요하다는 보조금 지급 방안은 빠졌다. 미국도 일본도 자국 내 투자하는 반도체 기업에 수십조 원 규모의 보조금을 쥐여주는 치열한 'chip war(칩 워)' 상황이건만, 한국은 공장이 가동된 후 이익이 발생하면 세금을 쥐꼬리만큼 깎아주는 초라한 간접 지원조차 어려워한다.

보조금은 설비투자 시점에 현금으로 받기 때문에, 후일 반도체 경기가 받쳐줘서 이익이 나야만 누릴 수 있는 세금 혜택과는 천양지차다. 막대한 초기 투자를 감내해야 하는 반도체 기업들이 보조금 지원을 괜히 선호하는 게 아니다. 반도체는 경제뿐만 아니라 안보에도 핵심이라는 미국이나, 반도체 제국의 영광을 되살리려는 일본이나, 그래서 천문학적인 현금을 보조금으로 뿌리는 것이다.

유독 한국만 반도체에 '경제의 목숨'을 걸고 있다면서도 정신을 못 차린 걸까, 혹은 사태의 심각함을 애써 외면하는 걸까. 반도체 기업 시설투자에 세액공제 혜택을 제공하기 위한 소위 'K-칩스법'도, 세액공제를 현금으로 직접 지급하고 이를 기업 간 거래할 수 있게 하는 '한국판 IRA(Inflation Reduction Act)'도 무위로 끝났다. 대기업 특혜 논란에 휩싸여 정부의 보조와 지원은 어떤 형태든 하늘의 별 따기가 되고 있다. 그 사이 경쟁국들은 막대한 보조금을 앞세워 첨단산업 유치 결실을 신나게 거두고 있다.

제2장

클라우드 / 통신 / 모빌리티: AI로 '초연결'된 사회

1

900조 원 시장의
클라우드 3강

클라우드는 앱 개발, 홈페이지 구축·운영, 사내 업무 시스템 등 기업 운영에 필요한 업무를 언제 어디서든 사용할 수 있게 해주는 서비스다. 인터넷에 있는 가상의 서버(클라우드)에 프로그램을 올려두고 필요할 때 불러와 사용할 수 있다. 서버, 하드웨어, 프로그램을 직접 구매하지 않고 빌려 쓰는 기업이 늘면서 클라우드 시장도 급성장 중이다. 2027년까지 전 세계 기업의 70% 이상이 클라우드 플랫폼을 사용할 거라는 조사 결과도 있다. 현재 이용률이 15% 수준이니까, 앞으로 시장 규모가 급속히 커질 거란 전망에는 이견이 없어 보인다. 시장조사기관 Acumen Research & Consulting(어큐먼 리서치 앤 컨설팅)은 2022년 4,953억 달러(684조 원) 수준이었던 세계 클라우드 컴퓨팅 시장이 2032년에는 2조4,952억 달러(3,446조 3,702억 원)로 대폭 증가할 것으로 예측했다. 2023년부터 연평균 17.8%씩 커진다는 얘기다.

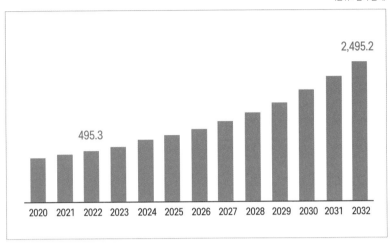

전 세계 클라우드 컴퓨팅 시장

(단위 : 십억 달러)

2,495.2

495.3

2020 2021 2022 2023 2024 2025 2026 2027 2028 2029 2030 2031 2032

※2023~2032 연평균 성장률 17.8%　　　　　　　　　　　자료 : 어큐먼 리서치 앤 컨설팅

챗GPT 혁명으로 AI가 모든 산업 분야와 개개인의 일상에서 생산성을 드높여주는 핵심 동력이 되었다면, 클라우드는 온갖 AI 모델과 서비스가 구동되도록 하는 핵심 인프라다. 실제로 초거대 AI 시대의 필수 요소는 ⑴ AI 모델, ⑵ 클라우드, ⑶ 데이터센터라고 요약하는 전문가들이 적지 않다. 글로벌 클라우드 삼총사 아마존, MS, 구글은 AI 기술을 접목하여 기업에 최적화한 클라우드 서비스를 제공함으로써 생성 AI 시장에서 우위를 점하기 위해 치열한 경쟁을 벌이는 중이다. 대규모 데이터와 연산 성능이 필수인지라, 클라우드 컴퓨팅 인프라에 수십억 달러를 쏟아붓고 있다. 진입장벽도 갈수록 높아지는 추세다. 핵심 키워드는 '쉽고, 간편하고, 빠르게'다. 챗봇과 코딩 없이도 나만의 앱을 만들 수 있는 기술, 멀티모덜 기능 등을 클라우드에 추가하고 있다.

✦ "100개의 LLM을 탑재하라!"

생성 AI 기술이 본격 도입되면서 빅 테크들은 AI 클라우드 플랫폼 경쟁력을 어떤 식으로 끌어올릴까? 다수의 경쟁력 있는 LLM과 생성 AI 소프트웨어를 한곳에 모아 기업 고객이 쉽고 편하게 활용할 수 있도록 하는 게 기본 방식이다. 고객의 생산성 향상에 요긴하다면, 경쟁사 제품이라도 무슨 상관인가. 누가 만든 것이든 가능한 한 많은 AI 설루션을 적극적으로 도입해 우리의 클라우드 경쟁력을 강화하면 되지 않는가. 수백 개의 생성 AI를 확보해 레고처럼 조립하도록 돕는 'AI 믹스' 시대를 열면 된다. AI 모델로 수익을 올리는 게 아니라, 클라우드 서비스로써 돈을 벌면 되지 않겠는가. 그래서 MS에 이어 구글도 개방형 협업 툴이란 전략을 채택하면서 클라우드 시장을 달구고 있다. AI 업계는 최근 이들의 클라우드 서비스를 특징짓는 3대 요소로 (1) 오픈소스(개방형) (2) 원클릭(손쉬운 활용) (3) 데이터 보안을 꼽기도 했다. 여기서 우리는 앞으로 AI 시대를 뒷받침할 클라우드 서비스의 공통된 흐름 혹은 트렌드를 짐작할 수 있다.

✦ 멀티모덜로 격차 좁히기

검색 부문에선 자타공인 1위이면서도 클라우드 시장에선 점유율 11%로 AWS(32%), MS(22%) 등에 크게 뒤지고 있는 구글. 그런 구글이 차세대 멀티모델 LLM 제미나이를 공개한 김에, '생성 AI 2.0' 단계를 여는 AI 기술을 앞세워 대대적인 역습을 펼치며 AI 훈련용 반도체부터 20종 이상의 AI 기반 신기술을 무더기로 쏟아냈다. 생성 AI의 출현이야말로 요지부동이던 클라우드 시장의 판세를 바꿀 절호의 기회라고 생각하는 것 같다.

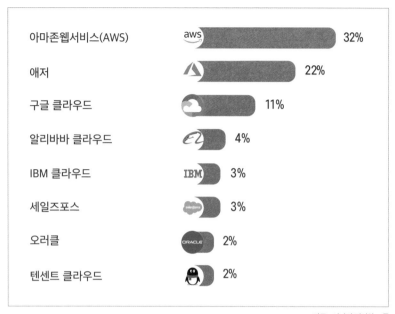

클라우드 글로벌 시장 점유율

아마존웹서비스(AWS)	32%
애저	22%
구글 클라우드	11%
알리바바 클라우드	4%
IBM 클라우드	3%
세일즈포스	3%
오러클	2%
텐센트 클라우드	2%

자료 : 시너지 리서치 그룹

구글 클라우드는 기업 고객이 LLM을 활용할 수 있는 머신 러닝 플랫폼 'Vertex AI(버텍스 AI)' 기능을 강화해 100여 종의 LLM 가운데 적합한 모델을 활용해 맞춤형 앱과 서비스를 다양하게 개발할 수 있도록 만들었다. 개방형 전략을 채택해 점유율 격차를 줄이기 위한 행보로 보인다.

또 2023년 8월 자사의 사무용 플랫폼 '구글 워크스페이스'에서 쓸 수 있는 기업용 AI 서비스 '듀엣 AI'를 내놨다. 고객이 코딩 없이 쉽게 앱을 개발할 수 있고, 데이터 분석이나 보안 등의 기능도 실행할 수 있다. 듀엣은 화상용 회의 툴인 'Google Meet(구글 미트)'에서 회의 내용을 자동으로 메모·요약하고 이미지를 생성하며, 발표자의 말을 18개 언어로 번역한

자막을 실시간으로 달기까지 한다. 어떤 공급사를 한번 사용하면 계속 고집하는 것이 클라우드 시장의 경향인데, 구글의 듀엣 AI 신기능이 이런 관성을 부술 수 있을까. 앞으로 클라우드의 경쟁력은 AI 기술을 얼마나 쓰기 편하게 제공하느냐에 달려 있다. 아무튼 듀엣 AI와 MS의 코파일럿 사이에 치열한 경쟁이 펼쳐질 태세다.

하드웨어 측면에서 구글 클라우드는 맞춤형 CPU인 'Axion(액시언)'을 공개했다. 아마존의 'Graviton 4(그래비턴 4)'과 MS의 'Cobalt 100(코발트 100)' 같은 클라우드용 CPU에 대응하는 모델이다. 그동안 서버용 CPU 시장을 주도해왔던 인텔의 'x86' 기반 CPU보다 성능(50%)과 에너지 효율(60%)을 개선했다고 한다. 아울러 자체 AI 전용 칩인 TPU(텐서 처리장치)의 신제품 'v5p'도 출시했다. 현존하는 최강 TPU 제품으로, 거대 규모 AI 모델을 훈련하기 위해 만들어졌다.

물론 AI 서비스와 소프트웨어도 대폭 강화해, 자체 AI 모델을 업그레이드한 '제미나이 1.5 프로'와 함께 앤쓰로픽의 '클로드 3'도 제공한다. 아울러 경량화 AI 모델인 '젬마'의 코딩 특화 버전인 'CodeGemma(코드젬마)'도 기업 전용 플랫폼에서 제공한다. 무엇보다도 2024년 하반기부터 워크스페이스에 추가되는 동영상 생성 AI 'Google Vids(구글 빗즈)'가 관심의 대상이다. 오픈AI의 동영상 제작 AI 모델 '소라'에 맞서는 모델이기 때문이다.

주지하다시피, MS는 클라우드 서비스를 통해 챗GPT 등 오픈AI가 개발한 AI 모델을 자사 제품에 접목하고 있다. 현존 LLM 중 가장 앞선 성능을 자랑한다는 'GPT-4T'를 적용해 경쟁력을 한층 더 높였다. GPT-4T를 탑재한 클라우드를 사용하면 프롬프트에 300쪽짜리 책 한 권을 단번에 입력할 수 있고, 이미지 생성 AI '달리3'도 이용할 수 있다. 또 양사는 2028년까지 1,000억 달러(135조 원)를 투자해 최첨단 데이터센터를 구축하는 'Stargate(스타게이트)' 프로젝트를 추진할 것으로 알려졌다. 투자액은 현재 보통 데이터센터 구축 비용의 약 100배 수준인데, 대부분 MS가 부담할 것으로 보인다. 이 데이터센터의 핵심은 수퍼컴퓨터인데, 오픈AI의 인공지능 모델을 구동하기 위한 수백만 개의 첨단 AI 반도체가 장착된다. 현존하는 최고 수퍼컴퓨터로 알려진 미국산 Frontier(프런티어)가 지닌 성능의 250배를 훌쩍 넘을 거라고 한다.

오픈AI가 사상 최대 데이터센터 구축에 나선 배경엔 AGI가 있다고들 한다. 동영상 생성모델인 소라와 차세대 GPT-5 등 LLM은 물론이고, 이보다 한 단계 더 올라간 AGI를 안정적으로 구동하기 위해선 지금의 규모와는 비교도 안 될 초거대 데이터센터가 필요하기 때문이다. 말하자면 궁극의 목표인 AGI 개발을 위해 꼭 필요한 장비라는 얘기다. 스타게이트는 이미 두 회사가 5단계로 구축해오고 있는 수퍼컴퓨터 가운데 다섯째 단계에 해당한다. 파운데이션 모델인 LLM부터 이미지, 영상 AI 모델에 이어 AI 칩 제조와 데이터센터 구축에까지 나서면서 오픈AI가 추구해온 'AI 제국'이 머지않아 모습을 드러낼 것이라는 수군거림이 심상치 않다.

스타게이트엔 수백만 개의 AI 칩이 들어갈 것이다. 지금과 같은 엔비디아 의존도가 엄청난 걸림돌이 될 수밖에 없다. 그래서 MS와 오픈AI는 자체 AI 칩 개발뿐만 아니라, 전 세계를 무대로 새로운 AI 공급망을 구축하고자 다양한 협업을 모색하고 있다. 그런 이유로 스타게이트는 삼성전자와 SK하이닉스에도 고무적인 뉴스다. 오픈AI와 MS가 이들에게 첨단 반도체 생산을 의뢰할 가능성이 크기 때문이다. 아닌 게 아니라, 데이터센터용 메모리 반도체는 삼성 제품이 자타공인 최고 품질이고, 양측은 이미 논의를 이어오고 있다. SK하이닉스 역시 HBM에 관한 한 타의 추종을 불허하므로, 두 회사의 수주는 낙관적이다.

◆ 일본과 영국에도 대규모 AI 인프라 투자

AI 산업의 선두를 달리고 있는 MS는 AI 비즈니스의 아시아 거점을 일본으로 정하고, 클라우드 컴퓨팅 및 AI 인프라를 확장하기 위해 2년에 걸쳐 29억 달러를 투자한다. 기존 데이터센터에 AI 연산에 최적화된 고성능 GPU를 추가해 통합 센터를 구축하고, 연구소를 도쿄에 설립해 AI와 로봇 분야에 특화한 연구를 진행하며, 일본 전역에서 AI 교육 프로그램을 운영한다는 구상이다. 글로벌 빅 테크들이 잇따라 AI와 관련해 일본을 아시아 중심 기지로 활용하며 투자하는 모습이다.

아울러 런던에는 최고 수준의 LLM 및 AI 도구 개발·연구에 집중할 새로운 AI 허브 'Microsoft AI London'을 구축한다는 계획도 공개했다. MS는 데이터센터 인프라 및 영국의 AI 기술 향상을 위해 25억 파운드(4

조3,000억 원)의 투자 계획을 공개한 바 있는데, AI 허브 구축은 그 일환이다. 실제로 영국은 AI 강국으로 분류되고 엄청난 규모의 AI 인재들을 품고 있다.

❷ 'AI 후발주자' 아마존, 가성비 챗봇으로

글로벌 클라우드 1위 AWS는 항상 아마존 그룹의 기대주였다. 사업 성장률도 훌륭했고 마진도 높은 '캐시 카우'였다. 하지만 AWS를 앞세워 디지털 전환을 주도하던 아마존은 챗GPT와 생성 AI 혁명 이후 매출이 줄며 입지가 다소 흔들리고 있다. FAANG의 한 축인 아마존이 AI 분야에서는 이렇다 할 혁신을 보여주지 못하자, 시장은 아마존의 클라우드 사업이 부진할까 우려했다. 이런 상황에서 AWS는 2023년에 이미 새 기업용 AI 챗봇 'Q(큐)'를 공개했다. AWS가 17년 이상 축적해온 지식을 습득한 큐는 다른 챗봇과 크게 다를 바 없이 업무 관리, 문서 작성, 코딩 등을 돕고 새로운 업무 습득도 지원한다. 하지만 큐는 아마존의 자체 LLM인 'Titan(타이탄)', 클로드 2, 라마 2 등을 기반으로 운영된다는 점에서 다르다. 개발자도 즐겨 쓸 수 있는 업무용 도구라는 점을 차별화 포인트로 내세운다. 업무용 도구 제작 업체들과 손잡고 '백화점식 서비스' 형태로 AI 시장의 분위기를 바꿀 요량이다.

✦ AWS의 무기 1 가성비

AI 시장에서만큼은 도전자인 아마존은 MS나 구글과 달리 기업 고객을 겨냥했다. 그리고 집어 든 첫 번째 무기는 가성비. 고객 만족도를 높이기 위해 책정한 월 사용료 1인당 20달러는 MS나 구글 서비스보다 저렴하다. 그러면서도 'Titan Image Generator(타이탄 이미지 제너레이터)'라는 이미지 생성기까지 개발해 장착했다. 복잡한 코딩도 필요 없고 단어와 문장만으로 이미지를 만든다. 이미지를 많이 쓰는 광고업계 등이 주된 타깃이지만, 유통과 금융 등의 분야에서도 AI 이미지 생성 수요가 늘어날 터여서 편집 기능을 적용해 다양한 분야에서 생성기가 쓰이도록 하겠다는 복안이다. 생성 AI로 빠르게 수익을 낼 수 있을 거란 기대가 깔려 있다.

AWS는 신뢰도에도 특별히 신경을 썼다. 타이탄 이미지 제너레이터로 생성한 모든 이미지에 예외 없이 워터마크를 심는다. 구글이 워터마크 삽입 여부를 사용자가 선택하도록 한 것과 대비된다. 워터마크는 맨눈에 보이지는 않아도 출처를 알려주는 표식인데, AI 생성 여부를 식별하도록 함으로써 잘못된 정보가 퍼지는 일이 줄어들 거라는 판단이다. 나아가 AWS는 이미지 생성기의 결과물이 소송에 휘말리면 배상 등의 방식으로 고객을 보호하겠다고 밝히기도 했다. 저작권 침해 문제를 걱정하는 기업들은 AWS의 이런 방침에 호응할 것으로 보인다.

✦ AWS의 무기 2 개방성

AWS가 내세운 또 다른 장점은 개방성. 경쟁사 앱에서도 자사 AI 기술을 쓸 수 있게 해 챗봇 생태계를 확장하자는 전략이다. 아마존 큐는 'MS 365', '구글 드라이브' 등 40개 이상의 기업 제품에 연결해 사용할 수 있다. 타사 업무용 메신저 Slack(슬랙)에서 큐를 가동할 수도 있다. 구글과

MS가 자신들의 앱과 사무용 프로그램에 AI를 연계하는 데 반해, AWS
는 자사 앱과 다른 회사 앱의 데이터도 끌어와 취합해서 AI로 활용할 수
있도록 한 것이다. 큐는 마케팅, 영업, 법무 등 다양한 직무에서 도움을
줄 것 같다.

개발자 요청에 맞춰 소스 코드를 자동으로 바꿔주기도 한다. 소프트
웨어 관리나 수정에 개발자가 들이는 시간을 예전보다 최대 90% 이상
줄일 수 있다는 뜻이다. 또 AWS는 AI 서비스 플랫폼 'Bedrock(베드록)'의
문도 활짝 열어 개방했다. 베드록에 자사 AI 모델인 타이탄뿐 아니라 외
부 업체의 최신 모델들도 탑재했다. 국내에선 엔씨소프트에 이어 LG AI
연구원도 AWS 플랫폼을 통해 AI 모델을 공급하기로 했다. 아마존의 AI
모델이 아니어도 고객사가 원한다면 다양하게 제공하겠다는 것이다.

◆ 델, 우리는 AI 도입 고민 해결사

"어떤 데이터를 가장 효율적으로 가장 안전하게 사용할 수 있을까?"
이건 AI 생태계에서 가장 중요한 질문 가운데 하나다. AI는 결국 데이터
를 먹고 자라므로, AI를 활용하려면 데이터를 잘 처리·관리·보호하는
IT 인프라가 먼저 구축되어야 한다. 그런 필수 인프라 가운데 하나가 모
든 AI의 작업부하(workload)를 구동할 수 있는 '서버'다. 글로벌 서버 점유
율 1위를 줄곧 지켜왔던 Dell Technologies(델 테크놀로지스)는 AI 시대가 열
린 후에도 생성 AI 워크로드를 앞세워 입지를 다지고 있다. 그래서 AI 도
입에 관련된 기업의 여러 고민을 풀어주는 해결사로 주목받고 있다.

델은 클라우드 안에 있는 생성 AI보다 주로 기업 자체 데이터센터에

구축하는 'on-premise(온프레미스)' 방식의 생성 AI를 제안한다. 이런 온프레미스 AI 구축을 위해서 엔비디아·AMD·Starburst(스타버스트) 등과 협업하며, 고객이 생성 AI를 손쉽게 활용하도록 서버와 스토리지 시스템을 제공한다. 퍼블릭 분야 보안·생산성·최적화 등 여러 마리 토끼를 잡을 수 있어서다. 잘 알려진 대로 프리미엄 노트북 분야에서도 유명한 델은 인텔의 NPU 내장 코어 울트라 출시 이후 AI 가속기가 내장된 최고급 AI PC 라인업 'XPS'를 출시하며 AI PC 대전에도 뛰어들었다.

❸ 한국의 '구름' 비즈니스는?

국내 클라우드 서비스는 네이버, KT, NHN 3사가 주도하고 있다. AI 산업 자체의 성장 덕에 이들의 매출도 매년 두 자릿수로 늘고 있다. 네이버가 생성 AI '하이퍼클로바X'를 내놓고, KT가 초거대 AI '믿음'을 출시하는 등, 생성 AI 기술도 개발되고 있다. 그러나 이런 AI 기술이 클라우드 서비스에 제대로 접목되고 있을까? 아쉽게도 아직은 초기 단계다. 그래서 국내 민간 클라우드 시장은 여전히 글로벌 클라우드 삼총사가 대부분 좌우하는 상황이다.

○ 클라우드를 중심으로 B2B 서비스를 제공하는 네이버클라우드의 가장 큰 관심사는 국내 최초요 세계에서 세 번째인 초거대 AI 하이퍼클로바X다. GPT-4에 대응하는 모델인 하이퍼클로바X는 챗GPT 대비 한국어 학습량이 6,500배 많고 이미지와 음성 등을 이해하는 멀티모델로 만들어진다. 이 모델을 자사 서비스에 적용하는 것은 물론, 외부 기업에도 제공해 뤼튼테크놀

로지스 등 다양한 스타트업이 이를 기반으로 서비스를 출시했다.

◦ 한편 NHN클라우드는 'GPU 기업'으로 변신하겠다는 전략으로 시장의 관심을 끈다. GPU 인프라에 대한 수요가 급증하고, AI 클라우드 시장에는 아직 절대적 강자가 없으므로 투자를 선점해 앞서간다는 뜻이다. 최근 품귀현상을 빚고 있는 엔비디아 H100을 1,000대나 자사 데이터센터에 도입했다. 국내 최대 규모다. GPU를 서비스에 활용하고 싶어도 많은 시간이 필요한 경쟁사들보다 우위를 점한 것이다. 데이터센터에 국내 최대 규모의 GPU 서버를 구축한 NHN클라우드는 AI 인프라부터 AI 서비스까지 AI 관련 '풀 스택' 서비스를 제공한다는 목표다. 즉, 다른 기업의 AI 서비스도 NHN클라우드의 AI 인프라를 통해 쓸 수 있도록 하자는 것. 또 자체 AI 생태계 구축에도 열심이다. 'AI 이지메이커'라는 이름으로 AI 서비스 개발 시 고성능컴퓨팅 클라우드 서버를 쉽게 활용할 수 있는 플랫폼도 구축한 상태다.

◦ AI 서비스 구축이 가능한 소프트웨어 개발 도구는 KT클라우드가 전면에 내세우는 특징이다. 이미 AI 모델의 학습을 지원하는 서비스인 'AI 트레인'을 출시했고, 2024년 3분기에는 'AI 옵스(개발환경)'를 내놓기 위해 준비 중이다. 자사의 클라우드 인프라와 외부에서 들어온 AI 모델들을 묶어 패키지로 판매하는 전략이다.

국내에서 생성 AI를 적극적으로 활용하는 기업은 연간 순이익이 72%나 더 높아질 수 있다는 분석도 있다. 클라우드 비즈니스의 확장 가능성을 엿볼 수 있는 대목이다. 과거처럼 사물인터넷과 센서 중심의 패러다임이든, 클라우드 서비스를 통한 다양한 AI 기술의 접목이든, 생산성의 제고는 누구도 거부할 수 없는 매력이다.

AI와 클라우드는 인터넷이나 앱과 달라서 언어장벽에 별로 영향을 받지 않는 분야로 손꼽힌다. 이는 국내 클라우드 비즈니스의 자립 가능성을 가리키기도 하지만, 수출로써 돌파구를 열 수 있는 잠재력을 가리키기도 한다. 사우디 네옴시티에 AI와 디지털트윈 설루션 수출을 추진하는 네이버, 글로벌 통신사 AI 동맹을 추진 중인 SK텔레콤 등이 그런 가능성을 보여준다. KT는 사우디 디지털 혁신을 돕고 태국에 LLM 수출을 추진 중이다. 삼성의 온디바이스 AI 기술은 스마트폰을 넘어 PC, TV, 카메라, 드론 등 정보통신방송기기로 영역을 확대하고 있다. 우리나라의 AI 기술 자체가 새로운 수출소득원이 될 수 있다.

◆ 국가 전략기술로서의 AI

AI와 클라우드는 국가안보 문제와도 단단히 묶여 있다. AI를 국가 전략기술로 봐야 할 가장 큰 이유다. 세액공제 등의 방법으로 국내 기업·기술을 키우지 않고 외국 서비스에 의존하다가는 데이터 주권을 빼앗길까 봐 우려하는 이유이기도 하다. 그래서 최근 이른바 'Sovereign AI(소버린 AI)'가 쟁점으로 부상한 게 아닐까. AI와 클라우드를 위한 데이터 저장을 역내에서 제어하고 국가안보와 개인정보보호의 통제권을 확보하자는 얘기다. 우리 정부도 AI 선도국들처럼 국가 차원에서 국내 AI·클라우드 기술력을 확보해야 한다. 클라우드 전환은 피할 수 없는 추세이므로, 다른 민간 네트워크와 분리된 공공기관용 클라우드 권역을 마련해야 한다. 국내에서는 NHN클라우드가 국가 AI 데이터센터를 조성하는 등 인프라 분야에 강점이 있다.

데이터센터는 AI의 학습과 구동에 반드시 갖추어야 할 선결 조건이다. 2023년 말 기준 세계 각국에 구축된 데이터센터는 1만여 개에 이르는데, AI 열풍의 결과로 신규 센터에 대한 수요가 폭증하고 있다. 시장조사 업체 Global Market Insights(글로벌 마켓 인사이츠)는 글로벌 데이터센터 구축 시장 규모가 2032년 4,010억 달러(약 534.5조 원)에 달할 것으로 전망한다. 아마존이 일본에 2027년까지 2조2,600억 엔을 투자해 데이터센터를 확충하는가 하면, 구글과 MS도 영국에 천문학적인 금액의 투자로 데이터센터를 구축한다.

데이터센터 글로벌 수요 전망

(단위 : 억 달러)

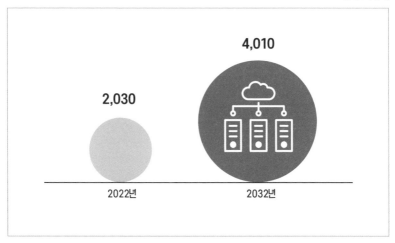

자료 : 글로벌 마켓 인사이츠

미국 전역도 데이터센터 건설 붐에 휩쓸리고 있다. 팬데믹 기간 중 재택근무와 게임 인구 증가로 데이터센터가 급격히 늘어난 걸 1차 수요 폭발이라 부른다면, 이번엔 AI 기술이 주도하는 2차 수요 폭발이다. 전 세계에 AI 붐이 일면서 메타와 MS 등 빅 테크의 데이터센터 임차 규모가 빠르게 늘어나고 있다. 데이터센터 임대 수익도 덩달아 커지고 있어서, 블랙스톤과 KKR 등 글로벌 사모펀드 운용사들이 데이터센터 투자에 줄줄이 뛰어들고 있다. 블랙스톤은 데이터센터에 투자할 자금을 마련하느라 라스베이거스 카지노를 팔기까지 했고, 2년 전 인수한 데이터센터 운영업체 QTS는 북미 최대의 데이터센터 임대업체가 됐다. 고금리로 인해 가치 하락을 겪고 있는 다른 상업용 부동산과는 달라도 너무 달라, 데이터센터만큼은 초강세다.

✦ SKT도 AI 데이터센터 사업

'글로벌 AI 컴퍼니'로의 도약을 공언한 SK텔레콤도 필수 인프라인 데이터센터 사업에 본격적으로 나선다. 엔비디아로부터 최신 GPU를 공급받아 클라우드 서비스를 제공하는 기업 Lambda Labs(램다 랩스)에 대한 투자 단행이 그 첫째 행보다. 일반 데이터센터가 데이터 저장을 위한 물리적 공간을 제공하는 것과 달리, SK텔레콤이 추진 중인 데이터센터는 AI 학습·추론에 필요한 GPU 서버, 안정적 운영을 위한 전력, 열효율 관리를 위한 냉각시스템을 제공한다. 램다와는 글로벌 협력을 위한 전략적 파트너십 계약도 곧 맺고 국내외 AI 클라우드 시장 공략에 나설 계획이다. 동시에 SK브로드밴드의 데이터센터 운영, SK하이닉스의 HBM, 사피온의 데이터센터용 AI 반도체 등 SK 가족이 보유한 역량을 AI 데이터센터 사업에 결집해 경쟁력을 높일 계획이다.

SK텔레콤은 AI 데이터센터 사업을 세계 전역으로 확장할 계획이며, 우선은 동남아시아를 다음 행선지로 검토 중이다. 글로벌 AI 비즈니스와 생태계의 급팽창에 대응하는 차원에서 AI 데이터센터 건립을 추진하는 대기업들한테 동남아시아는 최적의 입지로 인기가 높다.

한편 LG유플러스는 경기도 파주에 국내 통신사 최대 규모의 인터넷 데이터센터(IDC)를 짓는다. 준공 목표는 2027년. 이로써 국내 최초로 IDC 사업을 시작한 LG유플러스는 전국에 14개의 데이터센터를 갖게 되며, 하이퍼-스케일 상업용 IDC를 3개나 보유한 국내 유일의 기업이 됐다. AI 생태계의 핵심 인프라가 된 IDC를 새로운 성장동력으로 삼은 것이다.

통신과 모빌리티

성장 한계에 다다른 국내 통신 3사가 기존의 사업 영역을 넘어, '글로벌 AI 기업'으로의 전환을 본격화한다. 기존 주력 사업과의 시너지를 창출하려는 생각이다. SKT, KT, LG유플러스 모두 AI 신사업에 대한 청사진을 구체화하는 가운데, 특히 생성 AI 경쟁력의 기반인 LLM과 관련해선 중추 전략이 각기 달라 흥미롭다.

❶ SK텔레콤, 통신사 아니고, AI 기업입니다

회사의 정체성부터 'AI 컴퍼니'로 확정한 SKT는 AI 인프라, AI 전환, AI 서비스 3개 층위로 구성되는 'AI 피라미드' 전략을 전 사업 영역에서 가동한다. 특히 AI 서비스에선 한국어 LLM 기반 AI 개인비서 에이닷을 PAA(Personal AI Assistant; 개인비서)로 진화시키고, 글로벌 PAA 개발도 동시에 추진한다.

SK텔레콤이 독일의 Deutsche Telekom(도이체 텔레콤), 싱가포르의 Singtel(싱텔), UAE의 e&(이앤), 일본의 소프트뱅크와 함께 'GTAA(Global Telco AI Alliance; 글로벌 통신사 AI 동맹)'를 설립하고 글로벌 통신에 특화된 LLM 개발을 선언한 것은 이미 널리 알려진 사실. 그런데 스페인에서 열린 MWC24에서 이들은 아예 AI 사업을 위한 합작법인까지 세우고 개발에 속도를 붙이고 있다. GPT-4나 제미나이 같은 범용 LLM와 달리, 텔코 LLM은 통신에 특화된 버티컬 AI로 AI 콜센터, 챗봇 등 다양한 통신사업과 서비스 영역의 AI 전환에 유리하다. 통신사 연합군의 힘으로 빅 테크에 뺏긴 AI 주도권을 되찾는다는 구상인데, 아무튼 SK텔레콤은 이로써 전 세계 약 13억 명 고객 기반을 확보하게 됐다.

◆ 글로벌 통신사 중 가장 진취적

SK텔레콤의 신사업인 AI 분야는 매출 비중이 작아도 성장세는 가파르다. AI 에이전트 에이닷은 아이폰 운영체제에서 사용할 수 있는 통화 요약·녹음, 통역 콜 등을 도입하면서 인기가 급증해, 출시 1년 만에 가입자 수가 300% 늘어 340만 명을 기록했다. SK텔레콤은 과거 대화 내용 중 중요한 정보를 기억해주는 '장기기억' 기술, 다양한 이미지와 한글 텍스트를 학습해 사람과 흡사하게 생각하고 스스로 표현하는 '이미지 리트리벌' 기술도 고도화했다. 방대한 지식의 습득뿐 아니라, 친구처럼 기억해주고 대화하는 감성 대화에도 초점을 맞췄다. 자체적으로 생성 AI

프로젝트를 시작했던 SK텔레콤은 앤쓰로픽에도 투자하는 등 통신 사업자로는 가장 진취적인 행보를 보이는 편이다.

무선통신에선 더 이상의 성장을 기대하기 어려운데, SK텔레콤은 AI 신사업 가운데 어디에서 수익을 창출하고자 할까. 우선은 오픈AI나 앤쓰로픽 등과 공동 개발 중인 텔코 특화 LLM에 기대를 건다. 또 이와 별도로 글로벌 AI 동맹과 자체 LLM 개발도 진행 중이다. 이 두 가지 프로젝트를 통해 AI 콜센터(AICC; Artificial Intelligence Contact Center), 텔코 에이전트(비서) 같은 커뮤니케이션 특화 AI 설루션을 사업화함으로써 수익을 기대한다. 또 2024년엔 AI 통화 녹음·요약, 실시간 번역 등의 '킬러 서비스'를 지속 추가하고 고도화해 또 하나의 수익원을 마련할 계획이다. SK텔레콤이 AI로 수익을 내는 몇 안 되는 기업 중 하나가 될 것인지 두고 볼 일이다.

❷ KT, AI 풀 스택을 구현하라

KT의 구호는 'AI 미디어 컴퍼니'로 요약된다. AI 기술을 미디어 가치사슬 전반에 접목한 혁신 서비스로 승부를 보겠다는 청사진이며, 구체적으로는 콘텐트 투자·제작·마케팅 등 미디어 계열사 전반에 AI를 심층 활용하는 전략이다. AI로 영상을 분석해 화질을 개선하고 원하는 특정 장면만 골라주는 AI 설루션 '매직 플랫폼', 취향에 맞는 콘텐트를 알아서 추천해주는 온디바이스 AI 셋톱박스 '백발백중' 등이 KT의 신무기다. KT의 미디어 관련 계열사 KT스카이라이프(플랫폼), KT스튜디오지니

(기획·제작), 밀리의 서재(원천 IP 관리) 등 12곳의 콘텐트 매출은 2023년 6,400억 원을 기록했고, 미디어 가입자는 모두 1,334만 가구에 달한다.

KT가 펼치는 전략의 기반은 자체 LLM '믿음'과 그것을 경량·세분화한 sLLM을 다양하게 제공하는 '멀티 옵션'이다. 2023년 10월 출시한 '믿음'은 매개변수 수억 개의 sLLM부터 2,000억 개 규모의 LLM 모델에 이르기까지 모두 4종으로 구성돼, 고객사의 규모와 활용 목적에 따라 맞춤형으로 쓸 수 있다. 나아가 자회사 KT클라우드와 협업해 'AI 풀 스택'을 구축해 경쟁력을 확보한다는 목표다. AI 모델뿐만 아니라 그 구동을 위한 데이터센터 등 인프라까지 제공하겠다는 뜻이다.

○ '하늘을 나는 자동차'로 상징되는 미래 운송수단 UAM(도심항공교통)도 KT가 눈독을 들이는 기술 분야다. 이를 위해 이미 현대자동차, 현대건설, 대한항공 등과 UAM 업무협약을 체결하고 컨소시엄도 구성해 자체 시스템의 안전성도 검증하고 '그랜드 챌린지' 실증에도 참여해오고 있는 터다. 2024년부터는 UAM이 실제로 서울 상공을 날아다닐 수 있느냐, 하는 실증을 이어간다.

○ SK텔레콤과 마찬가지로 KT에게도 AICC 비즈니스는 중요하다. 2023년에만 AICC로 2,500억 원 넘는 주문을 확보하는 등 적지 않은 매출을 실현하고 있다. 우리나라 기업의 3분의 2가 향후 2년 내 AICC를 도입할 거란 추산을 바탕으로 AICC 비즈니스 증대를 확신하고 있다.

○ 'AI 클린 메시징'은 기업이 발송하는 단체 문자 중 불법 스팸을 빠르고 정확하게 찾아내는 KT의 AI 기술이다. 어떤 회사에서 발송한 문자인 양 속이는

불법 스팸의 경우, AI가 메시지의 URL을 확인하고, 더 이상의 발송을 막아버리는 것이다. 이 기술로 1년이면 500만 건 정도 스팸 문자를 줄일 수 있다고 한다. 또 LLM을 활용하는 KT의 추가 기능에는 얼핏 정상적인 메시지처럼 보이지만 마약을 뜻하는 은어를 쓴 스팸, 교묘하게 단어 조합을 바꾸는 스팸까지 미리 차단하는 AI 기술도 있다.

❸ LG유플러스, '익시'로 서비스 고도화

통신사 중에 가장 뒤늦게 AI 경쟁에 참전한 LG유플러스의 승부수는 경량 AI와 특화 AI 모델을 통한 차별화다. 영역별로 sLLM을 상용화하겠다는 얘기다. 이전에 내놓은 AI 서비스 '익시(ixi)'가 주목받지 못했지만, 이를 통신 특화 LLM '익시젠(ixi-GEN)'으로 개발해 2024년 상반기에 출시할 예정이다. 통신·플랫폼 데이터를 추가 학습해 컴퓨팅 자원 및 비용의 효율을 높이고 통신업에 특화된 서비스를 제공함으로써 다른 범용 LLM과 차별화한다는 생각이다. LG유플러스는 이 기술을 '챗 Agent' 형태로 고객 접점이 많은 서비스와 플랫폼에 적용할 계획이다. 그런 챗 Agent는 맞춤형 상품 추천부터 정밀한 상담까지 극도로 개인화된 안내를 제공할 것으로 보인다.

딱 5초. LG유플러스의 '고객의 소리 랩'이 12분짜리 상담 내용을 글로 옮기는 데 걸린 시간이다. 이렇듯 LG유플러스는 AICC 부문에서도 일찌감치 사업을 강화해오고 있다. AI로 업무 효율화와 인건비 절감의 '두 마리 토끼'도 잡고, AICC 솔루션을 팔아 수익도 올릴 작정이다. 월

200만 건에 달하는 고객센터 상담 내용을 AI가 분석·요약하는 'VOC LAB' 시스템도 출시했다. 고객 수요와 개선 요청 등을 신속하게 파악하는 AI 모델인데, 앞으로는 임직원의 피드백까지 학습하도록 시스템을 업그레이드하고 B2B 모델로 판매하는 방안도 모색한다.

IT 업계의 미래 먹거리로 불리는 AICC는 챗봇 등의 AI가 단순 예약, 안내, 고장 접수를 담당하고, 인간 상담원은 좀 더 복잡한 업무를 처리하는 식으로 구축된다. 통신사들은 이미 대규모 고객센터 운영 경험이 있는 데다 확보해놓은 관련 데이터도 워낙 방대해서 훨씬 유리하다.

❹ 자동차 전장도 AI 시대

완전한 자율주행은 여전히 먼 미래의 꿈이다. 그러나 AI 기술이 모빌리티 업계의 역량을 강화하며, 위험 판별과 안전 주행의 핵심 경쟁력이란 점에는 여전히 이론의 여지가 없다. AI만이 객체가 사람인지 사물인지를 구별해 최적의 솔루션을 제공한다. AI를 활용해 서비스 불확실성은 줄이고 신뢰도를 높인다. 자율주행 관련 AI 기술 개발과 고도화에 매진하고 있는 국내 기업으로는 레블 4 양산형 자율주행 상용차 프로토타입을 생산한 오토노머스에이투지를 비롯해서 오비고, 모트랙스, 켐트로닉스 등을 들 수 있다.

그런데 주로 자율주행에 초점을 맞추었던 차량용 AI가 점차 실내 전장 시스템 전반으로 확산하고 있다. 생성 AI를 적용한 첨단 운전자 보조

기술이 잇따라 개발되며 '스마트카'란 개념도 이제는 주행 편의나 안전 등을 강조한다. 특히 탑승객 동작을 감지·분석하는 시스템이 핵심이다. 카메라, 마이크, 조명 센서 등으로 탑승객의 일거수일투족을 읽은 뒤 AI 가 판단해서 음악 볼륨이나 조명을 적절히 조절하는 식이다. (탑승자가 뭔가 를 적으려고 펜을 쥐면 차내 조명이 저절로 밝아지다니!) 과연 미래 자동차는 A에서 B 로 이동하는 수단이 아니라 일하고, 즐기고, 휴식하는 공간이 될 모양이 다. 시장조사업체 글로벌 마켓 인사이츠는 차량용 AI 시장이 매년 90% 가량 커져서 2032년 800조 원 규모에 이를 것으로 전망한다.

자동차 AI 글로벌 시장 성장 전망

(단위 : 억 달러)

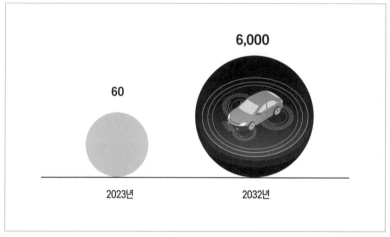

자료 : 글로벌 마켓 인사이츠

○ 현대차는 안전벨트 착용 여부를 판단하는 AI를 개발해 특허 출원했다. 탑승 객 상체를 대각선으로 가로질러 허리로 가는 안전벨트의 영상 패턴을 분석 하는 방식이다. 음성명령으로 좌석과 창문을 조작할 수 있는 자연어 처리 AI, 탑승객의 시선과 행동을 인식해 동승자들도 차량 인포테인먼트를 조작 하는 AI 설루션도 개발했다. 최근 6년 현대가 출원한 차량용 AI 특허는 자

율주행을 제외하고도 600여 건이다. SDV(Software Defined Vehicle; 소프트웨어 중심 자동차)를 지향하는 흐름에 걸맞은 고성능 AI 기술들이다.

○ 폭스바겐 차량에는 AI 음성비서 'IDA(아이다)'가 탑재된다. 메르세데스벤츠는 신형 준대형 세단에 탑재될 AI 장착 UX 시스템을 자랑스럽게 공개했다. 운전자가 하품하거나 눈 깜박이는 빈도를 AI로 분석하여 '졸음 경고' 메시지를 보내는 기능은 테슬라 차량에 적용되기 시작했다.

○ 벤츠는 국내 스타트업 파이퀀트와 함께 손가락 혈액 내 성분을 이용하는 차량 내 음주 측정기를 만들고 있다. 차에 설치된 클립에 손가락을 끼우면 피부 스캔으로 음주 여부가 측정된다. 술을 마셨으면 운전하지 말라는 경고가 뜬다. 이 기술이 제대로 상용화하면 음주운전이 확 줄어들지 않겠는가.

○ 현대차와 기아의 일부 차량에는 'Auto Terrain(오토 터레인)' 모드가 탑재돼 있다. AI가 눈길, 비포장, 자갈길 등 노면 상태를 판단해 적절한 구동력, 엔진 토크, 제동 등의 주행 모드를 자동 선택한다. 주행 상태나 안전은 자동차의 기본기에 속하지만, 종합적 판단과 주행 로직이 필요한 까다로운 기술로 AI 의 역할이 갈수록 커지고 있다.

○ 하지만 자동차의 여러 영역 중 AI 침투가 가장 빠른 부문은 역시 인포테인먼트다. 특히 AI가 전장 부품을 통제하기 시작하면서 사용자 편의를 극대화하는 장치·기술이 속속 개발되고 있다. LG전자가 CES에서 공개한 콘셉트카 'Alpha-able(알파블)'은 탑승객의 컨디션과 상황에 맞춰 편히 쉬는 집이나 업무공간으로 변신한다.

○ 아예 자동차를 똑똑한 개인비서로 둔갑시키는 기술도 있다. 챗GPT 같은 생성 AI 기술을 차량에 탑재하는 것이다. 현대차는 아마존의 알렉사를, 폭스바겐은 세렌스의 음성 인식 챗GPT를 차량에 탑재한다. BMW도 음성만으로 차량을 제어하는 기능 개발에 열중이며, 혼다와 소니도 MS와 AI 기반 음성 서비스를 개발해 전기차에 장착할 예정이다. 이 같은 음성비서는 날씨나 목적지 정보 수준을 넘어서 대화 주제나 상황에 맞게 목적지 추천이나 안전 경고 보내기 수준까지 올라섰다. 특히 전기차를 충전하려면 수십 분 기다려야 하므로, 음성비서 사용 빈도는 점차 커질 것이다.

○ SK플래닛은 미국 뉴저지주와 크로아티아에 노면 위험 정보 AI 알림 솔루션 '아리스(ARHIS; Audio-AI-based Road Hazard Information System)'를 수출했다. AI가 차량 주행 소리를 듣고 도로 위험 정보를 알려주는 솔루션이다. 중국, 오스트리아, 독일, 노르웨이 등에도 공급을 논의 중이며 시범사업도 진행 중이다. 이 솔루션은 음향 센서 등이 포함된 기기를 도로변에 설치해, AI가 차량의 주행 소리 데이터를 수집하고 학습한다. 결빙, 적설, 도로 살얼음(블랙 아이스) 등 위험 상황을 빠르게 확인하고 대응할 수 있다. 위험 요소가 감지되면 이를 바로 안전관리자에게 전달하고, 운전자에게도 전광 표지로써 경고한다. 세계적으로 결빙 탐지 솔루션 수요가 높아(업계는 글로벌 시장을 1조6,200억 원 규모로 추산), SK플래닛은 이 솔루션이 미래 핵심 먹거리 중 하나가 될 것으로 보고 있다.

제3장

로봇 / 제조업:
자타공인의 Next Big Thing

　형태도 다양하고 발전의 수준도 천차만별이지만, 로봇은 아주 오래 전부터 우리 곁에 있었다. 챗GPT 혁명이 시작되기 전에도 로봇은 여러 산업 분야에 투입되어 이미 적잖은 생산성 증대 효과를 보여주고 있었다. 그러나 최첨단 AI 기술들이 대거 탑재되면서 로봇의 이해와 추론 능력이 급성장했고 그 활용도는 눈에 띄게 늘어났다. 과거의 로봇에는 일일이 명령어를 입력하고 동작 하나하나를 학습시켜야 했지만, AI 혁명 이후로는 스스로 학습하고 응용 능력까지 갖추는 방향으로 진화하고 있다.

　AI 기술은 로봇 산업의 지형과 가능성을 완전히 바꾸고 있고, 전문가들은 AI 다음으로 성장 가능성이 큰 분야로 로봇을 지목하고 있다. 그렇기에 글로벌 빅 테크와 국내 대기업이며 다수의 스타트업까지 로봇 사업에 적극적으로 나서, 투자 혹한기임에도 로봇에만큼은 과감하게 투자하고 있다. 앞서 소개한 피겨 AI와 나중에 다시 언급할 노르웨이 휴머노이드 기업 1X 테크놀로지즈에 대한 대규모 투자는 말할 것도 없지만, 로봇용 AI 소프트웨어를 개발하는 Skild Robotics(스킬드)는 매출이 전혀 없는 스타트업임에도 15억 달러의 기업가치를 인정받아 3억 달러 규모 투자를 유치했다. 또 다른 로봇 스타트업 Physical Intelligence(피지컬 인텔리전스)는 오픈AI와 거대 벤처 캐피털인 Sequoia Capital(세쿼이아 캐피털)로부터 투자를 받아냈다.

그 외에도 LG전자가 6,000만 달러를 투자해서 화제가 된 미국의 AI 기반 자율주행 서비스 로봇 스타트업 베어로보틱스, 국내 보행 로봇 제조 스타트업 라이온로보틱스, 생체비전 AI 기술로 도축 공정 로봇을 개발한 로보스 등도 로봇 스타트업의 인기와 몸값이 얼마나 크게 올랐는지를 여실히 보여주고 있다.

로봇,
AI를 입고 인간을 닮아가다

　미래 로봇 산업은 로봇공학, AI, 배터리, 반도체, 센서 등 온갖 첨단 산업의 집약체다. AI 로봇 시장(산업)은 아직 제대로 개화하지 않았다. 그러나 AI와 로봇의 융합이 엄청난 대전환기를 맞고 있다는 사실은 부인하기 어렵다. 로봇이 갈수록 인간을 닮아가고 있다는 얘기다. AI 로봇 산업은 조만간 활짝 꽃필 것이고, 그 선두를 점하는 기업은 '넥스트 빅 테크'가 될 것이다. 그렇기에 MS, 오픈AI, 아마존, 엔비디아 등 글로벌 빅 테크가 소위 '휴머노이드' 로봇의 미래 잠재력에 '꽂혀서' 피겨 AI 같은 로봇 스타트업에 막대한 투자를 진행하는가 하면, 한국 기업들도 앞다투어 로봇과 관련 사업에 아낌없는 투자를 단행하고 있다. 시장조사업체 NMSC에 따르면 글로벌 AI 로봇 시장은 2021년 956억 달러에서 2030년 1,847억 달러 규모로 연평균 약 33%씩 성장할 전망이다. 과연 누가 AI 로봇의 성공적인 퍼스트 무버가 될까.

◦ LG전자는 상업용 로봇 사업 확장의 단거리 코스로 미국 스타트업 Bear Robotics(베어 로보틱스)에 6,000만 달러의 지분 투자를 택했다. 그러면서 이 것이 단기 수익을 추구하는 재무적 투자가 아니라 비즈니스 모델을 고도화 하는 전략적 투자라고 밝혔다. 베어로보틱스는 식당에서 서빙을 하는 자율 주행 로봇 'Servi(서비)'를 개발했다.

또 메타와의 'XR 동맹'에 이어 구글과 '로봇 동맹'을 체결하고 제미나이를 적용한 서비스 로봇 '클로이'를 2024년 하반기 공식 출시한다. MMLU에서 인간 전문가를 뛰어넘은 첫 AI 모델을 LG 로봇의 뇌에 심는 것이다. 클로 이는 AI를 '공감 지능'으로 재정의했던 LG전자의 AI 비전이 잘 드러나는 로 봇이다. 인간을 가장 가까이에서 보조한다는 점에서 공감 지능은 더 절실 해 보인다.

◦ 그룹 회장이 직접 나서서 로봇 사업을 챙긴다는 삼성전자는 가정용 AI 반 려 로봇 '볼리'를 출시했고, 노령층의 거동을 보조하는 의료용 로봇 '봇핏'도 조만간 내놓는다. 봇핏은 초기 생산 규모가 10만 대 수준으로 알려졌다. 볼 리를 갤럭시 웨어러블 제품과 연계하는 방안도 고민하고 있으며, 독거노인 을 위한 기능의 탑재도 연구 중이란다. 또 삼성은 이미 868억 원을 들여 지 분을 사들인 레인보우로보틱스의 인수도 2024년 내로 완료할 계획이다.

◦ 현대차그룹은 2021년 미국 휴머노이드 기업 Boston Dynamics(보스턴 다이 내믹스)를 9,600억 원에 인수하며 일찌감치 로봇 사업에 뛰어들었다. 이후 산업 현장에서 점검 업무 등을 수행하는 4족 모바일 로봇 'Spot(스폿)', 물 류 상하차 AI 로봇 'Stretch(스트레치)', 장애물을 뛰어넘고 달리는 휴머노이드 'Atlas(애틀러스)' 등을 개발해냈다

세계가 주목하는
휴머노이드

AI가 빠질 수 없는 미래에 시장성이 가장 큰 '차세대 먹거리'는 무엇일까? 전문가들이 보기엔 휴머노이드 로봇 분야다. 휴머노이드(Humanoid)는 머리·몸통·팔·다리 등 인간의 신체와 비슷한 모습을 갖춘 로봇을 가리킨다. 인간의 행동을 가장 잘 모방하는 로봇이란 뜻이 담겨 있다. 인간형 로봇이라고도 한다. AI 기술이 아무리 발전해도 현실 세계에서 사람의 일을 대신하려면 무언가 실체가 있어야 하지 않겠는가. AI를 입은 그 물리적 실체가 바로 휴머노이드 로봇이다. 고로 휴머노이드 시장을 선점하는 기업이 다음번 빅 스타가 된다는 논리다. 글로벌 빅 테크 거인들 사이에는 생성 AI에 이어 휴머노이드 로봇 기술 경쟁이 벌써 뜨겁다. 범용 로봇에 생명을 불어넣어 풍요한 미래를 로봇의 힘으로 앞당기려는 것이다. 머지않아 휴머노이드 로봇이 고도의 AI 기술을 장착하고 집에서 일터에서 인간의 일을 대체할 터이다.

○ 테슬라가 공개한 'Optimus(옵티머스)'는 가장 먼저 유명해진 AI 휴머노이드다. 2족 보행 모델인 2세대가 사람처럼 스   을 하고 두 발로 연구실을 걸어 다니는 영상이 인터넷을 달구었다. 전 세대보다 빠르게 움직이면서, 셔츠를 접거나 다섯 손가락으로 달걀을 집어 올릴 정도로 섬세한 동작도 한다. 손동작이야말로 휴머노이드 기술 중에서 가장 복잡하고 어렵다는데 말이다. 테슬라는 3년 안에 탁월한 성능의 2만 달러짜리 옵티머스를 양산해 대중화하고, 수백만 대를 생산공장에 투입할 계획이다.

○ 아마존은 Agility Robotics(어질리티 로보틱스)와 두 발로 걷는 휴머노이드 로봇 'Digit(디짓)'을 개발해, 일찌감치 물류창고에 투입했다. 최대 무게 18kg의 상자를 운반한다. 인간과 함께 작업하는 시범사업에 돌입했다. 노르웨이 로봇 스타트업 1X Technologies(1X 테크놀로지즈)는 챗GPT를 탑재한 가사도우미 로봇 'NEO(네오)'를 개발하고 있다.

휴머노이드 로봇 글로벌 시장 확대 추세

(단위 : 십억 달러)

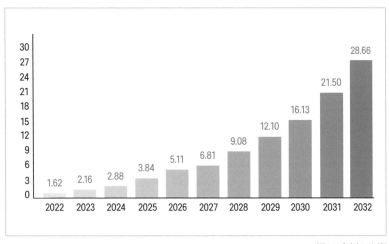

자료 : 프레시던스 리서치

✦ 챗GPT가 로봇을 만나면

특히 보는 이들에 충격을 안겨준 스타트업은 AI 기반 휴머노이드 로봇을 개발 중인 피겨 AI다. 먼저 손가락으로 캡슐커피를 가볍게 집어 올려 능숙하게 커피를 만드는 은색 로봇 'Figure 01(피겨 01)' 영상이 유튜브에 올라와 큰 관심을 끌었다. 이런 자연스러운 움직임만으로도 충분히 '충격적'이었다. 그런데 뒤이어 피겨 01이 챗GPT와 결합한 휴머노이드 로봇으로 진화하면서 놀라움과 충격은 더욱 커졌다. 피겨 01이 너무나 스스럼없이 인식과 판단과 대화와 추론과 행동을 보여주었기 때문이다.

- 피겨 01에게 무엇이 보이느냐고 묻자, 빨간 사과, 컵, 접시, 식기 건조대 그리고 사람의 손이 보인다고 답했다. [인식과 대화]
- 이어 뭘 좀 먹을 수 있겠느냐고 묻자, "물론"이라고 답하더니 사과를 건넸다. [판단과 행동]
- 또 어째서 사과를 주었느냐고 묻자, 그것이 유일한 먹을거리이기 때문이라고 했다. [판단과 추론]
- 그리고 그릇을 어디로 옮겨야 하느냐고 묻자, 옆에 있는 건조대에 넣어야 한다고 답했다. [판단과 추론]

이 놀라운 일련의 반응은 챗GPT가 시각적 추론과 언어 이해를 제공하고, 피겨 AI의 신경망이 민첩한 동작을 제공함으로써 가능했다. 영상을 본 이들은 '충격적'이다, '인간 시대의 끝'이 도래했다는 식의 댓글을 달았다. 피겨 01은 테슬라의 옵티머스를 최대의 경쟁자로 간주한다. 피겨 AI에 MS와 오픈AI를 필두로 엔비디아와 아마존도 각각 수천만 달러를 투자했고, 국내 LG이노텍과 삼성까지 앞다투어 거금을 투자하는 데

는 그만한 이유가 있다,

○ 미국 NASA(항공우주국)도 'Valkyrie(발키리)'란 이름의 휴머노이드 로봇을 개발하고 있다. 우주에서 태양광 패널을 청소하거나 우주선 외부 장비를 검사하는 등의 위험한 작업을 처리할 로봇이다. 집안일을 돕는 휴머노이드 로봇 'Apollo(아폴로)'로 유명해진 개발사 Apptronik(앱트로닉)이 발키리 프로젝트를 위해 NASA와 협업하고 있다.

주요국의 휴머노이드 개발 경쟁 현황

국가	회사	모델
중국	유비테크 (优必选科技; UBTECH)	Walker S (워커 S)
	유니트리 (宇树科技; Unitree)	H1
	샤오미 (小米; Xiaomi)	CyberOne (사이버원)
	푸리에 인텔리전스 (傅利叶; Fourier)	GR-1
미국	Figure AI (피겨 AI)	Figure 01 (피겨 01)
	Tesla (테슬라)	Optimus (옵티머스)
	Apptronik (앱트로닉)	Apollo (아폴로)
	Agility Robotics (어질리티 로보틱스)	Digit (디짓)
노르웨이/미국	1X Technologies (원엑스)	EVE (이브)
한국/미국	Boston Dynamics (보스턴 다이내믹스)	Atlas (애틀러스)

휴머노이드를 아는 전문가들은 그 시장의 성장 잠재력을 이구동성으로 높이 평가한다. 글로벌 조사기업 Precedence Research(프레시던스 리서치)는 2022년 16억 달러 안팎이던 휴머노이드 시장이 2027년 173억 달러, 2032년 286억 달러 규모로 성장할 것으로 전망한다. 2030년대엔 '가구마다 로봇 1대' 시대가 열린다는 관측이다.

3

미국 저리 비켜,
로봇 시장은 중국 거야

로봇의 질과 양에 있어서 중국과 미국은 우열을 가리기 힘든 '난형난제'다. 사람의 지시를 알아듣고, 답하고, 사물을 인식해 정확히 수행하는 휴머노이드까지 선보인 기업의 숫자도 양국이 비슷비슷하다. 간단히 이렇게 생각해두자. 미·중의 휴머노이드 기술 격차는 없고, 한국은 중국에 한 발 더 뒤처져 있다고. 특히 산업용 로봇 시장은 온통 '중국판'이고, 산업로봇에 관한 한 중국은 이미 50%가 넘는 자급률을 기록했다. 전 세계 공장에 설치된 산업로봇의 약 60%는 중국에 있고, 그 가운데 절반 이상은 중국산이다. 중국 로봇 기술 사양의 면면이 공개되진 않았지만, 글로벌 로봇 업계는 중국이 선두임을 부인하지 않는다.

2016년 바둑 기사 이세돌을 제압한 '알파고'는 1년 뒤 중국 바둑 천재 커제柯潔까지 눌렀다. 중국 거대 기업들은 미국산 AI가 '중국의 두뇌'

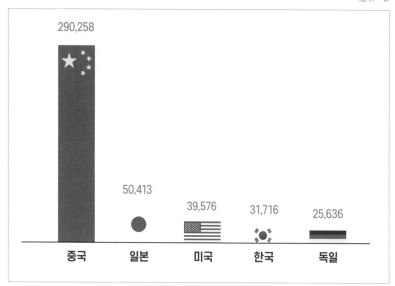

주요국의 산업용 로봇 연간 설치량(2022)

(단위 : 대)

290,258

50,413

39,576

31,716

25,636

| 중국 | 일본 | 미국 | 한국 | 독일 |

자료 : 국제로봇연맹

를 침몰시키는 현장을 숨죽이며 지켜봤다. 무엇보다 알파고는 중국 로봇 전사들의 좌절과 열정을 들쑤셔놓았다. AI에선 뒤처졌지만, AI를 품은 휴머노이드 경쟁에서는 미국을 이기겠다는 다짐이 자연스레 퍼졌다.

그로부터 채 1년이 안 돼 가전업체 메이디(美的集團; Midea)가 일본과 산업용 로봇 시장을 양분하고 있던 독일의 로봇업체 쿠카(KUKA) 지분 95%를 인수했다. 글로벌 로봇 업계를 충격에 빠뜨렸고, 독일은 '엄청난 실수'를 저질렀다는 비난을 견뎌야 했다. 당시 독일은 중국을 '제2의 내수 시장' 정도로 대수롭잖게 여겼는데, 아무튼 중국이 얼마나 '로봇에 진심인지'를 보여주는 사례였다. 세월이 흘러 이제 중국 정부는 2025년 휴머노이드 양산, 2027년 세계 최고 로봇 기술력을 정조준한다. 정부 7개 부처가 밝힌 7개 분야 혁신 내용 중 첫 번째가 휴머노이드다.

중국 전기차의 성공 방정식을 정부가 고스란히 AI 휴머노이드에도 적용해, 특히 이 분야만큼은 미국을 앞선다는 의지가 충만하다. 그 배경에는 다른 나라들이 흉내 내기 힘든 중국만의 무기가 있다는 확신이 있다. 20만 개가 넘는 탄탄한 로봇 소·부·장 기반, 정부의 보조금, 대량생산에 의한 '규모의 경제' 효과 등이 그런 무기다. 이렇듯 중국은 휴머노이드로 제조 현장, 서비스 분야, 시민의 일상을 모두 장악하겠다는 욕심을 숨기지 않는다. 덕분에 유비테크(优必选科技; UBTECH) 등 중국의 로봇 기업들은 최근 홍콩 자본시장의 스타로 부상하고 있다.

○창업한 지 12년 차인 유비테크의 휴머노이드는 바이두의 AI 설루션을 탑재하고 전기차 제조공장에서 엠블럼을 조립한다. 유비테크는 2035년엔 가사노동에도 휴머노이드를 투입한다고 공언했다. 티셔츠를 접으라고 명령하면 눈앞의 물품이 티셔츠란 걸 인식하고 알아서 접는 수준까지 발전했으니, 빨래, 청소, 요리 등 집안일을 로봇 한 대가 모두 해내는 날이 머지않았다는 얘기다. 유비테크의 로봇 'Walker S(워커 S)' 영상이 던진 충격파는 세계 최고 로봇이라는 피겨 01이 공개될 당시의 경이로움과 같은 정도였다.

유비테크는 또 글로벌 1위 전기차 제조사인 비야디(比亞迪; BYD)의 물류창고에도 자동화 로봇을 공급하고 있다. 말이 나온 김에, 전 세계에 설치된 산업용 로봇은 60만 대 전후로 추정되는데, 그중 60% 이상이 중국에 있다고 한다. 그러니까, 중국은 우선 자동화 로봇으로 제조 비용을 획기적으로 줄이고, 그걸 통해 미래 로봇 개발에 필요한 자금을 마련한다. 이게 우리가 곰곰 생각해봐야 할 경제적 함의다. 현재 혁신의 결실이 미래 혁신의 투자 재원으로 이용돼 더욱 큰 결실을 낳는 선순환 아닌가.

✦ 노동집약적 경제에서 왜 로봇을?

이런 의문이 생길 수 있다. 중국이 막대한 보조금과 공적 지원으로 로봇 산업을 띄운다고? 값싼 노동력의 인해전술로 성장해온 중국이 로봇을 육성한다고? 자기 모순적 아닌가? 중국의 생각은 다르다. AI를 품은 로봇은 곧 생산성과 '메이드 인 차이나'의 경쟁력을 획기적으로 높여준다. 한국 제조업에는 위협 그 자체다. 그뿐인가, AI 학습 기능을 장착한 갖가지 중국산 로봇이 지구를 덮으면 얼마나 방대한 데이터를 중국이 축적하게 될까. 국가가 밀어주는 중국 로봇 기업들이 로봇 산업을 주도하는 건 아무래도 시간문제인 것 같다.

로봇이 가져오는 제조혁신으로 생산 비용을 대폭 낮추는 중국. 그들이 전기차, 배터리, 태양광 패널 등의 분야에서 승승장구하는 배경에도 로봇이 있다. 세계시장에서 로봇을 팔아 돈을 벌고 로봇을 사용해 원가를 줄여 더 수익을 올린다. 그래서 중국이 잃어가고 있던 '세계의 공장' 타이틀을 지킬 수도 있다는 얘기까지 나온다. 인건비가 오르고 미국의 규제가 격해지며 지정학적 압박이 심해지고 있지만, 자동화 로봇 덕택에 중국이 명성을 되찾을 수 있다는 얘기다.

물론 로봇 개발에 도사린 어려움이 만만치는 않다. 무엇보다 표준화된 상품을 대량으로 찍어내기가 어렵다는 점이다. 냉장고나 배터리 같은 제품과는 다르다는 뜻이다. 그래서 로봇 기업들은 상당한 기간 엄청난 손실을 감수할 수밖에 없다는 얘기가 나온다. 유비테크만 해도 2012년 창업 이후 단 한 번도 흑자를 낸 적이 없다. 또 근원적인 문제도 있다. AI를 장착한 로봇은 인간이 엄두도 못 낼 고도의 연산을 척척 해낸다. 그러나 인간에겐 쉽고 간단한 청소가 로봇에게는 엄청 어렵다. 소위 'Moravec's paradox(모라벡의 역설)'이다. 중국의 로봇 산업이 이 역설을 완전히 뒤집을 수 있을까.

4

스마트 공장에서
핵융합까지

제조업에도 영락없이 AI 혁신의 바람은 거세다. AI의 영향은 디자인, 생산, 품질 등 제조의 모든 단계를 아우른다. 목적은 분명하다. 비용을 줄이고 생산 효율을 높이면서 품질도 향상하는 효과를 노린다. 그래서 각종 제품 설계와 개발 분야에서 AI 기술과 솔루션이 다양하게 활용된다. 생성 AI를 제조 현장에 성공적으로 도입하려면 기본적으로 무엇이 필요할까? 바로 그 작업장의 특성이 충분히 반영된 AI 모델이 있어야 한다. AI가 적어도 현장의 인간 작업자와 비슷한 수준의 인지·판단을할 수 있어야 한다는 얘기다. 이와 함께 AI 개발 및 운영의 절차가 표준화되어야 한다. 그래야만 한두 가지 기계나 라인만을 위한 부분적 AI 적용이 아니라 공장 전체 또는 전사 차원의 원만한 AI 도입이 가능해진다. 미래의 제조 현장은 생산 계획·제어 최적화, 수요 예측, 예지 보전(predictive maintenance) 등의 다양한 AI 기반 앱들이 현장의 모든 체계와 긴밀히 연동

될 것이다. 그렇게 되면 불가능에 가까웠던 인간과 기계 간 소통이 LLM을 통해 가능해지는 것이다.

해외 시장에선 빅 테크가 제조 특화 AI 연구를 주도한다. 예컨대 구글은 AI의 효율적 활용을 위한 머신 러닝 운영(MLOps)에 초점을 맞추고, AWS와 MS는 LLM 활용 툴을 비롯한 생성 AI 관련 설루션을 내세운다. 엔지니어링 시뮬레이션 소프트웨어 전문인 Altair(알테어)의 AI 설루션은 제품 설계와 제조 과정을 돕는 생성 AI 기반 엔지니어링 설루션을 주력으로 한다. 기타 제조업에 특화한 AI 설루션을 선보이는 미국 기업으로는 AI 기반 분석 설루션 전문 SparkCognition(스파크코그니션), 머신 비전 시스템 전문 Cognex(코그넥스), 로봇 프로세스 자동화(RPA) 전문 UniPath(유니패쓰) 등이 눈에 띈다. 시장분석업체들은 북미 지역에서만도 제조업 관련 AI 시장이 2022년부터 5년간 연평균 47.6%에 달하는 초고속 성장세를 보여 2027년 56억 달러를 형성할 것으로 봤다.

글로벌 제조업 특화 AI 시장 전망

(단위 : 억 달러)

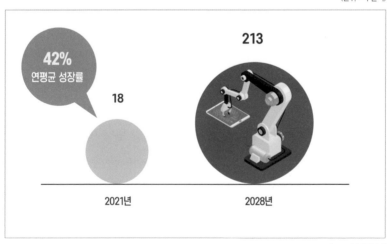

자료 : 리서치앤마켓

국내에선 제조업을 위한 AI 기술 개발이 더디지만, 일부 스타트업이 이 분야에서 두각을 나타내고 있다. AI 기술력을 상당 부분 자체 보유한 마키나락스는 산업 현장 맞춤형 통합 AI 설루션을 제공한다. 지금 한국의 제조업은 세계 5위 수준이다. 산업 현장의 'AI 전환'과 제조 특화 AI 기술력 발전 없이는 그 지위를 지키고 계속 성장하기가 쉽지 않을 것이다.

✦ 20kg 냉장고 문 1초 만에 조립

LG전자 창원 스마트공장은 세계경제포럼이 등대공장으로 선정한 현장이다. 2018년부터 등대공장에 뽑힌 곳은 전 세계에 153개밖에 없다. 여기엔 AI, 5G 이동통신, IoT가 배어 있고 로봇, 디지털 트윈, 빅데이터 등의 신기술이 무시로 활용된다. 조립 라인은 사람이 없는 AI 로봇 세상이다. 두 사람이 함께 들어도 어렵던 냉장고 문을 로봇 팔이 번쩍 들어단 1초 만에 본체에 조립한다. 컨베이어 벨트 위로 종류와 모양이 다른 냉장고가 지나가도, 각각에 맞는 부품이 순식간에 장착된다. 예전 같으면 이런 자동화는 소품종 대량 생산에만 가능했다. 이젠 AI 로봇 덕분에 '다품종 소량' 생산도 된다. AI 딥 러닝과 정보화 시스템으로 지능을 얻은 로봇이 이루어낸 또 하나의 AI 혁명이다.

물류는 또 어떤가? 물건의 이동은 무인운반차(AGV; Automated Guided Vehicles) 혹은 물류로봇(AMR; Autonomous Mobile Robot) 몫이다. 공장 바닥에 붙은 3만 개 이상의 QR코드를 AGV가 읽고 최적의 이동 경로를 산출해 각종 자재를 실어 나른다. 또 실제 공장과 똑같은 가상의 공장 '디지털 트윈'을 만들어, 가령 10분 뒤의 현장 상황이 어떤 모습일지를 예측한다. 어떤 부품이 필요한지를 30초마다 예측해, 재고가 떨어지기 전에 보충하기도 한다. 이 같은 미래형 생산공장의 실적 개선은 너무나 당연하다. LG 전자의 경우 AI 전환 후 시간당 냉장고 생산 대수는 31.3% 증가했고 연간 생산능력도 대폭 늘었다.

◆ 화장품 공장이든, 반도체 공장이든

AI의 확산은 사업의 영역을 묻지 않는다. 어디에서나 확실히 생산성을 높여주기 때문이다. 반도체, 가전, 중화학은 물론이고 식품, 화장품 등 거의 모든 분야 제조 현장에서 AI 도입과 활용은 필수가 되고 있다. 사람이 오랜 시간을 들여 어렵사리 불완전하게 들쑥날쑥 해내던 작업을 방대한 데이터 학습으로 무장한 AI가 빠르고, 정확하고, 쉽게, 일관성 있게 완수하니 작업 효율이 높아지지 않을 수 있겠는가.

○'뷰티 테크'라는 이름 아래 화장품 업계도 AI 도입이 한창이다. 코스맥스는 우리나라 대표 화장품 ODM 기업인데, 화장품의 사용감을 측정하는 AI 기술을 3년간의 연구 끝에 개발했다. 촉촉함이나 발림성과 같은 특징을 AI가 학습해 다섯 단계의 수치로 세밀하게 표현한다. 썩 믿음직하지 못했던 개인의 주관적 판단에 의존할 필요가 없게 된 것이다. 아모레퍼시픽이 최근 공개한 일련의 맞춤형 화장품에도 AI 기술이 접목돼 있다. 고객이 자기 얼굴 사진을 찍고 몇 가지 질문에 답하면, 100만여 건의 피부 데이터를 학습한 AI가 여러 가지 피부 상태를 분석해 개인마다 맞춤형 에센스를 만들어주는 것이다.

○최첨단 반도체 공장에서 가장 중요한 요소인 '수율'을 올려주는 것도 AI의

역할이다. 가령 SK하이닉스가 웨이퍼에 극도로 얇은 막을 씌우는 증착 공정에 AI를 도입한 후로 수율이 현저히 높아졌다거나, 품질 지표가 21.5% 개선된 것이 그걸 증명한다. AI가 장비에서 쏟아져 나오는 수백 개 데이터 가운데 박막의 두께 등 최종 품질에 영향을 미치는 요인을 가려내, 정확한 가상의 계측 모델을 만들어냈기 때문이다. 세계 스마트 제조 시장은 해마다 10.5% 성장해 2025년까지 4,550억 달러(570조 원)로 커질 전망이다. 시장조사업체 TrendForce(트렌드포스)의 조사 결과다.

○ 포스코DX는 제철과 2차전지 등 포스코그룹의 주력 제조업에 특화한 고성능 산업용 AI를 개발하고 있다. 즉, 포스코 전용 sLLM을 만들기 위해서 메타의 라마와 미스트랄 등 다양한 모델을 실험하되, 특히 튼튼한 보안을 최우선으로 고려한다고 전해진다. 완성된 sLLM은 주요 설비의 무인화 프로젝트, 질소산화물 배출 최소화, 센서·하드웨어·소프트웨어 효율화를 통한 원가 절감 등에 활용된다. 개발한 AI의 성능을 제철소, 2차전지 공장 등에서 검증한 다음, 대외 사업에도 나설 예정이다. 요컨대 앞서 언급했던 'DX를 넘어 AX로' 흐름을 거대 제조업에서 선도하겠다는 계획이다.

✦ AI, 100년의 꿈 '핵융합'을 현실로

핵융합은 태양이 빛을 내는 원리와 같다. 핵융합은 지구에 인공태양을 만들어 에너지 문제를 해결하는 기술이다. 핵융합(수소폭탄)은 핵분열(원자폭탄)보다 100배 이상 강력하다. 핵융합은 중수소 100kg으로 석탄 300만t을 태운 것과 같은 에너지를 만들어낸다. 현재 가장 효율적인 에너지원이라는 원자력 발전보다도 어마어마하게 더 효율적이다. 그뿐인가, 핵융합은 방사성 물질도 배출하지 않아 지속가능성이 탁월하다. 그래서 핵융합은 '꿈의 에너지'다.

1억 도 이상 초고온 또는 대기압의 30억 배가 넘는 초고압 상태에서만 핵융합이 일어난다. 그래서 원리가 발견된 지 100년이 넘었건만 실현 가능성은 거의 제로였다. 핵융합의 실험과 구현에 초대형 설비와 막대한 자본이 필수인 것도 그 때문이다. 한국이 미국, EU 등과 함께 프랑스에 건설 중인 국제핵융합실험로(ITER)는 축구장 60개 크기다. 7조 원 이상이 투자됐다.

생성 AI로 촉발된 AI 혁명이 일어나자, 발 빠른 과학자들이 AI를 첨단 기술 R&D에 접목했다. 한국형 핵융합 장치 'KSTAR'는 AI가 관리하는 가상의 실험실 '디지털 트윈'으로 옮겨졌다. 플라즈마가 터지기 전에 예측하는 방법을 AI로 찾아내 디지털 트윈에서 구현했다. 이렇듯 AI의 출현은 핵융합 R&D의 속도를 크게 높였다. AI 덕분에 길게는 수백 년이 걸릴 시행착오를 현실에서 하지 않고 '가상현실'에서 반복해 최적 결과물을 찾기 때문이다. 국제 과학계는 'KSTAR'가 개발한 AI를 ITER 제어에 활용할 계획이다. 미국 국립점화시설(NIF)도 AI를 핵융합에 적용해, 연구 사상 최초로 투입 에너지보다 산출 에너지가 많은 결과를 얻었다. 당최 기약이 없어 보이던 핵융합, 60년 넘게 SF영화 속 소재로만 남아 있던 핵융합, 그 막연하고 아리송한 상상이 현실로 구체화하고 있는 것일까.

초고온·초고압 환경에서 간접 추론을 자유자재로 활용해 실시간으로 결과물을 내는 핵융합은 첨단 AI를 활용한 과학 연구의 상징이다. AI를 활용해 최고 난도의 핵융합에 성공한다면, 데이터 잡음이 적고 측정·계산이 쉬운 다른 분야 R&D에도 적용할 수 있다. 이런 가능성을 본 MS, 오픈AI, 아마존 등이 잰걸음으로 핵융합에 투자하고 있다. 인간 문명은 불이 도구로 변함으로써 가능했다. 그리고 지금 인간에겐 영원히 꺼지지 않을 또 다른 불이 있다. 바로 AI다.

✦ AI로 인류 문명의 영역을 초월한 신물질까지

다소 기괴하게 보이는 아래 이미지는 미국 NASA가 만든 금속 부품이다. 사람의 방식이 아니라 생성 AI의 독특한 문법으로 만들어 우주선에 들어가는 부품이다. 인간이 설계하면 보름 걸릴 부품을 AI는 1분 만에 만들어내 수정까지 거듭한다. 부품뿐만이 아니다. NASA는 우주선, 탐사 비행체, 우주망원경 등을 설계하는 데도 AI를 활용하고 있다. 인간이 상상하지 못했던 결과를 AI는 종종 보여준다.

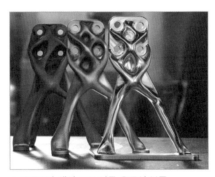

▲ NASA가 생성 AI로 만든 우주선 부품

NASA는 다양한 영역에서 AI 활용도를 높여 나갈 생각이다. 해마다 수천 개의 독특한 부품을 만들어내야 하니 그럴 수밖에 없을 것이다. 나아가 달이나 화성에서 새 자원이 발견되면, 그걸로 현지에서 각종 설비나 부품을 설계·제작하는 것도 시도해볼 수 있다. 존재하지 않던 새 물질을 만들어내는 게 AI의 재주 아닌가.

딥마인드의 AI 모델 'GNoME(구글놈)'은 또 얼마나 신기한가. 지금까지 인간에 알려진 모든 결정 구조보다 더 많고, 인류가 쌓아온 화학 지식에선 도저히 나올 수 없는, 220만 개의 새로운 결정 구조를 찾아낸다니. 상상도 못 했던 38만 개가 넘는 신소재를 만들 수 있다니. AI가 미지의 물질을 만드는 과정은 매우 까다롭지만, 성공만 한다면 인류 문명을 획기적으로 바꿀 수 있다. 반도체처럼 말이다.

제4장

바이오 / 헬스케어:
AI 전사들의 질병 퇴치 무용담

신약 개발

신약 개발은 AI의 활약이 특히 두드러진 분야다. 뒤집어 말하면 AI 혁명 이전의 의약 개발이 그만큼 어려웠다는 얘기다. 통상 신약 개발의 성공 확률은 0.01%라고 한다. 제약사가 신약 하나를 시장에 내놓기 위해 1만 개가 넘는 합성 화학물질을 시험해야 한다는 뜻이다. 10년 넘는 세월과 1조 원 안팎의 막대한 비용이 소요되면서도 정작 성공 확률은 3만분의 1에 불과하다는 추정도 있다. 그뿐인가, 세포·동물 실험 단계인 전임상을 거쳐 임상 1상~3상을 마치려면 15년가량이 걸린다. 만약 AI 기술의 도움으로 처음부터 최적의 약물 후보를 찾아낸다면 어떨까? 그 기간을 7년 이내로 줄일 수 있다. 어떤 이는 다소 드라마틱한 예를 들기도 한다. 기본 단백질 2억 개를 기존 연구 방법으로 분석하려면 10억 년이 걸리지만, AI로는 1년 만에 가능하다고 말이다. 이제 AI를 활용한 신약 개발은 바이오산업의 새로운 패러다임이다.

그렇기에 대형 제약사들은 앞다퉈 AI 기술을 확보하고 있다. 즉, AI 업체들이 신약 개발 영역에도 이미 발을 들였다는 얘기다. 실제로 AI가 설계하고 개발한 후보물질이 약효를 검증하는 단계까지 왔다. 2년~3년 이면 AI가 설계한 약을 병원에서 볼 수 있을지 모른다. 코로나-19가 창궐 했을 때를 우리는 너무나 잘 기억한다. 화이자가 AI를 활용해 최소 5년 이상 걸릴 mRNA 백신 개발을 10.8개월 만에 완료하지 않았던가.

MS는 스위스 Novartis(노바티스)와 함께 AI 혁신 연구소를 세우고 세 포 유전자 치료제 개발을 지원한다. 글로벌 제약사 Amgen(암젠)은 엔비디 아가 내놓은 신약 개발용 AI 플랫폼 'BioNeMo(바이오 니모)'를 활용하고 있 다. 엔비디아는 AI 기반 바이오 스타트업 Recursion(리커전)에 5,000만 달 러의 투자를 단행했다. 구글은 일라이릴리 등 글로벌 대형 제약사와 함 께 AI 기반 신약 개발에 나섰다. Eli Lilly(일라이 릴리)는 차세대 비만 치료 제를 개발하기 위해 AI 기반 유전체·단백질 분석업체인 Fauna Bio(포나 바이오)와 협약을 체결했다. AI 기반 바이오텍 UNP(Unnatural Products)와 제 약사 Merck(머크)는 3,000억 원 규모의 파트너십으로 신약 개발을 위해 손을 잡았고, AstraZeneca(아스트라제네카)는 항체 발견 AI 기술을 개발하 는 Absci(앱사이)와 2억4,700만 달러의 계약을 맺었다. 예를 들자면 끝이 없다.

◆ 딥마인드, 세상에 없던 물질 38만 개

딥마인드의 성과 중에 단연 압권은 (1) 몇 달 걸리던 단백질 분석을 단 며칠에 끝낸 AI 'AlphaFold(알파폴드)'와 (2) 일찍이 존재하지 않던 새로 운 물질의 구조와 합성법을 예측하는 AI 개발이다. 뿌리는 하나다. 단백질 분석 AI가 무기물인 신소재 분야로 확대되었기 때문이다. 단백질의 경우처럼 수많은 시행착오 끝에 일일이 물질을 합성하는 전통적 방법 대신, 원하는 특성의 물질을 어떻게 만드는지 미리 알려주는 초대형 AI 데이터베이스를 만든 것이다. 딥마인드 모델은 이렇게 해서 10억 개 이상 구조를 스스로 생성하고, 220만 개의 신물질 구조를 예측했으며, 그중 가장 안정적인 38만여 개의 물질을 선별했다. 거기에는 고효율 태양전지 소재, 고체 전해질, 전기저항 없는 그래핀 등 미래를 바꿀 잠재력을 지닌 소재들도 대거 포함돼 있다고 한다. 이 중 일부는 초전도 물질의 기반이 될 수도 있다고 하니 놀라울 따름이다. 기존의 연구 방식으로는 800년쯤 걸릴 일을 단번에 해낸 것이다.

딥마인드는 2024년 5월 8일 최신 버전 '알파폴드 3'를 공개했다. 3년 전 나왔던 '알파폴드 2'는 10년 동안 풀지 못했던 단백질 구조를 단 30분 만에 찾아냈지만, '알파폴드 3'는 그보다도 정확도가 50%나 향상됐다. 지금까지는 암세포나 항암제에 X선 등을 쏘이고, 그 반응을 하나씩 확인해 단백질 구조를 확인했기에, 정확도도 떨어지고 개발에 몇 년씩 걸렸다. 그러나 알파폴드 3은 이미 분석이 끝난 단백질 구조의 방대한 데이터를 학습했다. 이를 바탕으로 기존 단백질의 구조를 파악하고, 아미노산 정보를 토대로 단백질이 어떤 모습이 될지 예측하며, 다양한 단백질과 유기 분자의 결합을 예측할 수 있다. 알파폴드가 신약 개발에 돌파구를 연 것으로 평가되는 이유다.

알파폴드 외에도 상용화된 단백질 구조 예측 AI는 여럿 있다. 단백질 AI 설계 분야에서 두드러진 미국 워싱턴대 연구팀의 'RoseTTAFold(로제타폴드)'와 그 최신 버전 'All-Atom(올-애텀)' 같은 AI 모델이 그런 예다. 딥마인드는 단백질 AI 모델을 연구하는 개발자와 학자들이 손쉽게 알파폴드 3를 이용할 수 있도록 '알파폴드 서버'라는 플랫폼도 열었다.

흥미롭게도 알파폴드2를 주식시장에 적용하려는 시도가 국내에서 ^(읍투스 자산운용) 이루어지고 있다. 그럴듯한 답 만들기가 목표인 생성 AI와 달리, 알파폴드2는 '최적화 AI'여서 정확한 답을 추구한다는 것이다. 고로 생성 AI보다 더 까다로울 수밖에 없고, 훨씬 복잡하게 얽혀있기 때문에 주식 투자에 참조할 만한 아이디어가 많다고 한다. 그동안 중장기 투자에는 AI 알고리즘이 잘 작동해왔지만, 단기 예측에는 적용하기 어려웠는데, 알파폴드2로 알고리즘을 잘 설계하면 단기 예측에도 적용할 수 있으리란 생각이다.

딥마인드는 유전자 변이가 질병 유발에 미치는 영향을 분석하는 AI 'AlphaMissense^(알파미스센스)'도 개발했다. 약 7,100만 가지의 유전자 변이를 분석해 어떤 변이가 질병을 일으킬 가능성이 있는지를 예측한다. 질병 유발 가능성 판단 비율을 89%까지 높였다고 한다. 쉽게 말하면, 지금까지 몰랐던 수많은 질병의 원인을 알아낼 수 있다는 소리다. 이로써 유전자 변이로 인한 희소 질환의 진단과 예측에 속도가 붙을 것으로 보인다.

✦ 세포생물학 AI

인간의 힘으로 규명하지 못한 세포의 신비를 AI가 밝혀줄 거란 이야기까지 들린다. 3,000만 개의 세포 데이터와 세포생물학 연구 논문을 학습했다는 진포머^(Geneformer; 하버드와 MIT)와 인간과 쥐의 세포 데이터 1

억2,000만 개를 학습해 유전자 발현 양상 등을 추적한다는 진컴퍼스 (GeneCompass; 중국과학원) 등, 인간을 대신해 세포의 역할과 관계를 파악하는 AI가 잇따라 나왔다. 이러한 세포생물학 AI는 암과 같은 난치병에 대한 비밀을 밝힐 수 있고, 치료 방법을 알아내는 데도 엄청난 도움이 되지 않을까.

이런 세포생물학 AI 모델은 사실 챗GPT와 비슷한 원리다. 챗GPT 같은 LLM은 아이에게 말을 가르치듯 학습시킨 게 아니라, 방대한 자연어 데이터에서 AI가 단어와 단어, 문장과 문장의 관계를 스스로 학습해 맥락을 찾아내고 답하는 원리다. 세포생물학 AI도 같은 원리로 인간의 유전자와 세포 사이의 관계를 찾아낸다. 그럼으로써 방대한 유전자·세포 연구에 걸리는 시간과 비용을 절감하고, 인간이 미처 찾지 못한 것까지 발견하는 시대가 온 것이다.

다만 이렇게 급속도로 발전하는 세포생물학 AI에 대한 우려도 나온다. 지난 2월 80여 명의 생물학자와 AI 전문가가 "세포생물학 AI를 규제해야 한다"는 서명 운동에 참여했다. AI의 생물학적 발견이 기존에 없는 생화학 무기를 만드는 데 사용될 수 있다는 우려다. 과학자들은 "AI는 새로운 생물학적 발견을 돕겠지만, 동시에 개인의 생체 정보가 유출되는 부작용이 있을 수도 있다"고 경고했다.

◆ 국내 제약 업계도 AI 기술 활용

AI 열풍은 국내 제약 업계도 어김없이 강타했다. 그러나 우리의 AI 신약 개발은 이제 막 시동만 건 상태다. 문제는 데이터 공유의 어려움이다. AI 신약 개발은 특성상 기업·학계의 데이터가 공유되고 여러 기술이 융합되어야 가능하다. 하지만 한국 기업들은 아직 데이터를 서로 주고받지 않아 고립돼 있고, 상호 협력도 제한적이다. 정부는 EU의 AI 기반 신약 프로젝트를 벤치마킹해 소위 'K-멜로디' 프로젝트를 추진 중이다. 제약 바이오 업계와 학계가 힘을 모아 신약 개발에 속도를 붙이자는 취지다. 다만 아직은 초기 단계라 효능을 논하기 어렵다.

대웅제약은 AI를 이용해 주요 화합물 8억 종의 분자 모델을 데이터화하고, 이를 기반으로 신약후보물질 발굴 시스템 '데이지'를 구축했다. AI가 데이지를 활용해 신약후보물질을 추리고, 부작용 적고 안정성 높은 구조 설계를 돕는다. 가령 암세포 억제 효능을 보이는 활성 물질 발굴과 특허까지 가능한 선도 물질 확보에 예전 같으면 2년 이상 걸렸을 테지만, AI를 활용해 단 6개월이 걸렸다고 한다.

국내 AI 신약 개발기업은 50여 개. JW중외제약은 자회사의 자체 AI 플랫폼 '클로버'와 '주얼리'를 활용해 탈모 치료제 및 항암제 신약후보물질을 개발하고 임상 시작을 기대한다. 항암 신약을 개발 중인 한미약품은 바이오벤처 아이젠사이언스의 AI 플랫폼을 활용한다. 보령은 AI 기반 신약 개발 전문 퀀텀인텔리전스와 함께 신약후보물질을 발굴 중이고, GC셀은 AI 기업 루닛과 AI 기반 고형암 치료 후보물질을 연구 중이다.

2

암 치료,
AI가 책임지나?

앞서 언급했던 아스트라제네카와 앱사이의 협력은 암 치료용 항체 플랫폼 발굴로 이어지고 있다. 앱사이의 플랫폼으로 수만 개 단백질과 단백질 간 상호작용을 측정해 항체를 찾아낸다. 그다음 AI로 항체와 표적의 효과적인 결합 여부 데이터를 도출해 임상시험 기간을 앞당긴다.

Boehringer Ingelheim(베링거 잉겔하임)은 IBM과 AI 기반 항체신약 발굴을 위한 플랫폼 사용 계약을 맺은 데 이어, 캐나다의 Phenomic AI(피노믹 AI)와 새로운 표적 항암 후보물질 개발을 위해 거의 6억 달러에 이르는 계약을 맺어 화제가 됐다. 피노믹 AI는 AI와 머신 러닝 기반 플랫폼으로 단일 세포 RNA 데이터를 분석하는 기술을 보유했다. 암세포 기질을 표적 삼는 신약후보물질을 가려낸다.

항암 영역에서도 MS를 빼놓을 수 없다. 비싼 장비와 복잡한 분석 없이 간단히 암을 진단할 수는 없을까? 환자의 조직을 일일이 분석하지 않고도 암을 판독할 순 없을까? 그것이 사상 최대 규모의 AI 암 진단 프로젝트를 시작한 MS의 비전이었다. AI 임상 분야의 선도기업 Paige AI(페이지 AI)와 손잡고 AI에 대량의 조직검사 이미지를 학습시켜 암 진단용 생성 AI 모델을 개발하고 있다. 앞으로 MS의 막대한 컴퓨팅 자원을 동원해 병리 조직을 400만 개로 늘리고 수십억 개의 데이터를 학습시킴으로써, 일반 암은 물론 희소 암까지 진단해내는 AI 모델로 확대한다는 계획이다. 기술 개발이 끝나면 MS의 클라우드 서비스 애저를 이용해 전 세계 병원과 실험실에 배포할 예정이다.

◆ 루닛, 덩치는 작아도 기술은 매운 '항암 투사'

루닛은 암 '진단'에 그치지 않고 암 '치료'까지 해내는 AI 기술을 지향하는 우리나라 의료 AI 기업이다. 의료 AI의 패러다임 전환을 앞당긴다는 평을 받는 루닛의 강점이 거기 있다. 그런데 루닛이 기업 목표로 정해놓은 암 정복을 위해선 조기진단과 각 환자에 어울리는 치료가 필수다. 요즘은 암세포로부터 바이오마커(생체지표자)를 분류해 투약한다. 그리고 항암제를 개발할 땐 임상 단계부터 맞춤 바이오마커와 쌍을 이루어 임상 환자를 선택함으로써 성공률을 높이고 치료 가능성도 끌어올린다. 루닛은 면역항암제에 어울리는 환자를 AI로 더 정확하게 찾아내는 설루션 '루닛 스코프 PD-L1'을 선보였다. 면역항암제의 치료 효과를 더 빠르고 정확하게 예측한다. 루닛의 AI 영상분석 설루션은 세계 40여 개국 1,300개 의료기관에 납품되고 있다.

루닛은 루닛 스코프 PD-L1 설루션의 미국 진출을 위한 자체개발 진단검사(LDT)의 유효성 검증도 완료했다. 이 LDT는 미국 기업 Guardant Health(가던트)의 클리아 랩에서 진행돼 실험실 표준 인증을 획득함으로써, 세계 최대 의료 시장인 미국에 제품 및 서비스를 판매할 수 있게 되었고 덤으로 100만 달러의 기술료까지 가던트로부터 받게 됐다. 이번 LDT 유효성 검증 완료와 더불어 루닛은 임상검사를 방광암이나 비소세포폐암 등으로 확대할 수 있다. 조만간 10여 개의 암종에 대한 클리아랩 LDT 검증도 마무리 지을 계획이다. 루닛은 대규모 의료기기 제조사 등과의 적극적인 협업, 기업과 정부 간 거래(B2G) 공략 등을 앞세워 이제 막 싹트기 시작하는 의료 AI의 표준을 선도하고 있다는 평을 받는다.

루닛의 중동 시장 진출과 시장 확대도 놀랍다. 글로벌 제약사 Roche(로슈)의 중동법인을 통해 루닛 인사이트를 수출하는 형태로 중동 시장에 첫발을 내디딘 이후 중동 공략을 위한 저변을 넓히고 있다. 최근 다국적 이미징 기업 AGFA HealthCare(아그파 헬스케어)와 함께 UAE 두바이 공공의료원에 유방암 진단을 위한 AI 영상분석 설루션을 공급했다. 국내 의료 AI 기업의 중동 시장 첫 진출이다. 그 전엔 UAE 아부다비 병원관리청에 폐암 진단 AI 영상분석 설루션을 공급하며 현지 B2G 시장에 진출했고, 사우디아라비아 최대 사립 병원에도 제품을 공급해왔다. 글로벌 시장조사기관 Data Bridge(데이터 브릿지)는 중동 의료영상 시장이 2029년까지 연평균 5.5% 성장할 것으로 보고 있어, 전망도 밝다.

루닛의 B2G 시장 공략은 드문 특징인데, 왜 이 부문을 애써 공략하려 할까? 늘어난 공공 의료 수요를 고려할 때, AI 기술이 의료 인력과 인프라가 부족한 영역을 특히 빠르게 대체할 수 있기 때문이다. 루닛은 몽

골 암센터에 이어 호주 뉴사우스웨일스주 정부로부터 유방암 검진 프로그램 운영권도 단독 수주했다. 국가 차원에서 AI를 암 검진에 채택한 것은 호주가 처음이라고 한다. 민간부문에서는 브라질, 태국, 홍콩 등에 AI 영상진단 설루션을 공급했다.

◆ 심장 영상 판독, AI로 정확도 높인다

전 세계 사망 원인 1위~2위가 무엇인지 아는가? 암, 그다음 심혈관질환이다. 국내에서도 같은 순서다. 최근 고령화로 심장질환 환자는 급격히 증가하는 추세이며, 특히 관상동맥이 막혀버리는 심근경색증 환자는 더 가파르게(30%) 늘어나는 추세다. 그런데도 검사 기술은 별 개선 없이 여전하다. 심장을 보려면 MRI나 CT가 빠질 수 없고, 비용·시간·인력의 부담은 아직 너무 크다. 그뿐인가, 영상을 일일이 눈으로 판독해야 해서 의사마다 진단 수준도 다르고 일관성도 객관성도 없어 신뢰도도 낮다.

해답은 역시 AI에서 나온다. 의료 인프라가 대부분 디지털로 전환되고 있지만, 심장질환 영상 판독은 여전히 의사의 주관적인 판단에 기대고 있다. 특히 심장은 측정·평가하는 지표가 많아서 MRI를 자동화하는 일이 기술적으로 복잡하다. 그래서 객관적으로 빠르고 정확한 판독을 위해 영상을 자동으로 분석하고 진단하는 기술이 절실히 필요하다. 현재 미국 시장의 경우, MRI 영상을 자동으로 분석하는 기능은 상용화됐지만, 진단 기능까지 제공하는 설루션은 없다.

아시아에서 처음으로 개발된 심장질환 자동 분석 소프트웨어 'Myomics(마이오믹스)'는 국내 기업 팬토믹스가 2021년 발표한 설루션이다.

AI가 수천 장의 심장 MRI 영상 이미지를 인식하고 자동으로 바이오마커를 분석하는 소프트웨어로, 진단 정확도 90.9%와 분석 성공률 99.3%를 기록했다. 게다가 전문가가 집중해도 30분 이상 걸리던 판독이 단 5분 만에 이루어졌다. 마이오믹스는 한국(2등급 의료기기 품목허가), 미국(FDA 시판 전 허가)에서 정식 허가를 획득했고, 태국과 대만에서도 인허가 절차를 밟는 중이다.

◆ 위암 전조증상, AI는 안 놓친다!

암에도 전조증상이란 게 있어서 암 발생을 미리 경고해준다. 그러나 내시경만으로는 전조증상의 확인이 어려워 조직검사를 해야 한다. 이에 국내 기업 프리베노틱스는 조직검사로 전조증상을 진단받은 환자들의 위내시경 영상을 활용해 AI가 병변 특징을 학습하도록 훈련했다. 이렇게 개발한 AI 설루션 '베노틱스'는 영상만으로 이런 암의 전조증상을 잡아낸다. 만약 전조증상을 육안으로 판단하겠다고 하면 53% 정도의 정확도밖에 안 되지만, 베노틱스의 진단 정확도는 90%에 육박한다.

3

고혈압·당뇨·비만,
AI가 관리 돕는다

　많은 이들을 고민에 빠뜨리는 비만, 고혈압, 당뇨 등은 만성질환이다. 다양한 AI 기술이 이런 만성질환의 관리에도 활용되고 있다. 지금부터 한 달 뒤 내 혈압은 어느 정도일까? 그런 것까지 예측해주는 AI 설루션이 나왔을 정도다. 디지털 헬스 기업 라이프시맨틱스가 자체 개발한 '혈압 예측 AI'가 그것이다. 모바일 앱으로 환자가 8주 동안 혈압을 기록하면, AI가 임상 데이터를 기반으로 1주~4주 후 혈압을 예측한다. 환자들의 4주간 혈압과 AI가 예측한 평균 혈압을 비교하는 임상시험까지 성공적으로 끝냈다.

　임상 결과는 어땠을까? 수축기 혈압을 기준으로 AI가 예측한 수치와 실제 측정치 간 오차는 99.39%가 10mmHg 이내였다. 평균 혈압 예측치의 정확도도 모든 지표에서 임상 기준에 부합했다. 그냥 혈압을 재는 수준이 아니라, 혈압이 얼마나 위험한지를 예측해 실시간으로 알려줄 수 있다는 얘기다. 쉬운 말로 표현하자면, AI의 혈압 예측 덕택에 고혈압 환자가 적절한 시점에 치료받을 수 있게 된다는 얘기다.

○ 사용자가 음식 사진을 올리면 AI가 이를 분석해 영양 정보를 자동 제공하는 기술도 있다. AI 헬스케어 스타트업 두잉랩이 개발한 설루션이다. 팔에 혈당측정기 센서를 부착하고 앱에 연동하면, 피를 뽑지 않고도 혈당 데이터를 실시간으로 측정하며 혈당 증가량을 파악해 맞춤형 피드백까지 제공하는 기술도 있다. 랜식의 AI 혈당 관리 설루션 '글루코핏'이다. 혈당 측정 센서와 인슐린을 패치에 담아 팔뚝에 부착하면 자동으로 인슐린을 주입하는 AI 기술도 있다. 헬스케어 기업 메드트로닉의 '스마트 인슐린 펌프'다.

✦ 카카오, 혈액 검사가 왜 필요해?

헬스케어 사업이 플랫폼 기업 카카오의 핵심 신사업이란 사실은 잘 알려져 있다. '기술로 사람을 건강하게'라는 슬로건도 내걸었다. AI, 빅데이터, IoT, 모바일 기술 등을 총동원해서 디지털 헬스케어 서비스에 매진한다는 전략이다. 메디컬 데이터 전문 플랫폼, 혈당 관리, 병원 예약 서비스 등의 여러 사업에서도 카카오는 속도를 내고 있다.

카카오헬스케어의 서비스 앱 '파스타'는 다소 의아한 이름이지만, 팔뚝에 패치 형태로 붙이는 연속혈당측정기(CGM)와 혈당 관리를 서비스한다. 이 앱과 CGM 센서를 연동하면 혈당 관련 데이터를 실시간으로 볼 수 있다. 그간 축적해온 모바일 앱 개발력과 AI 기술이 담겨 있다. 개개인에 특화된 맞춤형 혈당 관리가 가능하다. 비전 AI 기능이 장착돼 있어서 내가 먹으려는 음식을 사진 찍으면 그 음식의 종류, 칼로리, 영양소 등을 알려준다. 그렇게 식사 내용을 분석하기도 하고, 운동, 인슐린, 복약 따위를 기록할 수도 있다.

파스타는 개인뿐만 아니라 의료 현장에도 적용될 수 있다. 파스타로 수집된 이용자 정보를 병원의 전자의무기록과 이어주면 환자의 혈당과 그 변화 그리고 생활 습관까지 의료진이 손쉽게 점검할 수 있다. 파스타 서비스는 당뇨병을 넘어서 당뇨와 연관이 있는 기타 만성질환으로 넓힐 수 있다. 카카오헬스케어는 2024년 일본을 시작으로 해외 시장 개척에도 본격적으로 나선다는 계획이다.

의료기관이 보유한 질 높은 임상 데이터와 다양한 의무 기록은 참으로 방대하다. 이 데이터를 표준화하고 데이터 저장소에 보관하며, 플랫폼을 구축해서 AI로 편리하게 활용하도록 하면 어떨까? 임상 연구를 활성화하고 의료 기술 혁신에도 크게 공헌할 것이다. 카카오헬스케어 사업의 초점은 바로 이런 데이터 활용에 맞춰져 있다. 그리하여 몇몇 대학병원들과 뜻을 모아 '연구 협력 네트워크(R-Alliance)'라는 것을 결성해 AI 기술과 데이터를 교류하면서 함께 연구하고 있다.

이 밖에도 '원격 중환자실 시스템'을 개발해 지역 병원 내 중환자실 현황을 쉽게 파악하도록 했고, '케어챗 서비스'를 개발해 병원 예약, 사전 문진 등을 위해 활용하고 있다. 2024년엔 서비스 범위를 병원비 결제와 실손 청구 등으로 확대할 계획이다.

4

병원 밖으로 나온
메디컬 서비스

디지털 헬스케어 산업에 급성장의 불을 지른 것도 AI 기술이다. 소비자가 이런 기술에 기대하는 건 궁극적으로 건강한 삶이라는 시대상이 반영되었다고나 할까. 질병을 예방하고 정복해서 생명을 지키는 여러 가지 디지털 헬스케어 기술이 개발돼 관련 학회, 전시회, 마켓을 누비고 다닌다. 병원과 실험실에 꽁꽁 갇혀 있던 기술들이 디지털로 풀려나와 시간·장소·환경에 관계없이 개인의 삶을 챙겨줄 미래가 펼쳐진 것이다. 각국 기업들은 AI 첨단 설루션을 접목해 '질병 없는 세상'을 만들기 위한 기술을 앞다투어 개발하고 있다. 실제로 이것은 미래의 가장 '수지맞는' 고수익성 비즈니스가 태어날 확률이 높은 영역이 아닌가. 시장조사업체 Grand View Research(그랜드 뷰 리서치)는 2030년 디지털 헬스케어 세계시장이 8,092억 달러(1,063조 원)에 달할 것으로 전망한다.

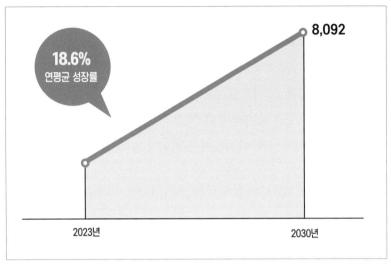

디지털 헬스케어 시장 규모 전망

(단위 : 억 달러)

18.6%
연평균 성장률

8,092

2023년　　　　　2030년

자료 : 그랜드뷰리서치

○ '나'와 똑같은 '디지털 나' 혹은 '나의 디지털 트윈'을 만드는 기술은 프랑스 Dassault Systèmes(다쏘 시스템)의 작품이다. 나의 혈압이나 심박수 등 건강 정보를 센서로 수집해 맞춤형 '가상의 나'를 만드는 것이다. 그런 다음 AI를 통해 내가 어떤 음식이나 약을 먹어야 하는지를 연구해 제안해준다. 인간인 나의 몸속은 바꾸거나 헤집을 수 없지만, '가상의 나(나의 디지털 쌍둥이)'의 장기 들은 맘대로 돌리고, 뒤흔들고, 크기를 조정하고, 없애거나 붙일 수도 있다. 이 희한한 기술은 AI가 900만 명이 참여한 임상에서 축적한 데이터를 정 밀하게 학습했기 때문에 가능하다.

○ 단 한 번의 클릭으로 초음파 영상을 (그것도 100%에 가까운 정확도로) 분석해주는 AI 서비스도 있다. 국내 스타트업 온택트헬스가 상용화했다. 예전 같으면 검사하고 분석하는 데만 한 시간이 넘게 걸리던 일이다. 또 AI가 얼굴 근육 의 움직임이나 음성의 변화를 포착해 알츠하이머·파킨슨 등의 질병을 빠르

게 진단하는 기술도 나왔는데, 영국 BlueSkeye AI(블루스카이 AI)가 개발했다.

✦ 개인 맞춤형 건강 관리 시대

'울트라 개인화'는 디지털 헬스케어의 새 트렌드다. 증상이 같다고 너도나도 같은 치료를 받아서야 되겠는가. 사람마다 건강 상태도 다르고 치료 효과도 제각각인데. 디지털 헬스케어 기술을 활용하면 건강 관리도 치료도 개인 맞춤형으로 할 수 있다.

○ 식사하기 전과 식사 후의 음식 사진을 찍으면, 음식의 종류와 부피가 어떻게 변했는지를 AI가 감지해 칼로리 섭취량을 분석해주는 깜찍한 기술도 있다. 국내 스타트업 누비랩이 개발한 AI 기반 기술이다. 식단 관리가 필요한 사람들, 특히 당뇨병 등의 만성질환 환자에게는 희소식이 될 법하다.

○ 언어가 달라 소통이 어려운 해외에서 아프거나 병에 걸리면 참으로 난감하다. 휴메트릭스라는 스타트업의 AI 설루션은 외국에서도 어렵잖게 병원이나 약국을 이용하게 돕는 기술이다. QR코드에 담긴 건강 정보를 현지 의사나 약사에게 보여주면, 병력 같은 정보가 그 나라 언어로 표시되는 식이다. 굳이 채혈하지 않아도 영양소를 분석하는 AI 기술도 있다. 미국 Vivoo(비부)가 개발한 것으로, 소변을 묻힌 키트를 앱으로 찍으면 단 90초 안에 비타민 등 영양소 9종을 분석해낸다. 이 밖에 뇌에 전기 자극을 가해 수면 장애를 개선하는 AI 기술, 말이 어눌해진 고령자의 대화를 정상적으로 바꿔주는 AI 기술도 나왔다. 참신한 AI 헬스케어 설루션이 스마트워치처럼 이미 우리가 누려왔던 기술이나 플랫폼과 결합하면, 의료계의 AI 혁신은 급속도로 우리 일상에 들어올 수밖에 없다.

✦ AI, 진단 능력이 의사보다 낫네!

로봇 수술 분야를 비롯해 의료계에서 AI 활용이 확산하면서 이미 예상되었던 바다. 미국 의사회는 GPT-4가 진단 정확도, 효율성, 근거 제시 등 의학적인 임상 추론에서 의사보다 뛰어난 능력을 보인다는 연구 결과를 내놓았다. 실제 임상 사례 20개를 바탕으로 양쪽의 진단을 받아 평가했더니, GPT-4는 평균 10점이었고, 내과 주치의 21명은 9점, 레지던트 18명은 8점을 얻었다. AI가 의료 서비스의 질을 본격적으로 개선할 기회를 누리게 될까. 이젠 의사의 경험과 노하우가 꼭 필요하다고 여겨졌던 진단 영역에도 AI가 도전한다. 특히 생성 AI가 의사보다 나은 기본적 진단을 제공한다는 결과가 나오면서, 'AI 의사'에게 진료받는 날이 성큼 다가왔다는 평가도 나온다. 하지만 실제 현장 진료에는 환자와 의사의 상호 작용이 필수다. AI가 의사의 진단 능력을 따라오긴 힘들 거란 반론이 나오는 이유다.

다양한 연구 결과로 AI의 의료 분야 내 우수성이 입증되면서, 글로벌 기업들도 관련 시장에 활발히 진출하고 있다. 구글은 올해 의료 특화 LLM인 'Med-PaLM 2(메드팜 2)'를 공식 출시한 바 있는데, 미국 의료 면허시험에서 정답률 80%로 합격했다는 바로 그 생성 AI 모델이다. 인도, 이스라엘, 네덜란드 등에도 의사가 활용하는 '진단 보조 AI'를 표방하는 기업들이 포진해 있다. 이런 AI 설루션은 뇌 CT 촬영, 엑스레이 촬영, 초음파 등에서 수집된 데이터를 분석해 정확한 진단을 내리도록 도와준다.

그러나, 잠깐, 고려해야 할 문제도 있다. 의사나 의료 전문가의 지도·

감독 없는 AI 단독의 진단은 위험하고 아직은 시기상조라는 공감대가 형성돼 있다. 진단의 정확도를 떠나서, 민감한 의료 정보의 보안이라든가 책임 소재 등 먼저 풀어야 할 복잡한 문제가 있어서다. 주간지 이코노미스트가 보도했듯이, 미국은 현재 GDP의 17%에 해당하는 연 4조 5,000억 달러를 의료비로 지출하고 있는데, 만약 AI 기반의 의료 서비스가 도입되면 3,600억 달러를 절감할 수 있을 터이다. 그럼에도 AI 기술 도입이 늦어지고 있는 현실은 극복해야 할 어려움이 적지 않다는 사실을 암시하는 것 아닐까.

AI가 고치는
마음의 병들

디지털 헬스케어 설루션의 30% 이상이 정신건강 치료를 위한 거라고 한다. 왜 그럴까? 암이나 신체상해 등의 질환보다는 마음의 병을 치료할 때 AI 진단이나 VR 치료가 상대적으로 쉬워서 IT와의 결합이 가장 많이 일어나기 때문이다. 2023년 기준 정신건강 관리를 지원하는 글로벌 앱 시장 규모는 42억 달러로 집계됐는데, 2019년보다 55% 성장한 규모다.

미국에선 정신질환 비대면 진료 플랫폼 Cerebral(세러브럴), 상담 서비스 앱을 운영하는 BetterUp(베터업), AI 정신건강 분석 스타트업 Spring Health(스프링 헬스) 등 정신건강 분야의 유니콘이 이미 여러 개 탄생했다. 한국의 경우, 불면증 인지 치료 앱을 만든 에임메드와 AI 불면증 치료제 '웰트아이'를 만든 웰트 등이 이 분야의 디지털 치료기기 공급사로 꼽힌다.

✦ 심리상담 플랫폼도 '주목'

의료용 진단·치료 설루션 외에 정신건강 관리를 지원하는 스타트업도 관심의 대상이다. 감정의 기록, 심리상담, 명상 콘텐트 등으로 건강한 정신 상태를 추구한다. AI로 뇌파를 분석해 여러 정신질환을 진단하거나 약물치료 대신 앱을 활용해 환자의 습관을 고치기도 한다. 그러니까 정신질환의 진단과 관리에 AI와 VR 같은 첨단 기술을 적용하면서 이 분야에 혁신의 바람이 거세다는 것이다. 특히 주요 기업들이 근로자 지원 프로그램을 확대하고 있는 상황도 이들 스타트업엔 기회다. 사람들이 우울증과 불안장애 등을 좀 더 인식하게 되고 약물 외 치료도 다양해지면서, 정신건강 시장은 빠르게 커지고 있다. 국내 우울증·불안장애 환자는 2021년 통계로 약 180만 명이었으며, 시야를 전 세계로 넓히면 정신건강 관리 시장은 2020년 3,833억 달러(513조 원)에서 2030년엔 5,380억 달러(720

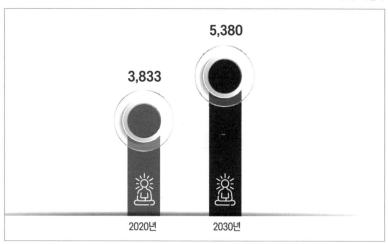

세계 정신건강 케어 시장 규모

(단위 : 억 달러)

5,380

3,833

2020년　　2030년

※ 2030년은 전망치

자료 : 얼라이드 마켓 리서치

조 원)까지 불어날 것으로 예상된다.

○ 정신건강 돌봄 플랫폼 '마인드 카페'에는 삼성전자, 네이버, 현대중공업 등 크고 작은 190여 기업이 고객사로 들어왔다. 모두 직원들의 정신건강 관리를 위해서다. 사실, 전문가 상담과 명상 등 정신건강 관리 콘텐트의 결합은 하나의 세계적 추세로 자리 잡은 형국이다.

○ 머리띠 모양의 우울증 전자약 '마인드 스팀'은 환자 뇌에 전기 자극을 주어 치료한다. 스타트업 와이브레인이 자체 개발한 AI 치료법이다. 하루 30분씩 6주간 치료받은 환자의 62.8%는 우울 증상이 사라졌다는 임상 결과다. 누적 처방 건수가 3만 건을 돌파했다. 오션스바이오가 개발한 또 다른 우울증 치료기는 미주신경이 지나는 왼쪽 귀에 무선이어폰처럼 착용하는 방식이다.

○ KT의 투자를 유치한 손드헬스는 우울 수준을 판별하는 기술이 독특하다. 앱에 목소리를 입력하면 음성의 강약과 높낮이를 분석해 우울증 여부를 가린다. 스타트업 뉴로티엑스는 수면장애 치료를 위한 소형 패치를 개발했다. 코골이나 뒤척임 등 수면 패턴을 AI 센서로 분석하고 미주신경을 자극해 긴장감을 풀어준다. 히포티앤씨의 ADHD 설루션은 아이들에게 VR 기기를 착용시키고 레이싱 같은 미니게임을 하도록 한다. 자연스럽게 ADHD 여부를 진단하고 VR 게임으로 치료까지 연결한다. 기타 정신건강 스타트업으로는 룩시드랩스(메타버스 멘털 케어), 마인즈에이아이(VR 정서 장애 검사), 하이(대화형 불안장애 치료) 등을 들 수 있다.

◆ 동물 의료에도 AI 기술을 활용한다고?

이젠 반려동물 AI 의료 서비스까지 나왔다. SK텔레콤의 '엑스칼리버'는 이미 국내 시장에서 존재감이 상당할 뿐만 아니라, 해외 시장으로도 진출하면서 동시에 진단 대상도 늘려나가고 있다. 반려동물을 키우는 인구가 1,500만 명에 이르렀으니, AI 기술에 의한 반려동물의 의료 복지 증진은 사회적 가치까지 담고 있다고 해야 할까. 장기적으로는 엑스칼리버에서 확보한 기술을 인간 진료에도 활용한다고 하니, 앞으로의 발전 양상이 흥미롭다.

2022년 출시된 엑스칼리버는 기본적으로 반려동물의 엑스레이를 AI로 분석해 수의사의 진단을 돕는다. 동물의 의료 데이터는 워낙 부족해서, SK텔레콤은 데이터 증강 기술을 사용해 양질의 데이터 세트를 개발했다. 명암과 각도에 변화를 주는 등 다양한 환경을 고려한 데이터를 만들고 학습시켜 AI의 성능을 높였다. 판독 결과는 얼마나 정확할까? 대형 동물병원 영상전공 수의사들의 판독 결과를 엑스칼리버의 판독과 비교했더니, 의견 합치의 비율이 84%~97% 수준이었다. 진단 보조 설루션으로 충분히 유효하다는 뜻이다. 이후 설루션의 고도화 노력이 이어졌고, 반려견의 주요 질환을 거의 모두 탐지할 수 있게 된 데다, 개에 이어 고양이도 흉부 5종, 복부 7종을 진단할 수 있게 됐다. 일본 최대 반려동물 보험그룹사와 파트너십을 결성하고, 호주와 싱가포르의 큼직한 의료 기기 유통사와 전략적 파트너십도 체결하는 등, 해외 시장 공략도 시작했다.

제5장

유통 / 물류:
패션 코디부터 미들 마일까지

AI 기술을 품은 유통

✦ 패션 코디하는 챗GPT

쇼핑 영역에서도 생성 AI의 재미있는 활용 사례가 늘고 있다. 구글은 2023년 여름 쇼핑 탭에 'virtual try-on(가상 피팅)' 기능을 추가했다. 이미지 기반 생성 AI 기술을 활용하여 여러 가지 체형뿐 아니라 피부색, 머리 스타일까지 다른 피팅 모델을 골라 옷을 입혀볼 수 있다. 일본에서도 최대 규모의 중고 플랫폼이 이용자와 채팅하며 상품을 추천해주는 생성 AI를 도입한 바 있다.

○소비자의 쇼핑몰 이용 패턴을 AI로 분석해 맞춤형 쇼핑 정보를 제공한다든지, 그런 맞춤형 정보로 인해 소비자가 온라인 쇼핑몰에 더 오래 머무르고 쇼핑몰 매출도 늘어난다든지, 하는 일은 이제 흔히 듣는 얘기가 되었다. 국

내 스타트업이 출시한 '옴니커머스'는 일종의 개인화 쇼핑 AI 설루션으로, 패션 스타일 추천 서비스 '스타일챗'을 운영하는 기반 모델이다. AI가 다양한 상품 이미지로부터 여러 속성을 파악해 개별 소비자에게 맞춤형 쇼핑 정보를 제공한다. 말하자면 스타일챗은 패션 데이터를 학습한 AI 옴니커머스에다 챗GPT를 결합한 서비스로, 이용자의 질문에 적합한 패션 스타일을 제안한다.

○ 전사적인 AI 전환에 박차를 가하는 유통기업으로는 롯데를 들 수 있다. 임직원의 업무와 R&D는 물론이고, 고객 서비스나 상품 전략 등 사업 전반에 AI 기술·서비스를 포용해 효율성과 경쟁력을 끌어올려 AI 시너지 창출을 노린다. 외국인 고객의 쇼핑 편의성을 높여주는 유통업계 최초의 'AI 통역 서비스'가 그 일례다. 외국인이 투명 스크린 앞에서 자국어로 질문하면 한국어로 번역된 문장이 표시된다. 반대로 안내 직원의 한국어 대답은 고객의 언어로 실시간 변환돼 모니터에 뜬다. SK텔레콤의 AI 통역 설루션을 기반으로 13개 언어 동시통역을 지원하는 이 AI 서비스는 일관된 고객 경험을 제공하는 데도 유리할 것이다.

롯데쇼핑이 라일락(LaiLAC)이라는 AI 추진 기구를 만든 것도 눈길을 끈다. 생성 AI 기업 업스테이지와 제휴를 맺고 고객 맞춤 마케팅, 자동화 광고 제작, AI 기반 고객 상담, 수요 예측 등 유통에 특화된 AI 서비스를 개발한다. 또 자체 보유한 4,200만 고객 데이터를 무기 삼아 B2B나 데이터 커머스 같은 새로운 먹거리 발굴에도 AI 기술이 활용된다.

○ 원지랩스는 기업의 홍보용 보도 자료 작성 등 각종 생성 AI 서비스를 개발하는 스타트업인데, 엄청난 투자가 필요한 AI 모델 개발보다 기존 AI 기술

을 활용해 매력적인 서비스를 내놓는 전략을 따라간다. 가령 최근에 선보인 '마이타로'는 GPT를 활용한 타로카드 앱이다. 기존의 온라인 타로와 달리, 미리 준비된 소수의 답변만이 아니라 사용자가 궁금해하는 모든 질문에 적합한 답변을 재빨리 내놓는다. 신규 이용자의 10%가량이 유료 콘텐츠를 사용할 정도로 반응이 좋다고 한다.

✦ '매의 눈'으로 오프라인 매장을 바꾸라

우리나라에서 영업 중인 편의점 브랜드는 모두 4개. 그들이 운영하는 무인 편의점 점포는 3,300개가 넘는다. 2년 새 6배 이상 급증했다. 하지만 대부분 소비자가 구매할 물건을 골라 체크아웃 방식의 키오스크에서 바코드를 찍어 결제한다. 말하자면 '양심에 의존하는' 결제 시스템이다. 물샐틈없는 100% 자동화 방식의 운영은 엄두를 못 낸다. AI 스타트업 파인더스AI가 이런 불편을 해결하겠다고 나섰다. 소비자의 양심이 아니라 AI 기술로 결제를 마무리하는 솔루션을 만든 것이다.

파인더스AI는 완전 무인 점포 기술을 지향했다. 아마존의 아마존고와 비슷하게 AI의 비전 기술을 활용한다. 신용카드 등을 통한 신분 확인을 거쳐 가게에 입장해 물건을 들고나오면 알아서 자동결제까지 해주는 시스템을 개발했다. 특히 기존 무인 매장이 사용하는 고가의 라이다 센서를 값싼 CCTV로 대체함으로써 경쟁력을 확보했다. 무인 시스템 구축 비용부터 저렴하다는 뜻이다. 그 위에다 고도의 AI 기술을 활용해 CCTV 영상 정보를 분석해, 무인화에 필요한 3D 정보를 확보했다. 여러 사람의 팔이 겹쳐서 움직여도 개별 파악이 가능할 정도다. 덕분에 관련 데이터 분석 속도가 경쟁 서비스보다 3배 이상 빨라 비용 절감 효과가 더 늘었다.

✦ 이젠 빅맥 만드는 것도 AI가 관리해

AI는 첨단 기술이 연상되는 테크 기업만의 관심사가 아니다. 패스트 푸드 같은 업계에도 AI를 도입하려는 움직임은 너무나 활발하다. AI 및 디지털 생태계의 발달과 확산에 발맞추려는 노력이다. 맥도날드가 구글 클라우드와의 협업으로 전 세계 점포에 주문 접수용 키오스크라든지 모바일 앱 같은 생성 AI 솔루션을 적용하고 있는 게 좋은 예다. 말하자면, 전 세계의 맥도날드 점포를 수백만 개의 데이터 단위로 연결하겠다는 뜻이다. 맥도날드 제품의 수요·공급 과정 전반을 생성 AI로 일사불란하게 통제한다면, 소비자에게 음식이 전달되기까지 걸리는 시간도 단축되고 레스토랑 운영이 쉽고도 효율적으로 변할 것이며 궁극적으로 영업이익을 증대시키는 효과를 가져올 것이다.

✦ AI가 개발한 아이스크림?

SPC그룹이 운영하는 배스킨라빈스가 생성 AI 등을 활용해 신제품을 개발하는 워크숍을 열었다. 사용자가 원하는 아이스크림의 특성과 이미지를 입력하면 챗GPT가 이를 그대로 살려 제품화하려는 것이다. 이렇게 만든 테스트 제품을 워크숍에서 판매해보고 소비자 반응을 확인한 뒤 정식 출시 여부를 결정한다. AI 덕분에 압도적으로 다양해진 맛으로 신제품을 더 자주 선보일 수 있고, 매장을 재구성할 수도 있게 된다.

✦ AI 로봇의 예리한 '칼질'

돼지고기 삼겹살 단면을 검품하고 AI 장비도 있다. 롯데마트는 지방 비율이 낮고 살코기가 많은 삼겹살을 제공하기 위해 그런 AI 장비를 도입했다. 딥 러닝을 거친 이 AI 장비는 삼겹살을 잘라낸 단면에서 붉은 색깔은 살코기로, 흰 부분은 지방으로 인식한다. 그리고 하얀 기름 부위가 전체 단면의 30%가 넘으면 검품 과정에서 탈락시킨다.

AI 기술 발전과는 무관할 듯한 도축업에도 AI 기술이 스며들고 있다. 소나 돼지의 도축은 힘들고 위험해서 젊은이들의 기피 대상이다. 고기 형태도 제각각이어서 기계의 힘을 빌리기도 어렵다. 로보스란 스타트업은 그런 도축 시장을 오히려 블루오션으로 보았다. 딱히 정해진 형태가 없는 동물의 도축을 빠르고 정확하게 처리하면 성공할 수 있다는 믿음으로, 비전 AI 기술을 개발했다. 뼈와 근육 위치 등 250만 개의 데이터를 투입해 AI를 학습시킴으로써 절개 좌표를 생성하게 한 것. 이어 AI가 개체를 스캔해 좌표를 찍으면 로봇이 그 좌표를 따라 도축한다. AI 소프트웨어와 로봇이 사람 대신 고기를 발라내는 셈이다. 로보스의 AI 설루션은 연산이 빠르고, 정확도가 99.9%에 이른다. 로봇 여러 대를 한꺼번에 투입하면 사람이 하는 일을 거의 모두 AI에 맡길 수 있지 않을까. 내친김에 로보스는 개발한 비정형 AI 기술을 다양한 생물로 확대한다든지, 사육 단계부터 비전 AI를 활용해 가축의 탄생, 성장 상태, 질병 관리, 적정 출하 시점 등을 DB화하는 기술도 준비 중이다.

◆ 맥주 맛 감별하는 'AI 소믈리에'

AI 열풍은 AI 맥주 소믈리에까지 낳았다. 사람이 시음할 필요가 없다. AI가 맥주의 화학 구조와 향 등을 분석해 과학적이고 중립적으로 맥주 맛을 평가하고, 소비자 평가를 예측한다. AI는 수백 가지 아로마 화합물의 농도, 전문가 패널의 꼼꼼한 평가, 18만 소비자의 리뷰 등을 5년간 머신 러닝 기법으로 학습했다. 지역마다 독특한 맥주로 유명한 벨기에의 KU Leuven(루벤 대학교) 맥주 연구소가 이룩한 성과다. 그렇다고 양조장이 사라지는 일은 없을 것이다. 양조법과 레시피는 여전히 중요하니까.

(TIDBITs)

새로 생긴 C-레블, 인공지능 최고책임자 CAIO

미국 선물거래위원회가 사상 최초로 CAIO(Chief AI Officer; 최고인공지능책임자) 직책을 신설했다. 그동안 CEO(최고경영자), CTO(최고기술책임자), CMO(최고마케팅책임자) 등 분야마다 총괄 책임자가 있었지만, 최근 들어 AI 부문의 C-레블(C-level; 최고책임자)이 급증하는 추세다.

CAIO는 데이터와 AI를 보다 전문적으로 다루는 책임자로, 단순히 테크 기업을 넘어서 금융, 의료, 서비스 기업 등 다양한 분야에서 요구된다. AI에 대한 두려움과 불안을 해소하면서 조직 내 AI 배포를 감독하고 인력 효율을 높이며 윤리와 보안을 책임지는 건 기본이고, 비즈니스 발전을 위해 AI 응용법을 연구하고 최신 기술을 업데이트해 기업에 적용하는 업무도 맡는다. 파이낸셜 타임스에 따르면 지난 5년간 CAIO를 지정한 글로벌 기업의 수가 3배로 늘었다. 심지어 백악관도 AI 기술의 책임과 감독을 위해 CAIO를 지정해야 한다고 발표한 바 있다.

2

물류에도
어김없이 AI 열풍

✦ AI가 배차하면 어떤 일이 생길까

화물 운송 업계에도 AI 바람이 거세다. AI 기반 물류에 종사하는 스타트업이 늘었다. AI 기반의 배차는 공차 거리를 줄이고 기사들의 수입 증대에 도움이 된다. 운송비를 즉시 받을 수 있는 건 정산 자동화 플랫폼 덕택이다. 화물 운송을 아예 자율주행 트럭이 맡기도 한다.

소위 '미들 마일' 시장의 변화는 더욱 극적이다. 제조공장과 물류센터 사이의 배송을 뜻하는 미들 마일을 AI가 책임지고 관리하면서 생긴 변화다. 가령 물류 스타트업 로지스팟은 화주에서 차주로 연결되는 과정을 자체 플랫폼으로 압축하고 효율화했다. 대충 이런 순서로 이루어진다. 그들의 앱으로 화주가 배차를 신청한다. AI 알고리즘을 통해 즉시 차주가 선정된다. 운임도 알고리즘에 따라 자동으로 정해진다. 화물 종류와 날씨 등에 따라 매번 달라졌던 운임의 불확실성이 줄어든 것이다. 화주가 직접 전화를 걸어 화물을 접수하고, 운임 견적과 배차 정보도 수기로 작성하던 게 바로 엊그제 일이다. 하지만 로지스팟 같은 물류 혁신 기업들이 등장하면서 업무효율이 빠르게 높아진 거다.

해마다 온라인 쇼핑이 어마어마하게 늘면서 물류 시장의 확대도 불을 보듯 뻔하다. 국내 온라인 쇼핑 거래액은 실제로 2023년 한 해에만 66.4% 증가한 걸로 알려졌다. 시장조사업체 TMR은 2024년 글로벌 물류 시장 규모를 14조1,000억 달러로 예상했다.

일반 물류의 기본 개념도

미들 마일의 최종 목적지인 물류센터에 이르면 어떨까. AI가 상품에 따라 가장 적합한 포장 박스를 추천하고, 가장 효율적인 재고 수량까지 알려준다. 상품을 옮기느라 분주한 로봇의 모습도 볼 수 있다. 자율주행 로봇을 도입한 스마트물류센터는 계속 늘어나고 있다. AI 물류 스타트업 파스토에 의하면 한 해 동안 250만 건의 주문을 로봇이 처리했다. 특성상 물류센터는 대단히 노동집약적이어서, 본격적으로 디지털화가 시작된 건 최근의 일이다. AI 기술의 발전과 더불어 혁신 속도는 훨씬 빨라질 것이다.

　물류 분야에서 자리를 잡아가고 있는 전문 스타트업도 늘어나는 추세다. 로지스팟 외에도 AI와 빅데이터 등을 활용해 최적 경로의 택배 서비스를 제공하고자 하는 브이투브이, 화물 운송료의 결제와 정산 자동화 플랫폼을 개발하는 로지스랩, 화물 운송 주행 데이터를 AI로 수집하고 분석하는 마스오토, 도심형 물류센터 및 실시간 물류 시스템을 추구하는 우아한청년들, 자동화 설비 기반의 스마트 물류센터를 지향하는 파스토 등이 주목받는 이름들이다.

제6장

미디어 / 광고 / 예술:
인간의 고유영역이라니, 천만의 말씀

AI 몫이 된
미디어 콘텐트

✦ AI에 키워드만 넣으면 돼

미디어 산업은 전통적으로 자동화가 어려운 분야로 여겨져 왔던 터라, 상상 이상의 미디어 혁명이 곧 AI에 의해 촉발되리란 예감이 팽배해 있다. 창작은 사람의 고유한 능력 아니던가. 이야기를 다듬어 영상과 음향으로 변환하는 건 예술성을 갖춘 전문가들의 영역 아니던가. 그러나 오디오·비디오 데이터를 다루는 AI 기술이 한층 정교해지고 생성 AI와 결합하며, 장벽은 빠르게 허물어지는 중이다. 영화, 드라마, 동영상 플랫폼을 넘어 AI가 전통의 미디어인 뉴스 미디어(신문·방송) 업계의 콘텐트 생산에도 혁명을 일으킬 거란 예측까지 나온다.

○영국 언론사 Newsquest(뉴스퀘스트)는 방대한 정부 자료를 분석해서 기사로

만드는 데 챗GPT를 이용하고, 노르웨이 미디어 기업 Schibsted(쉽스테드)는 자신들의 신문에 실린 기사 내용을 AI 기술로 간단히 축약해서 보여준다. 프랑스 일간지 Le Monde(르 몽드)는 영문판 뉴스 서비스에 AI 번역 기술을 이용한다. 프랑스어 기사를 영어로 바꾸는 작업은 AI가, 이를 검수해 인터넷에 올리는 것은 기자 출신 번역가가 맡는 것. 일본에는 AI를 이용한 '인터뷰 도우미' 기술로 인터뷰 내용을 텍스트로 바꿔주고 이를 질문별로 요약해 정리해주는가 하면, 보고서나 기사로 만들기 쉽게 다듬어주기도 하는 미디어 스타트업 리모가 있다.

직접 미디어 산업에 종사하는 이들은 이러한 AI의 침범을 어떻게 생각할까? 물론 환영하고 만족하는 이들도 있다. 영상을 제작하는 데 걸리는 시간이 10분의 1로 줄어드는데, 싫어할 이유가 없지 않겠는가. 반대로 걱정부터 하는 사람들도 적지 않다. AI가 가져오는 분명한 혜택에도 불구하고, 갈수록 발전하는 AI 기술이 미디어 기사나 영상 리포트까지 파고들면 신뢰의 문제가 생기고 말 거라는 얘기다.

반응이야 어떻든, AI 기술이 미디어 업계 전반의 콘텐트 생산 체계로 도입되는 건 막을 수 없는 추세다. 2025년이면 전체 미디어 콘텐트의 90%를 생성 AI가 만들 거란 전망까지 나오고 있으니 말이다. 개인 창작자들이나 혁신에 뒤처졌던 전통 미디어들도 앞으로 AI가 적용된 기술이며, 도구며, 서비스를 활용해 다양한 콘텐트를 쏟아낼 것이다. 미디어 시장의 경쟁은 AI로 인해 더욱 치열해질 뿐만 아니라 흐름을 예측하기도 자꾸 어려워질 것이다.

◆ 질 높은 콘텐트로 학습한 AI

AI를 학습시키고 AI 서비스를 구동하려면 텍스트이든 이미지이든 질 높은 콘텐트가 필수다. AI의 성능과 품질을 고도화하기 위해서 미디어 콘텐트는 핵심 요소다. AI를 좀 더 똑똑하게 만들어주는 유일한 데이터 묶음이 바로 미디어 콘텐트이기 때문이다. 언론의 콘텐트는 기본적으로 사실 여부(팩트)를 체크한다. 게다가 심층 분석도 하고 탐사의 시각까지 담고 있는데, 이것은 AI가 감히 흉내 낼 수 없는 일이다. 바꿔 말하면, AI가 허위 정보와 가짜뉴스로 인해 오염되는 일을 양질의 미디어 콘텐트로 막을 수 있다는 뜻이다. 얼토당토않은 답이나 허위 정보까지 만들어내는 AI는 그걸 제공하는 빅 테크의 신뢰성에도 심각한 타격을 준다. 하지만 생성 AI의 사전학습에 권위 있고 믿을 만한 뉴스 콘텐트를 사용하면, 기존 학습 과정의 번거로움도 상당 부분 줄일 수 있고 답변의 품질도 보장할 수 있다

이제 AI는 '멀티모덜' 기능으로 나아가고 있어서, 사용자의 프롬프트도 다양한 모드로 입력할 수 있고, AI가 생성하는 결과물도 다양한 모드로 이루어진다. 텍스트, 이미지, 음성, 동영상 등을 자유자재로 넘나든다. AI가 아예 미술 작품을 만들고 작곡하며 책도 쓰고 웹툰도 그린다. 인류의 삶을 깊숙이 물들일 AI 시대에 창의가 무슨 수로 '인간의 전유물'로 남겠는가.

미디어와 콘텐트 산업에는 언어장벽이 있었다. 텍스트·이미지·영상 등으로 정형화된 콘텐트의 한계도 있었다. 그래서 국가별·언어별 경계가 뚜렷했다. 그런 미디어 업계에도 챗GPT를 비롯한 생성 AI의 등장과 전

례 없는 도약은 큰 기회가 아닐까. 미디어·엔터테인먼트 분야에 국한해서 본 AI 시장 규모가 연평균 26%나 성장할 거라고 예상한 시장조사 업체도 있다. 그들에 따르면, 2022년 148억1,000만 달러(19조901억 원) 규모였던 이 시장이 2030년엔 994억8,000만 달러에 이를 전망이다.

2

광고 업그레이드는
AI에 맡겨

✦ 간접광고, "어, 촬영 땐 없었는데."

○ 몰로코는 특이하게도 머신 러닝 광고 모델을 제공하는 기업이다. 광고가 정말 구매로 연결됐는지를 측정하고 최적화하는 AI 광고 설루션이 자랑이다. 삼성증권과 손잡고 계좌 개설을 유도하는 마케팅 캠페인을 벌였는데, 몰로코의 AI 모델은 계좌 개설 확률이 가장 높은 이용자를 탐색해 광고를 노출했다. 결과는? 캠페인 기간 앱 설치가 10배, 계좌 개설 건수는 42% 늘었다. 금융업의 특성을 고려해 다양한 테스트를 지원받은 몰로코의 AI 기술이 최적의 결과를 가져온 것이다. 참고로 몰로코는 기업가치가 2년 만에 40% 증가해 20억 달러(약 2조6740억 원)에 이르는 유니콘 기업이다.

AI를 활용한 이미지 삽입도 화제다. 촬영이 완료된 콘텐츠에 AI로 광고 제품을 자연스럽게 넣어주는 기술이다. 말하자면 사후에 AI로 새로 그려 넣은 간접광고(PPL)다. 예전처럼 광고주가 PPL 진행을 위해 촬영 당일 현장에 제품을 일일이 배치할 필요가 없어졌다. 또 촬영하기 훨씬 전에 PPL 광고 계약을 체결하고 제품을 실제 현장에 배치하기까지 5개월~1년가량 기다리는 일도 필요 없어졌다. 촬영이 다 끝난 후에도 AI로 간접광고를 쉽게 삽입할 수 있기 때문이다.

○ 2024년 모바일 월드 콩그레스에서 KT와 나스미디어가 소개한 'AI 문맥 맞춤 광고 서비스'는 AI가 온라인 뉴스의 문맥을 정확히 인식·분석해 맞춤형 광고를 제공한다. 그러니까, 본문에 있는 키워드만으로 무조건 연관 광고를 매칭하는 기존 서비스와는 다르다는 얘기다. 그들은 이런 예를 들었다. 뉴스에서 매트리스를 이용한 범죄 사건을 보도하고 있는데, 거기다 뉴스의 맥락을 무시한 채 매트리스 광고를 척 붙인다면 어찌 되겠는가. 그들의 AI 서비스는 뉴스나 기사의 문맥까지 정확히 읽어내 광고를 결정한다. 자체 개발한 LLM 기술로 AI 기능을 업그레이드했기에 가능한 일이다.

광고 시장에 AI 기술이 본격적으로 적용되면서 소위 애드테크(광고+기술) 산업에도 크고 작은 돌풍을 일으키고 있다. 예전에는 주로 광고의 관리 영역, 즉, 광고 타깃 설정(targeting)이나 최적화 같은 데만 AI가 쓰였는데, 이제 생성 AI 기술이 발전하면서 광고를 만드는(창작) 데도 AI가 적극적으로 활용되고 있다. 한 시장조사업체의 전망을 빌자면, 세계 AI 마케팅 시장은 2023년의 5,800억 달러에서 2031년 1조6,890억 달러까지 급속히 확대할 수 있다.

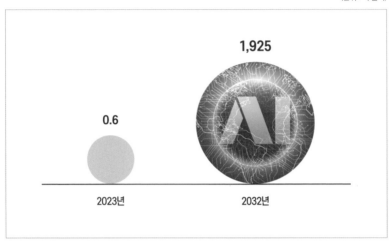

커지는 생성 AI 광고 시장

(단위 : 억 달러)

1,925

0.6

2023년   2032년

※ 2032년은 전망치 기준   자료 : 메조미디어

✦ 검색어 입력하면 영업은 AI가 알아서 한다고?

네이버는 2024년 1월 말 나이키와 함께 국내 최초로 생성 AI를 활용한 광고를 선보였다. '클로바 포 애드(CLOVA for AD)'라는 이 광고 상품 서비스는 자체 생성 AI 하이퍼클로바X를 기반으로 한다. 요컨대 '오프라인 매장의 브랜드 매니저 역할'을 대신하는 생성 AI라고 정의하면 이해하기 쉽지 않을까. 자연스러운 대화로 상품에 대한 궁금증을 풀어주는 건 기본, 그 브랜드의 최신 주력 상품까지 무리함 없이 광고한다. 상품 추천부터 구매까지의 모든 과정을 생성 AI가 맡아 하는 셈이다.

이 AI 모델은 광고 브랜드가 보유하고 제안한 자체 콘텐트를 중심으로 답변을 생성한다. 이어지는 대화를 통해 소비자의 구매 의도를 주문이라는 결실로 유도하는 게 클로바 포 애드의 핵심 경쟁력이다. 사용자는 대화하면서 더 효율적으로 상품 정보를 얻는다. 또 예컨대 구두를 구매하고자 하는 사용자가 어떤 굽 높이를 검색하면, 그 정보를 제공하면서 동시 접속 가능한 구매 링크도 함께 제공한다. 중요한 것은 최종 구매로 이어질 가능성이 얼마나 크냐다. 시범 운영 기간에 클로바 포 애드로 노출된 광고는 기존 배너 광고보다 클릭률이 20%쯤 높았고, 소비자 10명 중 3명이 광고주 사이트로 이동해 제품을 검색했다. 광고주는 클로바 포 애드로 높은 구매율을 기대할 수 있다는 중평이다.

생성 AI 광고가 디지털 광고 시장의 '메기'가 될 수 있을까? 업계는 긍정의 답을 내놓는다. 디지털 마케팅 기업 메조미디어는 생성 AI 광고 시장 규모가 2023년 추산 803억 원 수준에서 2032년엔 약 257조5,650억 원으로 커질 것으로 전망했다.

AI,
창작과 예술까지 넘보다

지금까지 그렇게 말하는 사람들이 많았다. 예술과 창의력은 그저 배우고 익히고 흉내 낸다고 되는 게 아니라고. 상상력과 경험이 필요하고, 표현력과 감정이 투영되어야 가능하다고. 고로 예술적 창작은 인간 고유의 '마지막 영토'라고. 우리는 대충 그런 이야기를 들으며 자랐다. 그래서인지, '저작권'이나 '지식재산권' 같은 권리를 누리는 주체도 인간으로 한정돼 있다. 그런데 그건 사실일까? 창의력은 정말 인간에 국한되고, 예술적인 창조는 인간만이 할 수 있는 걸까? 챗GPT와 생성 AI 혁명이 시작된 이후 변하고 있는 현실은 오히려 그 반대를 가리킨다. 인간은 오히려 생성 AI의 결과물을 창작에 써먹는다. 아예 AI가 인간의 창작을 대체해버리기도 한다. 아니, 그게 지금의 주된 흐름인 것 같다. 혹시, 인간보다는 AI가 원래부터(속성상) 창작이라는 작업에 훨씬 더 적합한 게 아닐까. 어쩌면, 창의야말로 AI가 가장 자신 있어 하는 영역 아닐까. 이 AI라는 놈은 무엇을 어떻게 학습·훈련했는지, 붓 한 번 잡아보지 않고서 멋진 그림을 만들어낸다. 피아노 한 번 두드리지 않고도 원하는 분위기의 음악을 만들어낸다. 눈 깜짝할 새 시도 짓고 그럴듯한 소설도 쓱쓱 써낸다. 우리는 자문하지 않을 수 없다. 창작이란 게 도대체 뭐지? AGI가 궁극의 목표가 된 가운데, 예술과 창작은 AI의 능력을 가늠할 최적의 잣대가 되었다. 동시에 그것이 예술의 종말을 초래할지 모른다는 역설적 두려움도 크다. AI는 오히려 창의적인 일자리부터 먼저 대체할 거란 역사학자 유발 하라리의 경고가 새삼 절절히 느껴진다.

○나는 2023년에 펴낸 책 <챗GPT 혁명>에서 'Théâtre D'opéra Spatial(스페이스 오페라 극장)'이란 미술 작품을 이미지와 함께 자세히 소개한 바 있다. 콜로라도 주립 박람회에서 디지털 아트 부문 1위를 차지했는데, 그 작가는 화가가 아니라 게임 기획자였고 실제 그림은 생성 AI가 그렸다. 수백 개의 프롬프트를 투입하고서야 그림이 완성됐을 테지만 작가는 디테일 공개를 거부했다. 이 그림은 독창적인 창작물인가? 예술적 창조의 결과물로 볼 수 있는가? 경쟁에 참여할 자격을 줘야 하는가? 창작이라면, 그 주체는 게임 기획자인가 혹은 생성 AI인가? 아직은 답할 수 없는 질문들이 꼬리를 문다. 한국에서도 높은 인기를 구가하는 현대 영국 화가 Damian Hirst(데이미언 허스트)도 그러지 않았던가. 작품의 개념만 잘 전달된다면, 누가 그리는 작업을 수행했는지가 무에 중요하냐고. '그림은 화가가 직접' 그려야 한다는 통념은 아무래도 AI 시대를 견디어 살아남을 수 없을 것 같다.

✦ 예술작품 열의 하나를 AI가 만든다면

AI 예술 시장은 (시장이라고 부를 수 있을지 모르지만) 지속 성장이 예측된다. 생성 AI가 만들어내는 예술작품의 시장 규모가 2022년의 2억1,200만 달러 수준에서 해마다 평균 40.5% 증가할 거라고 내다본 시장조사업체도 있다. 그렇다면 2032년엔 58억4,000만 달러짜리 거대 시장이 될 거란 얘기다. 같은 조사업체는 또 2025년 AI가 생성한 콘텐트가 전체 콘텐트 시장에서 10% 정도의 비중을 차지할 거라 했다. 예술작품의 10분의 1을 이런저런 AI가 만들었다고 생각해보라, 어떤가.

예술을 가르치는 일에도 AI는 주요한 무기가 되고 있다. 갈수록 AI를 붓으로, 피아노로 보는 것이다. 학생들이 각자 AI와 더불어 시를 쓴다, 그 시를 AI로 통합한다, 그리고 관련되는 이미지를 AI로 생성한다. 이런 식의 학습이 'AI 시대의 예술'을 가르치고 배우는 모습일지 모른다. 생성 AI를 이용하는 데 필요한 기술만 있으면 누구나 예술가가 될 수 있다는 뜻일까? 그것만으로 감동을 줄 수 없을지는 모르지만, 감동이란 워낙 주관적인 것 아닌가? 어쩌면, 예술로 감동을 줄 필요가 없는 게 AI의 시대 아닐까?

✦ 생성 AI, 그림 넘어 음악까지 넘보다

생성 AI 기술이 텍스트와 이미지 모드를 넘어 음원 시장에까지 적용됨은 조금도 놀랍지 않다. 구글이 AI 음악 생성 도구 'MusicLM(뮤직LM)'을 앱 형태의 서비스로 상용화하자, 메타는 자체 AI 기술을 적용한 음악 생성 도구인 'MusicGen(뮤직젠)'으로 응수했다. 그들의 AI는 1만여 개의 곡과 39만여 개의 악기별 트랙 등 2만 시간에 달하는 연주를 사전 학습했다. 이런 서비스로 할 수 있는 음악 창작 방식은 다양하다. 베토벤 교향곡의 도입부를 제시하고 그것을 가령 '일요일 아침 서재에서 느긋하게 들을 수 있는 재즈 형식으로' 바꿔 달라고 입력하면 2분 만에 원하는 분위기의 재즈곡이 탄생한다. 메타는 사용자가 서비스를 미리 체험할 수 있도록 12초짜리 테스트 음악 생성을 위한 무료 버전까지 제공한다.

챗GPT를 개발한 오픈AI는 이미 2020년에 'Jukebox(주크박스)'라는 AI 기반 음악 생성 기술을 확보해놓았지만, 아직 음원 시장에 진출하진 않고 있다. 한편 애플은 AI로 주문형 음악을 생성하는 영국 스타트업 AI Music(AI 뮤직)을 인수하면서 이 분야의 AI 기술력을 확보했다. 우리나라의 경우, AI로 음원을 생성하는 서비스 분야의 대표주자는 포자랩스라는 스타트업이다. 지니뮤직이 AI 기술로 구현한 악보 기반 편곡 서비스 '지니리라'도 있다. AI가 디지털 악보를 그려 주고 이용자는 그 악보를 편

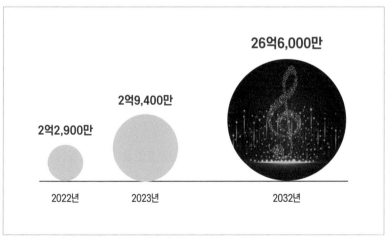

세계 음악 생성 AI 시장 전망

(단위 : 달러)

26억6,000만

2억9,400만

2억2,900만

2022년   2023년   2032년

※ 2023년과 2032년은 추정치임

자료 : 마켓닷어스

집해 편곡까지 할 수 있는 서비스다. AI를 이용한 작곡 대중화 시대가 열릴지도 모르겠다.

크고 작은 기업들이 음악 생성 시장에 눈독을 들이는 것은 비교적 수월하게 수익을 실현할 수 있다고 판단하기 때문이다. 특히 저작권 침해 논쟁을 걱정하지 않아도 되면서 들을 만한 배경음악을 찾는 수요자가 급증하고 있다. 생성 AI는 이런 수요를 효율적으로 만족시킬 수 있다. 시장분석업체 Market.us(마켓닷어스)에 따르면 2032년 음악 생성 AI의 글로벌 시장 규모는 지금의 11배 이상으로 성장해 26억6,000만 달러(약 3조 3,800억 원)에 이를 전망이다.

✦ 비틀스와 밤양갱

2023년 겨울, 비틀스의 마지막 노래라는 「Now and Then(나우 앤드 덴)」이 공개됐다. 1970년대 말 녹음된 존 레넌의 목소리를 AI 기술로 다른 비틀스 멤버들의 연주와 합쳐 만들었다. 1995년에도 같은 시도를 했으나 실패했는데, 이번에는 생성 AI의 목소리 추출·복원 기능 덕분에 성공시킬 수 있었다. AI가 어떻게 인간의 예술을 보조할 수 있는지를 보여준 사건이었다. 하지만 AI의 창작 능력은 거기서 멈추지 않는다. 사람의 창작을 돕는 수준을 넘어 창작의 개념조차 바꾸는 단계에 와 있다.

비비의 오리지널 「밤양갱」과 함께 AI가 만들어낸 온갖 버전의 「밤양갱」들이 덩달아 인기다. 황정민이 출연한 영화에서 장면을 하나하나 따와 황정민 목소리로 리믹스해 만든 버전, 이건 시작에 불과하다. 개그맨과 인기가수가 부른 커버 버전, 김정은이 노래한 버전까지 있다. 물론 그들이 부른 게 아니라, AI를 학습시켜 만든 'AI 커버' 버전이다. AI가 학습한 목소리 데이터를 노래에 덮어씌우는 원리라 아주 간단하다. AI가 딥 러닝 할 때 노래, 대사, 말, 숨소리까지 포착해 깡그리 학습하기 때문에 AI 커버 버전인지조차 까맣게 모를 정도로 품질이 뛰어나다.

AI는 동서양 가수들이 자유롭게 곡을 바꿔 부르게도 한다. 브루노 마스가 뉴진스 노래를 부르는 AI 커버 영상은 조회 수 200만 회를 넘겼다. 죽은 인기가수들이 최신곡을 불러주는 기적도 척척 만들어낸다. 무단으로 남의 목소리를 썼으니 AI 커버는 저작권 침해 아니냐는 논쟁이 당연히 따른다. 아예 돈 받고 사용자 목소리로 AI 커버를 제작해주는 유료 사이트까지 등장했다. 유명 가수들이 신곡을 낼 때마다 이런 AI 커버 버전이 우후죽순 쏟아진다.

음악계에서 AI가 일으키는 문제는 커버만이 아니다. AI 믹싱·마스터링·샘플링에다 가상 악기 프로그램까지 나와 인기곡의 장르까지 자유자재로(가령 댄스곡을 재즈나 록으로, 고전음악을 트롯 형식으로) 바꾼다. AI 커버를 이용한 가짜 신곡까지 출몰한다. 생성 AI가 저작권을 마구 침해하는 꼴이다. AI 프로그램만 있으면 누구나 음원을 자유자재로 만드는 시대가 올 것 같다.

기획사·음반사들은 상황이 너무 급속히 변하고 있어 서로 논쟁을 벌이면서도 저작권 논란에 어떻게 대처해야 할지 감도 잡지 못하고 있다. 가수 목소리에 무슨 권리가 있는 것도 아니고. 가수들의 위기감도 크다. 이런 질문이 나오는 것도 무리가 아니다. 누가 뭐래도 노래는 AI로 안 될 거라 믿었는데, 이러면 진짜 가수가 리코딩을 왜 하냐?

✦ 유용하고 긍정적인 딥페이크

딥페이크는 AI 기술의 태생적인 문제점 가운데 하나로 여러 방면에서 나쁜 짓을 벌이는 말썽꾸러기다. 하지만 유용하고 좋은 딥페이크도 있다. 첨단 AI 기술로 이미지와 영상을 만들어내 영화·드라마 산업의 핵심 기술로 부상한 딥페이크가 바로 그런 예다. 제작비와 인건비가 점점 늘어나면서 이런 딥페이크는 비용 절감과 효율화에 없어선 안 될 요소가 돼 있다. AI 기술 발전이 빨라지면서 유용하고 긍정적인 딥페이크는 앞으로 콘텐트 산업에서 더욱 중요해질 것이다.

예전에는 배우의 젊은 시절 모습이 필요할 때 아날로그적인 방법을 동원했다. 배우가 연기한 영상에서 컴퓨터 소프트웨어로 주름살을 지우고 피부를 화사하게 매만지고 얼굴 윤곽도 다듬어 나이를 적당히 되돌린 것. 그러나 어색하고 억지스러웠다. 주름살이 있느냐 없느냐의 차이 정도여서, 나이에 따른 근육의 섬세한 변화는 표현할 엄두도 못 냈다. 그뿐인가, 시간과 비용이 너무 많이 들어 장면이 많으면 쓸 수 없는 방식이다. 이제 딥페이크 기술이 등장해 상황이 달라졌다. 배우들이 젊은 시절에 촬영한 영화 2년 분량을 AI가 학습하도록 한다. 이를 토대로 원하는 연령대, 표정, 카메라 각도, 조명을 고려해 각 장면에 맞는 배우의 젊은 시절을 첨단 AI로 구현한다. 배우가 혼자 여러 연령대를 자연스럽게 넘나드는 것도 어렵지 않다. 「인디애나 존스: 운명의 다이얼」에서 80세의 해리슨 포드가 40대의 활약을 연기한 것, 기억하는가? 「국제시장」에서 황정민의 실감 나는 20대 모습, 기억하는가? 모두 AI 딥페이크 덕분이다.

딥페이크와 함께 지금 할리우드가 즐겨 사용하는 '보이스 러닝'은 목소리를 AI로 구현하는 기술이다. 「탑건: 매버릭」에서 배우 발 킬머가 실제로 수술후유증으로 목소리를 낼 수 없게 되자, 그의 과거 목소리를 학습한 AI가 영화 속 나이에 맞는 목소리를 만들어냈다. 「스타워즈」에서 주인공 스카이워커 역을 맡았던 68세의 마크 해밀이 최근 디즈니 드라마에 출연했는데, 여기선 그의 20대 시절 목소리가 나온다. 젊은 시절 그의 음성을 생성하는 데 2시간도 안 걸렸다고 하니 놀라울 뿐이다.

❷ 언어장벽까지 허무는 AI 기술

주변 언어를 이해할 수 있게 만들어주는 물고기가 나오는 SF 소설이 있었다. 바벨 피시라는 이름의 이 물고기를 귀에 넣으면, 뇌파 에너지를 빨아들여 주위에서 들리는 언어를 바로 이해하도록 도와준다는 원리다. 흥미롭게도 AI 기술의 급속한 발전은 이 바벨 피시를 현실로 만들고 있다. 가령 해외여행 도중 택시 기사와 소통이 안 되는가? 스마트폰 번역 앱을 이용하면 한국어로도 얼마든지 목적지를 정확하게 알려줄 수 있다. 혹은 식당 메뉴판을 이해할 수 없는가? 스마트폰 카메라만 들이대면 외국어 음식 이름이 순식간에 한국어로 바뀐다. 극복할 수 없을 것만 같았던 언어의 장벽이 AI 기술에 허물어지고 있다.

이 신통한 번역 기술의 배후에는 NMT(Neural Machine Translation; 인공 신경망 번역)이라는 기술이 있다. 기계 학습을 통해 AI가 전체 문맥을 통째 파악한 뒤, 각 단어의 순서와 의미 차이 등을 기반으로 번역하는 것이 NMT 기술이다. 단어의 의미를 더 정교하게 번역해 '밤(chestnut)'과 '밤

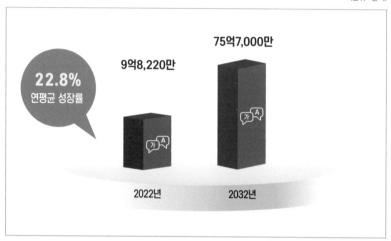

글로벌 기계 번역 시장 규모 성장 전망

(단위 : 달러)

22.8%
연평균 성장률

9억8,220만

75억7,000만

2022년

2032년

자료 : 글로벌마켓 인사이츠

(night)'을 구별해낸다. 문장을 단어나 구절로 쪼개 통계적으로 가장 유사한 의미를 찾던 종전 번역 방식의 한계를 극복했다. NMT 기술은 소통의 폭을 크게 넓혔고, 기계 번역 세계시장 규모도 연평균 22.8% 성장해 2032년엔 75억7,000만 달러(9조9,000억 원)로 커질 전망이다.

AI로 활짝 꽃핀 번역 기술은 이제 텍스트 영역을 넘어서고 있다. 약 100가지 언어를 인식하고 번역할 수 있는 메타의 AI 모델 'SeamlessM4T(심리스M4T)'가 그런 예다. 텍스트 대 음성, 음성 대 텍스트, 음성 대 음성, 텍스트 대 텍스트 등 여러 '모드'의 번역을 제공하니까 말이다. 구글 역시 USM(Universal Speech Model)이라고 해서 희귀한 언어까지 포함한 400여 종 언어의 음성 번역을 지원한다. 이젠 번역의 영역에서도 AI 기술은 멀티모덜 기능으로 진화하고 있다.

◆ 번역, 소통의 범위까지 넓히다

○ 메타버스 환경에서 게임과 채팅으로 친구를 사귈 수 있는 Roblox(로블록스) 플랫폼에는 16개 언어 자동 채팅 번역 기능이 탑재돼 있어, 언어에 상관없이 자유로운 소통을 즐길 수 있다. 고도의 번역 기술로 인종과 문화 차이를 극복하고 소통 범위를 넓힌다. 아울러 이런 AI 번역 기능은 사용자의 체류 시간과 채팅 참여도도 높여줄 것이다. 삼성전자가 세계 최초로 출시한 AI 폰 역시 앞서 자세히 설명한 바와 같은 AI 자동 번역 기능을 품고 있으며, SK텔레콤의 '에이닷' 서비스도 통화 중 실시간 통역을 도와준다.

○ 온라인 화상 회의에 활용할 수 있는 다국어 실시간 통역 기술도 하나둘 모습을 드러내고 있다. 광주과학기술원에서는 교수가 한국어로 강의하면 화면 하단에 실시간으로 영어 자막이 뜬다. 한국어 강의를 듣는 외국인 학생들을 배려한 대책이다. 강의실에 설치된 마이크가 강의 내용을 인식해 온라인으로 보내고, 번역 전문 AI가 이를 영어로 번역해 화면에 띄워주는 것. 실시간 번역인 데다, 90% 이상의 정확도를 자랑한다. 한국어를 영어 텍스트가 아니라 영어 음성으로 송출하는 시스템도 준비 중이라 한다.

○ 옛날 한자로 쓰인 방대한 분량의 고서를 번역하는 AI 서비스도 개발됐다. 다양한 모양의 한자 1,000만여 개 데이터를 학습해 고문서를 인식하고 번역하는 AI 플랫폼이다. 원문의 희미한 글자를 일일이 확인해 번역했던 고서 번역자의 작업 시간을 대폭 줄여주는 이 알고리즘은 한자 인식 정확도 92%, 번역 정확도 85%의 성능이다. 번역가들이 공동 작업을 할 수 있도록 특수 용어 공유 기능도 제공한다. 2024년부터 본격 시작될 서비스는 3만여 종의 고서와 수십만 점의 고문서를 번역할 전망이다.

제7장

게임 / 콘텐트 / 메타버스:
AI 덕분에 죽다 살지도 모릅니다

✦ 이젠 생성 AI를 '허'하노라

게임이나 웹툰, 웹소설부터 콘텐트 산업 전반에도 AI 기술이 속속 접목되고 있다. AI를 활용한 게임을 받아들일까 망설이던 세계 최대의 온라인 게임 플랫폼 Steam(스팀)은 결국 AI로 만든 게임의 출시를 허용했다. AI가 만든 그래픽이나 코드나 사운드를 쓴 게임, 혹은 실시간으로 AI가 적용되는 게임도 이제 스팀에서 판매할 수 있다. 한편 MS는 프롬프트만 주면 게임 스크립트, 대화 내용, 스토리 등을 자세히 만들어주는 AI 엔진을 개발 중이다. 이는 게임 콘솔 'Xbox(엑스박스)'의 게임을 위한 AI 도구로 쓰일 것이다. 또 핀란드 게임 업체 'BeatMagic(비트매직)'이 공개한 플랫폼에서는 프롬프트만 입력하면 3인칭 3D 게임을 만들어주는 등, 생성 AI로 게임을 만들 수 있다.

여태껏 생성 AI를 금기시하던 게임·엔터테인먼트·콘텐트 업계가 입장을 대폭 수정하는 모습이다. 그동안 이들 분야에선 AI 사용에 대한 반감이 컸지만, 어떡하겠는가, 창작자가 AI를 협업 도구로 사용하면 비용도 절감되고 업무효율이 분명히 올라가는 것을? AI가 인간의 창작 영역을 위협한다며 할리우드 작가들까지 파업에 나서고 아우성을 쳤지만, 거대한 변화의 흐름을 막을 수는 없었다. AI 기술은 경쟁해야 할 어떤 상대가 아니라, 비즈니스와 일상의 근간이 되어버린 것이다.

✦ 게임·웹툰·영상까지 AI

네이버웹툰은 사진을 간단히 웹툰 풍으로 바꿔주는 툰필터, 스케치 맥락에 맞게 자연스러운 채색을 도와주는 웹툰 AI 페인터, 콘텐트 저작권 보호를 위해 자체 개발한 툰레이더, 유해 콘텐트 차단과 웹툰 플랫폼 운영에 특화된 엑스파이더, 웹툰 전용 편집 툴에 이르기까지 다양한 서비스에 AI 기술을 입혔다. AI 기술을 바탕으로 기술 혁신까지 더해 진정한 '스토리테크 플랫폼'으로 거듭난다는 목표다. 카카오엔터테인먼트 역시 장기적으로 생성 AI가 접목된 창작 도구의 개발이라는 목표를 공유한다.

만화 종주국인 일본에서도 생성 AI 활용이라는 추세는 마찬가지. AI 활용도는 계속 높아지고 있다. 일본 업체 AI 허브는 간단한 스케치만 올리면 수십 초 만에 착색에다 테두리 작업까지 마친 일러스트를 여러 장 만들어주는 AI 도구를 제공한다. 이 도구는 영국 스터빌리티 AI의 이미지 800만 개를 학습한 터라, 초보자가 대충대충 그린 그림도 만화처럼 바꿔준다.

AI 기반으로 콘텐트를 만드는 일 앞에 마냥 꽃길만 펼쳐진 건 아니다. AI 학습에 투입되는 데이터와 AI가 생성해 내놓는 결과물에 대한 저작권 문제는 누구도 확언할 수 없이 모호한 채로 업계의 우려를 자아내고 있다. AI가 만든 생성물의 저작권을 인정할 수 없지만, 거기에 인간이 창의적으로 수정·증감 같은 '추가 작업'을 하면 일부 저작권을 등록할 수 있다는 문화체육관광부의 방침이 있긴 하다. 하지만 저작권을 인정받을 수 있는 구체적인 상황은 명시된 바 없다. 쉬이 해결될 문제가 아니다.

◆ AI 열풍에 말라죽던 메타버스 부활하나?

3년~4년 전만 해도 수많은 비즈니스 리더와 투자자들이 환호했던 메타버스. 제대로 된 개념이 만들어지기도 전에 성급하게 갈채 받은 신기술, 메타버스. 팬데믹으로 열풍이 불었다가 엔데믹과 함께 순식간에 꺼져버린 메타버스. 확실한 수익 모델의 부재와 미래 사업성의 불투명 때문에 한순간 사라지다시피 했던 메타버스. 2023년에 이르면 메타버스를 사업으로 생각하는 국내 기업이 거의 없을 정도로 밀려나고 잊혀버렸다. 특히 팬데믹이 끝나고 일상 회복 단계에 들어가자 콘텐츠 부족과 기기의 불편함 등 단점이 날카롭게 드러나면서 시장은 차갑게 식었다. 유통업계까지 모두 손을 뗀 메타버스의 '빙하기'가 끝나는 모습을 곧 볼 수 있을까?

메타버스는 과연 챗GPT와 생성 AI 혁명으로 어떤 영향을 받을까? 조심스럽지만 메타버스가 부활을 이야기하는 이들이 늘고 있다. 일부 국내 기업들도 2024년이 메타버스 해빙기가 될 것을 기대하고 있다. 희망의 근거는? 멀티모델 기능으로 무장한 생성 AI를 활용하면 메타버스 내에서 더 매혹적이고 정교한 환경을 손쉽게 만들 수 있다는 걸 이유로 든다. 음성이나 문자로 더 쉽게 소통할 수 있어서 사용자의 만족감도 극대화할 테니까. 그렇게 되면 소비자가 메타버스 영역을 더 자주 찾고 더 오래 머무르며 더 많은 활동을 할 테니까. 어쨌거나 생성 AI 열풍이 메타버스 확산을 부추긴 것 같다.

이용자가 4억 명에 달하는 제페토가 글로벌 사업 확장에 속도를 더할 것으로 기대한 네이버가 신규 자금 투입을 결정한 것도 그래서일 것이다. 애플이 MR 헤드셋을 내놓자 국내외 빅 테크가 뒤따라 새로운 메타버스 헤드셋을 출시하는 것이며, 오랫동안 메타버스 플랫폼을 개발하고 준비해온 기업들이 그런 헤드셋을 플랫폼에 적용하려고 준비하는 것도 그래서일 것이다. 그리고 무엇보다 메타버스 확산의 큰 걸림돌이었던 콘텐트 시장이 다시 기지개를 켜고 있다. 업계가 꿈꾸는 '메타버스 2.0' 시대는 곧 도래할 것인가.

✦ MR 기기, 부활의 따스한 바람

얼어붙은 메타버스 시장에 훈풍이 분 것은 빅 테크들이 메타버스용 기기의 품질을 높여 출시하면서다. 메타가 2023년 말 출시한 Meta Quest 3(메타 퀘스트 3)과 뒤이은 애플의 Vision Pro(비전 프로)가 MR 기기의 부활을 알렸다. 비전 프로는 사전 판매 사흘 만에 업계 예상을 훌쩍 웃도는 18만 대의 판매량을 올렸다. 그리고 퀘스트의 판매는 전년 같은 기간보다 47.3%나 증가하는 호조를 보였으며, 이에 고무된 마크 저커버그는 메타버스를 통해 회사를 강력한 기술 회사로 만드는 게 장기 비전이라고 천명했다. 하긴, 그래서 회사 이름까지 메타로 바꾼 것 아닌가.

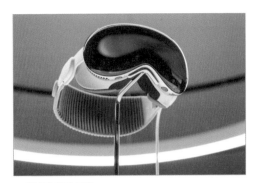

▲ 애플의 비전 프로

메타버스 기기라면 빠질 수 없는 삼성전자도 마음이 바쁘다. 스마트폰으로 협력 관계를 다져온 구글, 퀄컴과 손잡고 XR(확장현실) 기기를 개발하고 있음이 알려졌다. 경쟁사 LG전자는 TV 사업을 이끄는 사업 본부 안에 XR 사업을 전담하는 조직을 새로 만들었다. 새로운 흐름에 편승하는 다른 업체들도 있다. 메타는 선글라스로 유명한 Ray-Ban(레이밴)과 함께 AI와 메타버스 기술을 녹여낸 스마트 안경을 개발하고 있고, 소니는 독일 지멘스와 협업해 개발 중인 MR용 헤드셋을 공개했다. 업계에서는 여러 해 동안 쥐 죽은 듯이 정체됐던 메타버스 산업이 2024년부터 폭발적으로 확산할 것으로 전망하는 분위기다.

한 글로벌 시장조사기관은 2030년까지 메타버스 이용률이 14.6%에서 39.7%로 2.7배 늘어날 것으로 분석했다. 이를 근거로 글로벌 메타버스 시장이 같은 기간 1조3,034억 달러(1,770조 원) 규모로 성장한다고 예측했다. 연평균 성장률 48%에 육박하는 엄청난 낙관적 수치다. 그러나 아직은 또렷하지 않다. AI 기술만으로 메타버스의 부침이 멈추고 장기적 성장을 실현할지, 조심스럽게 지켜봐야 할 것이다.

✦ "함께 애플 잡자"

메타는 메타버스 기기 분야에서 LG전자와 손을 잡고 XR 등 미래 성장성이 높은 분야를 함께 개척하기로 했다. 구체적으로는 2025년 1분기 출시를 목표로 고성능 XR 기기를 공동 개발하고, LG전자의 TV, 가전, 모바일 기기 등에 메타의 LLM 기술을 장착한다. 특히 LG전자가 양산하게 될 XR 기기는 5년 이상 축적된 메타의 노하우에 힘입어 애플의 비전 프로를 능가하는 품질이 될 수 있다. 메타버스와 AI를 아우르는 LG전자와 메타의 동맹으로 인해 글로벌 빅 테크 사이의 합종연횡이 촉발될지 지켜볼 일이다.

앞서 언급했듯이, AI 기술의 발달은 메타버스 속 세계를 진짜 현실처럼 실감 나게 만든다. 메타버스의 파괴력이 AI 덕택에 점점 더 커진다는 얘기다. 또 결국은 정교한 AI 알고리즘이 가상공간에서 일어나는 상호작용을 결정한다는 점도 눈여겨볼 점이다. 오죽했으면 미국 씽크탱크 Brookings Institute(브루킹즈 연구소)가 메타버스를 'AI 기반 메타버스'로 바꿔 부르자고 주장했겠는가. 가상공간 메타버스를 강조할 게 아니라 진짜 주인 격인 AI에 방점을 찍어야 옳다는 논리다.

메타버스가 지닌 잠재적 위험성도 AI의 그것과 비슷하다. 편견, 조작, 안전 위협, 학대 등의 문제를 키울 수 있는 데다, AI의 지식 편향 이슈도 고스란히 메타버스의 문제점으로 이어진다. AI가 어느 사회에 쏠린 정보를 학습해 내놓는다면 메타버스 또한 문화적 편견을 피하기 어려우니까. AI를 이용해 고품질의 음성과 그래픽을 만들 수 있으므로, 실제 인물을 본뜬 아바타가 메타버스에서 가짜뉴스를 퍼뜨리거나 명예를 훼손할 위험도 얼마든지 상상할 수 있다.

제8장

금융업 / 법조계:
AI가 헤집어놓은 보수와 근엄의 상징

금융업

금융도 AI 기술 도입에 적극적인 분야다. 은행, 증권사, 보험사, 신용카드사, 자산운용사 등 영역을 가리지 않고 대부분의 업체가 AI와의 공생을 이미 시작했다. 금융, 투자, 보험 등에 특화한 생성 AI 모델이나 AI 서비스도 우후죽순으로 쏟아져 나오고 있다. 예컨대 미국 마스터카드는 AI 기술을 활용해 금융 사기를 식별한다. AI가 개인의 소비 유형을 분석한 다음, 그 패턴에 어울리지 않는 결제를 가려내는 식이다. 이처럼 금융 사기 데이터를 확보하기 위해 매년 1,000억 건이 넘는 카드 결제를 분석했다고 한다. 개인의 소비 모델을 확보해 결제 과정의 마찰을 줄이고 결제 건수를 늘리는 데도 활용한다. 또 글로벌 투자 은행인 JP모건은 대출심사와 고객의 현금 흐름 분석에 AI 설루션을 적용한다.

✦ 돌다리 두들기고도 안 건넌다는 한국은행이

"돌다리를 두들겨 보고도 건너지 않는다." 한국은행의 보수적인 사고방식을 빗대 이런 우스갯소리를 하는 사람들이 있었다. 그랬던 한국은행도 AI 활용에는 뒤지지 않으려는 모습이다. 최근 'AI 속기록(transcribe)'이란 회의록 자동 작성 설루션을 도입한 것만 봐도 알 수 있다. 사흘 꼬박 매달려도 정리하기 어려웠던 국제회의 내용을 하루도 안 걸려 뚝딱 정리한다. 방대한 기존 회의 데이터를 딥 러닝한 탓에, 인도나 멕시코 등 도무지 알아듣기 힘든 영어 악센트도 잘 이해하고, 영어 음성을 쉽게 문서로 만들어준다.

또 있다. 한은은 이 같은 AI 언어 기술을 활용해 70여 언론사가 매일 쏟아내는 4,000여 건의 기사를 분석해 뉴스 기반의 경기 예측도 한다. 연간으로는 100만여 건의 텍스트다. 경제 기사뿐 아니라 매일같이 쏟아지는 증권사 보고서도 AI로 분석하여 쓸모 있게 활용한다. 절간처럼 조용하다고 해서 '한은사(寺)'라는 별명까지 붙었던 한은이 신입 사원 63명 중 9명을 IT 계열 인원으로 뽑는 등 AI 열풍에 이렇게 엄청난 변화를 겪고 있다. 이제 한은이 첨단 AI 기술까지 동원했으니, 금리며 환율이며 곳곳에 도사린 난제에 대해 최선의 답을 찾아내면 좋겠다.

✦ AI 행원, 온·오프라인 넘나들며

NH농협은행이 전국 1,103개 모든 영업점에 AI 행원을 배치했다. 우리나라 시중은행으로는 처음이다. 30대 과장인 이 AI 행원들의 역할은 투자상품을 판매할 때 반드시 해야 하는 '상품설명'을 보조하는 일이다.

앞으로 활용범위도 넓히고, 오프라인 점포를 넘어 모바일 같은 채널로의 확장도 검토한다. 이후 신한은행도 AI 은행원을 전국 109개 영업점에 배치해 영상상담 창구인 디지털 데스크에서 예·적금 신규, 신용대출 신청 등 총 40여 개 서비스를 맡게 했다. 처음 시도하는 AI 행원들이 정해진 시나리오를 기반으로 했던 예전의 챗봇 수준에서 실제 상호소통하는 수준의 대고객 서비스를 제공할 수 있을까. 금융 현장에서도 생성 AI가 본격 적용되면서, 금융권 내 치열한 무인 서비스 경쟁이 펼쳐질 것 같다.

KB국민은행은 모바일 앱에 개인 맞춤 AI 금융비서 프로그램을 탑재하기 위한 베타 테스트 중이며, 향후 서비스를 고도화해 전 고객 대상으로 확대·적용할 예정이다. 우리은행 역시 모바일 앱에 탑재하기 위한 'AI 뱅커'란 이름의 생성 AI 기반 고객 상담 서비스를 한창 구축하고 있다.

◆ 주가 폭락해도 '멘붕' 따위 안 해

사람의 감독이나 간섭 없이 자동화된 알고리즘을 활용해 투자 판단을 내리고 집행하는 로보어드바이저(RA; Robo-Advisor)는 이미 여러 해 동안 시장에서 활약해왔다. 그러나 챗GPT 혁명 이후 AI 성능이 대폭 개선되어, RA 알고리즘의 수익률이 시장 평균 수익률을 갈수록 큰 폭으로 이기고 있다. AI가 기업실적, 주가, 수급 등 증시에 쏟아져 나오는 데이터를 거의 모두 흡수하고, 전통 자산 배분 이론을 바탕으로 다양한 기술적 지표를 매일 학습해 최적의 투자 판단을 내리고 있으니 그럴 만도 하다. 해외에선 관련 산업이 이미 급성장해왔고, 국내에서도 RA 알고리즘의 실적이 드러나면서 대형 운용사들이 그런 투자상품을 하나둘씩 내놓는 추세다.

실제로 AI를 활용해 국내 주식에 투자하는 RA 알고리즘의 최근 5년 평균 수익률은 코스피지수 상승 폭을 30% 이상 앞질렀다. 시간이 지날수록 더 매서운 기세로 시장 평균을 크게 뛰어넘는 성적표다. 처음 1년~2년의 수익률만 따져보면 코스피지수 상승률과 의미 있는 차이를 못 만들거나 오히려 뒤처져, 단기 투자에서는 그 우세가 크게 두드러지지 않는다. 하지만 투자 기간이 길어질수록 웬만한 펀드 매니저의 성과를 단연 압도한다. 더구나 2024년 하반기부터 국내 개인형 퇴직연금을 AI 펀드 매니저에 일임할 수 있게 됨에 따라 RA의 투자 운용 규모는 크게 확대될 전망이다.

RA 알고리즘의 진짜 강점은 냉정함과 일관성이다. 사람은 투자 판단을 내릴 때 사실 '감'에 의존하는 경우가 많고, 상황이 급변하면 판단력이 흐려지기도 한다. 의사결정의 합리성이 들쑥날쑥한다. 하지만 RA 알고리즘은 아무리 손실이 발생하더라도 소위 '멘붕(멘털 붕괴)' 상태에 빠지는 일도 없고 일관성을 유지한다. 물론 RA 알고리즘이 단기 변동성에 취약하다는 지적이 있어, 테마나 단기 수급에 휘둘리기 쉬운 국내 주식시장에서는 불리할 수 있다. 그러나 AI 성능이 빠르게 개선된 데다 RA 알고리즘이 국내 증시의 특성을 상당한 수준으로 충분히 오래 학습한 만큼, 앞으로는 RA 알고리즘을 활용한 투자상품의 저변이 빠르게 확산할 것으로 보인다.

✦ AI 기술 담은 ATM, 줄어든 보이스 피싱

우리 국민 한 명은 휴대전화로 매월 평균 10건의 불법 스팸을 받는다. 그 방법도 갈수록 교묘해지는 데다, 이 가운데 일부는 스팸 광고가 아니라 보이스 피싱(voice phishing) 같은 범죄 수단으로 쓰인다. 이에 통신 3사가 AI를 활용해 스팸을 걸러내는 기술 등을 속속 도입하고 있다. SK텔레콤의 AI 앱 '에이닷'은 방대한 분량의 전화 사례를 미리 학습·분석해 스팸 위험 등급을 매긴 후, 'AI 스팸 표시' 기능으로 발전시켰다. 모르는 번호로 전화가 걸려 오면 화면에 피싱 주의, 스팸 주의, 스팸 의심 같은 문구가 자동으로 뜬다.

KT의 경우, 이전에는 스팸 문자 유형을 분석하여 스팸 필터링 시스템에 반영하는 데 3개월씩 걸렸지만, AI가 수작업으로 하던 부분들을 맡으면서 이 기간이 일주일 이내로 줄었다. 그리하여 최근 'AI 스팸 수신 차단' 서비스를 시작할 수 있었다. 신종 스팸 문자를 그만큼 더 빠르게 더 많이 차단할 수 있다.

✦ AI, 보험 사기도 잡는다

우리나라를 자조적으로 '사기 공화국'이라 부르면서 탄식하는 국민이 적지 않다. 특히 보험 사기가 심각하다. 한 해 보험 사기로 적발된 금액이 자동차보험 사기 5,476억 원을 포함해 총 1조1,000억 원을 넘고(2023년 기준) 적발 인원은 11만 명에 육박할 정도다. 더구나 보험 사기가 갈수록 지능화·조직화하고 있어 심각한 우려를 낳는다. 이런 상황이 보험의 근간을 위협하게 되자, 대형 보험사들이 대부분 자체 AI 기술을 활용한 보험 사기 적발 시스템을 구축하겠다고 나섰다. 사람이 검토하는 정도로는 한계가 뚜렷하므로, 머신 러닝 등 AI 기술을 총동원해 보험 사기범을 잡겠다는 의지다.

가령 삼성화재는 2023년 6월부터 고도화된 사전 탐지 예측 AI 기능을 기존의 사기 방지 시스템에 을 추가했다. 그랬더니 약 7개월 만에 총 63건, 33억1,000만 원 규모의 보험 사기를 잡아낼 수 있었다. 시스템에 고객 정보를 입력하면 과거 사고 이력을 바탕으로 우선 보험 사기 위험도부터 세 단계로 매겨진다. 100점 만점으로 보험 사기 점수까지 매겨지는데, 고위험군일수록 높은 점수다. 덧붙여 이력이 있는 사람들이 주로 쓰는 사기 수법도 나타난다. 특히 AI가 과거의 사고 사례들을 스스로 학습·분석해 관계도를 분석하는 방식의 머신 러닝 기법이 보험 사기범을 찾아내는 데 일등 공신이라 한다. 하나의 사건만 보면 그냥 넘어갈 수 있어도, 머신 러닝으로 구축한 사고 관련자들의 이력 지도(관계도)를 자세히 살피면 조직화한 보험 사기라는 게 금세 보일 수 있다는 얘기다.

2

법률산업

✦ 법조계가 AI로 뒤집어진다

보수적이던 법률 분야에 AI 바람이 유독 뜨겁게 불고 있다. 워낙 문서 작업이 많은 업무 특성 때문이다. 변호사 업무 중 상당 부분을 AI가 대체할 거다, 한국 법률 따로 학습 안 해도 챗GPT가 고소장을 만들 거다, 법률산업이 AI 기술의 테스트베드가 될 거다, 같은 관측이 나온다. 골드만삭스도 법률산업 전체 업무의 44%가 곧 자동화될 것으로 분석했다. 전문가들이 전망하는 법률 AI 시장 규모는 2027년 465억 달러(62조 원)이다.

다른 측면도 있다. AI 발전은 가난한 사람들의 소송 접근성을 높여준다. 소송을 빠르고 저렴하게 해결하도록 도울 수 있다. AI 리걸테크의

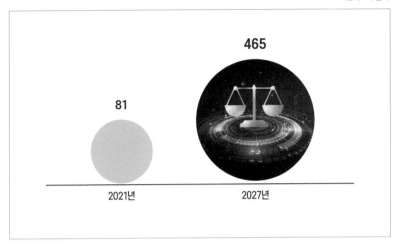

커지는 법률 AI 시장

(단위 : 억 달러)

81
2021년

465
2027년

자료 : 비즈니스리서치 인사이트

존재만으로 법률시장 자체가 27% 확대된다는 연구도 있다. 요컨대 AI가 법률산업을 혁신할 수 있다는 얘기다. AI 기술이 그렇게 취약 계층을 도울 수 있다면 더더욱 환영할 만한 일이다.

각국 스타트업의 AI 리걸테크는 고도화하고 있다. 영국의 Luminance(루미넌스)는 사람의 개입 없이 계약서 검토부터 협상까지 처리하는 AI 프로그램을 내놨다. AI가 계약서를 검토한 후 상대 AI와 계약서를 주고받으며, 문제가 있다면 빨간색으로 긋고 더 적절하게 바꾼다. 변호사들의 업무효율을 획기적으로 높여준 법률 AI 설루션의 좋은 예다. Kira Systems(키라 시스템즈)의 서비스를 활용해 변호사 업무량을 거의 절반으로 줄였다는 미국 법무법인도 있다. AI가 계약서상 불공정 조항을 변호사 대신 분석하고 시각화해서 자료로 만들어줬기 때문이다.

◆ 변협-로톡 싸우는 사이 리걸테크 공룡이 들어왔다

　글로벌 리걸테크 업체 LexisNexis(렉시스넥시스)가 개발한 법률 특화 AI 솔루션 'Lexis+ AI(렉시스 플러스 AI)'의 한국 상륙이 임박했다. AI 적용이 겨우 걸음마 수준인 한국 법조계와 리걸테크 업계가 발칵 뒤집혔다. 직원 수 1만500명, 진출 국가 150개국을 자랑하는 렉시스넥시스, 법률 생성 AI 분야에선 자타 공인 글로벌 선두다. 그들이 한국에서 일단 데이터베이스만 확보하면 기존 AI 기술로 단기간에 서비스화할 수 있어서, 최대 회사의 직원이 겨우 51명인 우리 리걸테크 업계는 사실상 속수무책이다. 게다가 되풀이되는 변호사단체와의 갈등으로 3년 넘게 곤욕까지 치렀으니, 글로벌 공룡과의 경쟁은 그림의 떡이다.

　렉시스 플러스 AI는 법률 해설, 판례·논문 검색, 법률 콘텐트 생성 등의 기능을 갖추고 방대한 분량의 문서와 진술 내용 녹음파일을 순식간에 요약 정리한다. 미국의 판결문, 법령, 주석서 등을 학습해 미국 법률에 특화돼 있긴 하지만, 한국 진출에 앞서 300만 건 이상의 판례, 조문, 판결문, 의결권 등을 분석해온 국내 업체와 손잡고 국내 법률 데이터에도 빠르게 접근하고 있다. 한국 법조계는 단연 긴장하고 있으며, 대형 로펌들도 자체 AI 시스템 구축에 분주하다.

　AI 기반 통합 법률 정보 서비스로 도약 중인 로톡은 다양한 법률 정보를 쉽고 빠르게 검색하는 '빅케이스' 서비스로 잘 알려져 있다. AI를 활용해 요점, 유사 판례, 쟁점별 판례 등을 보고 분석하는 고도의 부가기능도 제공한다. 최근에는 판례뿐만 아니라 주석서, 유료 논문, 법령, 결정례, 유권해석을 빠르게 확인해주는 업그레이드 서비스도 출시했다.

그 외에도 약 30만 건 법률상담 데이터를 기초로 질의응답이 가능한 로앤굿의 챗봇, 로앤컴퍼니의 생성 AI 기반 '슈퍼로이어', 판례 검색 업체인 엘박스의 '엘박스AI', 혹은 인텔리콘연구소의 경량화 LLM '코알라' 같은 서비스가 눈길을 끈다.

◆ 직격탄 맞는 것은 M&A 자문

로펌업계는 무엇보다 로펌의 주요 수익원인 'M&A 자문' 시장을 뺏길까 봐 노심초사다. 렉시스넥시스가 판례 분석 외에 기업 간 계약서 작성 자동화 분야에서 워낙 막강하기 때문이다. 기본 정보만으로 계약서를 만드는 AI 서비스가 본격화하면 시간당 수수료를 받는 로펌의 매출은 큰 타격을 입을 수밖에 없다. 미국에서도 리걸테크 때문에 M&A 로펌의 수익성이 떨어지는 추세는 이미 확인되었다.

물론 정반대의 측면도 있다. AI 서비스가 신설 법무법인과 젊은 변호사에겐 기회가 될 수 있다는 견해다. 학벌도 인맥도 훌륭한 젊은 변호사에겐 경험과 콘텐트 부족이 약점인데, 이 점을 AI 법률서비스로써 보완한다면 영업력 강화에 엄청난 도움이 될 수도 있으니 말이다.

◆ 법무법인들, AI 전쟁 터졌다

국내 4위 로펌 율촌이 2024년 10월 AI로 내부 데이터를 분석해 소속 변호사에게 자료를 제공하는 시스템을 도입한다. 'AI 변호사'가 소송(변론 자료, 관련 법 조항, 최신 판결 동향)과 자문(법률 정보, 의견서, 제안서, 계약서)의 기초자료를 검색하고 서류까지 작성하는 체제다. 10초 안에 '준비 끝'이다. 율촌

만의 AI 시스템은 27년간 축적한 내부 법률 지식, 1,000만여 건의 자료, 최근 9년간 구성원들이 만든 모든 데이터를 학습했다. 챗GPT 등 범용 AI에 비해 헐루시네이션이나 오류도 훨씬 적다. 율촌은 국내 IT 기업과 손잡고 최적의 LLM을 개발해온 지 1년이 넘었다.

율촌의 기선 제압에 세종은 '생성 AI TF'까지 꾸려 독자 AI 모델을 개발 중이고, 광장과 태평양은 자체 개발한 AI 번역기로 해외 자료 검토 시간을 대폭 줄이는가 하면, 업계 1위 김앤장은 디지털포렌식 자료 보관 서버에 AI 기술을 적용해 매주 100만 건 이상의 문서를 확인하는 체계를 갖췄다. 또 10위권의 대륙아주는 네이버클라우드와 손잡고 AI 법률 상담 챗봇을 선보이기도 했다. 오랫동안 축적한 내부 자료를 외국 AI의 학습 대상으로 넘겨줄 수 없다는 절박함 속에 대형 로펌의 기술 경쟁은 한층 더 치열해질 전망이다.

리걸테크 업체들의 골칫거리는 AI의 헐루시네이션 문제다. 그렇기에 법원을 향해 'AI 학습의 보고'가 될 판결문 데이터를 공개하라는 목소리가 높다. 하지만 우리나라에서 공개되는 판결문은 극소수인데다, 엄격한 익명 처리로 마치 암호문 같다. 이처럼 데이터베이스 구축에 엄청난 비용이 들기 때문에 법률 AI 개발의 속도는 더디기만 하다.

✦ 법원도 검찰도 AI 바람

법원, 검찰, 경찰 등은 얼핏 AI가 사람을 대체하기 어려운 분야로 보이기 쉽다. 하지만 수사나 재판 과정의 오판과 지체를 줄이고 인력과 예산을 줄이기 위해 AI 활용이 늘고 있다. 도우미 역할을 맡은 AI가 워낙 빠르고 정확하게 일을 처리하기 때문이다. 보수적이던 법원과 경찰 등도 이젠 AI 활용을 포용하는 자세다. 가령 대법원은 AI가 특정 사건과 일치율이 높은 판결문을 신속하게 찾아주는 등의 재판 업무 보조 시스템을 2024년 9월 도입하기로 했다. 판사가 직접 법원 전산망에 들어가 판결문을 검색해야 하는 길고 긴 시간을 대폭 줄일 수 있다. 쟁점 분석과 법적 판단이 빨라져 재판 지연 해소에 커다란 도움이 될 터이다.

사실 법원이 AI를 활용할 방안은 무척 다양하다. AI에 양형을 맡기는 방법이 특히 자주 언급된다. 판사가 인간이기에 생길 수밖에 없는 들쑥날쑥한 형량 편차의 문제를 해결할 수 있다. 재판에 대한 신뢰가 올라갈 것이다. 하급심이 법률을 잘못 적용한 사례를 데이터베이스로 만들어 AI가 그런 오류를 자동 점검할 수도 있다.

검찰은 어떨까. 방대한 사건 정보를 바탕으로 AI가 해줄 수 있는 일에는 메신저 대화 내용과 통화녹음의 포렌식 데이터 분석, 진술 요약과 분석, 유사 사건 검색, 수사 질문 생성, 수사 정보 요약 및 서류 초안 작성, 범죄 경력 조회, 형량 제안까지 다양하다. 수사·재판을 받는 국민의 부담을 덜어줄 수 있다면 AI의 적극 활용을 마다할 까닭이 없다. 실제로 만성적 인력난을 겪고 있는 우리나라 검찰은 2025년 말까지 'AI 검사'를 도입한다는 계획이다.

일선 경찰도 AI 이용이 불가피하다. 보이스 피싱의 목소리를 분석해 범죄자를 체포한다는 '케이봄' 시스템이 좋은 예다. 범죄 조직의 온라인 ID 추적에도 챗GPT를 활용할 수 있다. 외국 경찰에 공조 수사를 요청할 때 문서 번역에도 챗GPT는 안성맞춤 도우미다.

국내 스켈터랩스와 셀바스AI 같은 스타트업들이 수사 과정의 진술 기록·저장과 문서화, 조서 작성, 통화 녹취 파일 분석, 범죄 사실 데이터 베이스 구축까지 제공하는 AI 기술을 만들고 고도화했다.

제9장

낙수효과:
이런 분야도 AI 덕을 톡톡히 봅니다

AI 반도체
소·부·장

✦ 이수페타시스, 고다층 기판 30년 뚝심

AI 생태계 확산으로 대규모 연산 처리를 위한 AI 가속기 수요가 커지면서, 주요 부품인 MLB(Multilayer Circuit Board; 고다층 기판) 판매도 급증하고 있다. 층수가 많을수록 데이터 처리 양도 많아, 10층 이상을 고다층, 18층 이상을 초고다층으로 나눈다. 층수가 많을수록 고부가가치가 창출됨도 물론이다. MLB 시장 세계 3위 이수페타시스는 MLB 기판이 매출 90% 이상을 책임질 정도로 한 우물을 판 결과, 최대 실적을 누리고 있다. 고객사는 주로 미국 빅 테크들로 다변화돼 있다. 글로벌 경기침체로 IT 분야가 위축될 때도 통상 MLB 비즈니스만큼은 튼튼한 편인데, 지금은 AI 시장 확대로 인한 AI 가속기 영향으로 MLB에 대한 수요가 현저히 커지고 있다.

✦ LG이노텍, AI 반도체 기판을 위한 '꿈의 공장'?

LG이노텍은 AI 반도체용 기판인 FC-BGA(Flip-Chip Ball Grid Array) 생산을 주요 타깃으로 정했다. 이는 CPU, GPU, 통신용 칩셋 등에 주로 쓰이는 차세대 반도체 기판으로, AI, 자율주행 모빌리티, XR 열풍이 거세지면서 수요가 늘고 있다. 카메라 모듈이 주제품이었던 LG이노텍이 FC-BGA 사업에 뛰어든 건 최대 고객 애플에 대한 의존도를 낮추고 사업 다변화를 이루기 위함이다. FC-BGA 시장은 일본 이비덴과 신코덴키, 대만 유니마이크론, 오스트리아 AT&S, 한국의 삼성전기 등이 각축전을 벌이는 분야다. 이르면 2024년 8월~10월부터 의미 있는 매출을 구현하는 것이 LG이노텍의 희망이다.

✦ 삼성전기, AI 가속기용 기판 공급 추진

삼성전기는 ARM 기반 차세대 AI 반도체에 사용되는 기판을 공급하게 돼, 2024년부터 본격 확대가 예상되는 AI PC 시장 선점에 나섰다. 온디바이스 AI의 핵심 부품을 삼성전기가 공급하는 셈이다. 삼성전기는 차세대 반도체 기판인 유리 기판까지 개발하고 있다. 아울러 AI 가속기용 기판 공급도 추진해, 플립칩-볼 그리드 어레이(FC-BGA) 사업을 확대한다. 고부가가치 품목인 FC-BGA는 CPU, GPU와 같은 고성능 시스템반도체 제조에 쓰이는 기판이다. 이를 위한 삼성전기의 베트남 신공장은 2분기부터 가동되면서 매출이 발생하게 된다.

기존의 AI 서비스는 데이터센터나 서버 등을 통해 이뤄졌지만, 온디바이스 AI가 대세로 떠오르면서 스마트폰, PC, TV, 웨어러블 등에 속속 탑재돼 본격적인 성장이 기대된다. 대규모 연산이 필수인 온디바이스 AI의 CPU, GPU, NPU에는 초고성능에 걸맞은 기판이 필요한데, 삼성전기는 미세 가공 기술과 미세 회로 구현 등 자체 기술로 그런 AI 반도체 패키징 기판을 개발한 것이다. 기존 제품 대비 면적은 30% 늘리면서 회로 선폭은 30% 넘게 미세화했고 전력 손실까지 50% 이상 줄였다고 한다.

✦ AI 반도체 품질 불량은 어떻게 가려내지?

AI 반도체 수요의 폭증은 주지의 사실이지만, 그 불량 여부를 판단하는 데 쓰이는 'test socket(테스트 소킷)'의 수요가 덩달아 늘고 있음을 아는 사람은 많지 않다. 테스트 소킷은 반도체가 출하되기 직전에 패키징을 끝낸 칩과 품질검사 장비를 연결하는 작은 부품이다. 워낙 소모성 부품인 데다, AI 가속기 개발사들의 R&D 단계에서부터 다량 투입되고 있어서 전망도 대단히 밝다.

특히 한국의 ISC는 세계 최초로 고무를 사용해 '실리콘 러버 소킷'을 만든 기업으로, 현재 이 시장의 75%를 차지하며 세계 1위를 달리고 있다. 워낙 반도체 업황을 고스란히 따라가는 업종이어서 지난 3년여 동안 고생이 막심했지만, AI 반도체를 위시한 반도체 전반이 회복을 지나 고성장을 예고하고 있어 ISC의 실적도 급속히 좋아질 것이다. 시장점유율도 높고 보유한 원천 특허도 많아서 SKC가 2023년 10월 ISC를 인수했다. SKC의 반도체 소·부·장 관련 계열사들과 함께 후공정 분야 경쟁력 강화를 도울 것이다. 앞으로는 갈수록 설계와 공정이 첨단화하고 있는 HBM의 테스트를 위한 테스트 소킷도 개발해 출시할 계획이다.

2

게걸스러운
AI의 전력 소모

AI 기술을 구동하고 이용하는 데는 엄청난 에너지가 필요하다. AI 자체의 전개 상황도 중요하지만, 거기서 결코 빠질 수 없는 에너지(전력) 수급 상황도 꼭 미리 챙겨봐야 한다는 뜻이다. 특히 에너지는 국가안보와도 직결될 수 있어서 가장 눈여겨봐야 할 투자 대상일 수 있다. 물론 이러한 AI용 에너지 선점을 위해선 시의적절한 투자가 필요하다. 샘 올트먼이 일찌감치 Helion Energy(힐리언 에너지)라는 핵융합 스타트업에 개인적으로 투자한 것도 그래서일 것이다. 힐리언 에너지는 5년 이내 MS의 데이터센터에 어떤 형태로든 핵융합 에너지를 공급할 계획이다.

MS는 버지니아 데이터센터를 풍력·태양광으로 운영하려던 계획을 접고, 미국 최대 원전 기업 Constellation Energy(콘스털레이션 에너지)에서 전력을 공급받는다. 구글은 미래 에너지원으로 태양광 등 신재생에너지만 쓰겠다는 계획이지만, AI로 급증하는 전력 수요는 원자력을 추가함으로써 해결하고자 한다. 클라우드 1위 AWS는 이달 초 원자력 발전으로 가동하는 데이터센터를 6억5,000만 달러에 인수했다. AI 전쟁에서 가장 앞서 있다는 MS는 데이터센터에 SMR를 결합한 에너지 자립형 시설을 추진 중이다. 빅데이터 기업들의 데이터센터 입지 선정에서 전기 공급은 최우선 고려 사항이 돼버렸다.

하지만 마냥 낙관적인 그림은 아니다. 무엇보다 원전을 짓는 데 들어가는 비용이 워낙 크기 때문이다. 현재 선진국에서 원전 건설 비용(MWh당 150유로~200유로)은 태양광 및 풍력(50~60유로)보다 비용 대비 효율 측면에서 전혀 매력적이지 않다. 그래서인지, 미국은 1996년 이후 건설한 원자로가 3기뿐이고, 원전의 전력 생산 점유율도 18%에 불과하다. 원전 늘어나는 속도가 AI 기술 발전 속도를 따라가지 못한다는 얘기다.

국제에너지기구(IEA)에 따르면 2022년 전 세계 전력 소비 가운데 데이터센터가 차지하는 비중은 1.5%로, AI 기술이 발전하면서 기후변화에 미치는 영향도 심각해지고 있다. 이 전력 생산을 위해 배출된 이산화탄소는 브라질의 탄소 배출량보다도 많다. AI 데이터센터가 티핑 포인트에 도달했다는 평가와 향후 5년 내 데이터센터 운영 비용이 5배로 늘어날 거란 전망도 나온다.

◆ 해저케이블, AI 시대의 대동맥

본격적으로 AI 시대가 되면 전력 소모량만 폭증하는 게 아닐 터이다. 그 어마어마한 전력 에너지를 이동해줄 필수재로 해저케이블이 있어야 하지 않겠는가. 나라와 나라를 연결하고 바다와 육지를 이어줄 전력망에 대한 수요가 역시 커진다는 얘기다. 해저케이블 글로벌 수요는 2022년의 49억 달러에서 2029년 217억 달러 규모로 커질 것이라고 원자재 전문 조사업체 CRU는 추산한다.

해저케이블은 바닷속 높은 압력을 견디고 지진 등 외부 충격에도 고르게 전기를 운반할 수 있어야 한다. 그래서 제조에도 엄청 높은 기술이 요구되고, 바다에 설치하는 것도 고난도 작업으로 악명이 높다. 그래서 프랑스 Nexans(넥상스) 등 서너 개 유럽 업체들이 오랫동안 글로벌 해저케이블 시장을 휘어잡아왔다.

글로벌 해저케이블 시장

(단위 : 억 달러)

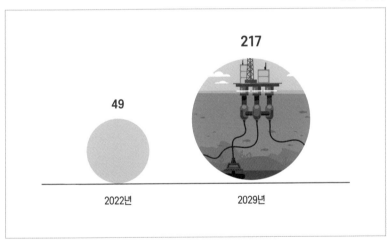

※ 2029년은 전망치   자료 : CRU

이러한 해저케이블 과점 구조에 탁월한 기술력과 시공 노하우로 시원하게 균열을 만들고 있는 한국의 LS전선이 돋보인다. 최근 몇 년 사이 세계 곳곳에서 공급 계약을 따내며, 2023년 6월 말로 이미 4조 원에 가까운 수주 잔액을 쌓았다. 해저케이블을 미래 성장의 축으로 삼아 AI 시대를 헤쳐 나간다는 전략이다.

LS전선은 그런 큰 그림의 하나로 베트남에 공장을 신축한 데 이어, 미국과 영국 등에도 해저케이블 공장을 신축할 계획이다. 총투자금액 1조 원의 복합 프로젝트다. 현지 수요에 재빨리 대응하기 위해 주요 거점에 생산시설을 갖춘다는 공산이다.

✦ AI, 변압기와 전력기기까지 들썩들썩

AI 붐이 불러온 전력 수요는 자연스럽게 변압기 수요가 급증으로 이어지면서, 관련 기업들이 '전성시대'를 구가하고 있다. HD현대의 막내 사업부로 시작해 2017년에 초고압 변압기 회사로 독립한 HD현대일렉트릭이 눈에 띄는 수혜자다. AI 구동을 뒷받침하는 초고압 변압기는 부가가치가 높은 데다, 세계에서 HD현대일렉트릭 외에 GE, 지멘스 등 몇몇 회사만 제조할 수 있고, AI가 촉발한 수요 위에 20여 년 전 설치한 교체 수요까지 더해지면서 공급이 못 따라가는 상황이 상당 기간 이어질 것이기 때문이다.

덕분에 HD현대일렉트릭 시총은 독립 시점과 비교하면 23배나 뛰었고 매출과 영업이익률도 최고조다. AI 서버 수요에 전기를 많이 쓰는 반도체 공장 신설도 줄을 잇고 있다. 변압기는 지금 주문해도 5년을 기다려야 제품을 받을 정도로 공급자가 쥐락펴락하는 시장이 됐다. 실제로 HD현대일렉트릭은 2028년~2029년 납품 물량을 주문받고 있다. 이 회사의 기업가치가 더 높아질 거란 평가에는 이의가 없어 보인다.

AI를 살리려면
열을 잡아라!

AI 구동에 필수적인 데이터센터는 섭씨 30도 이상의 엄청난 열을 발생시킨다. 이를 20도~25도로 낮추지 못하면 부품이 망가진다. 어쩔 수 없이 서버를 듬성듬성 배치하는 비효율을 감내해야 했다. 그래서 넉넉한 데이터센터를 갈망하는 AI 기업들은 하나 같이 '열 잡기'에 고심 중이다. 데이터센터 열 잡기가 AI 시대 주도권을 좌우한다는 말까지 나온다.

지금까진 어떤 방법으로 데이터센터의 열을 식혔을까? 주로는 데이터센터 내에 공기를 통과시켜 열을 식히는 '공랭식'을 사용했다. 하지만 에너지를 많이 소모하고 환풍기 돌아가는 소음이 엄청나서 골칫거리였다. 그래서 대안으로 시도되는 것이 액체 냉각 방식이다. 공기 대신 액체를 흘리거나 데이터센터 서버를 아예 액체 속에 담가 열을 식힌다. 액체 냉각 방식은 공랭식보다 최대 1,000배까지 더 효율적으로 열을 낮춘다.

고로 일정한 구역에 서버를 전보다 더 많이(빽빽하게) 배치할 수 있게 된다. 환풍기를 돌릴 필요 없으니 전력 소모도 줄어든다.

네덜란드 Asperitas(아스페리타스)는 서버를 액체에 푹 담가 열을 식히는 immersion cooling(액침 냉각) 시스템을 개발했다. 냉각수가 돌아가면서 열을 낮추는 이 방식은 공랭식의 설비투자와 운영 비용을 45% 줄여준다. 국내에서도 '액침 냉각 기술'을 개발한 SK엔무브, 데이터센터용 '액침 냉각유'를 출시한 GS칼텍스, 10여 년 전부터 데이터센터에 냉각 솔루션을 공급해온 삼화에이스, 해외 기업과의 협업으로 차세대 냉각시스템을 개발 중인 삼성물산 등이 냉각 기술 개발의 대열에 뛰어들었다. 이런 액체 냉각은 차세대 AI 컴퓨팅 하드웨어 솔루션을 위한 필수 요소로 평가된다.

✦ 바닷속에 지은 데이터센터

그럼, 아예 데이터센터를 바닷속에 구축하면 어떨까. 차가운 바닷물로 서버의 열을 단숨에 식힐 수 있을 텐데. 그냥 우스갯소리로 해보는 소리가 아니다. 중국 하이랜더(北京海兰信; Beijing Highlander)는 하이난 인근 축구장 13개와 맞먹는 면적의 바다에 100개의 모듈을 설치할 계획이다. 6만 대의 컴퓨터를 동시에 가동하는 수준으로 400만 개가 넘는 고화질 이미지를 30초에 처리할 수 있다. 바닷물이 냉각수 역할을 하며 연간 16만 명이 사용하는 정도의 전기를 절약할 수 있을 것이라 한다. MS도 2018년부터 스코틀랜드 인근에서 해저 데이터센터를 시험 가동한 적이 있다.

반대로 데이터센터에서 나오는 폐열을 활용하는 비즈니스 모델도 있다. 서버에서 만들어진 열기로 공기를 데우고 그걸로 터빈을 돌려 전기를 만들 수 있지 않을까. 캐나다 스타트업 Infinidium Power(인피니디엄 파워)는 바로 그런 아이디어로 데이터센터 운영 비용을 최대 50%까지 줄였다. 또 메타는 자사의 데이터센터에서 발생한 폐열로 인근 10만 가구에 지역난방을 제공하고 있으며, MS도 핀란드에 데이터센터 폐열을 이용한 지역난방 시스템을 구축할 계획이다. 영국의 Deep Green(딥 그린)은 데이터센터에서 발생한 열로 수영장 물을 데우고, 수영장 물로 데이터센터를 식혀 양쪽 비용을 모두 아끼는 일석이조 순환시스템을 개발했다.

4

AI 열풍에 20년 만의
구리 강세장

구리는 전선 같은 전력 인프라와 전기차, 풍력 터빈 등 산업 전반에 많이 쓰이는데, 경기 선행지표라는 의미에서 'Dr. Copper(닥터 코퍼)'라고도 불린다. 런던금속거래소에 따르면 2024년 4월 말 구리 선물(3개월물) 가격은 2022년 4월 후 처음으로 톤당 1만 달러를 넘겼다. 지난 1년여간 8,200달러 전후에서 움직이다가 2024년 들어서만 16.4% 올랐다. 상승은 이제 시작일 뿐이라고 보는 전문가들이 많다. 명백히 20년 만의 구리 강세장이다. 골드만삭스는 2025년 상반기 구리 가격이 사상 최고가를 경신할 거란 전망을 내놓았다.

◆ 무엇이 구리 가격 상승을 부추기고 있을까?

· 데이터센터 건설 확대가 주된 요소다. 증가하는 AI 데이터 처리 용량을 확

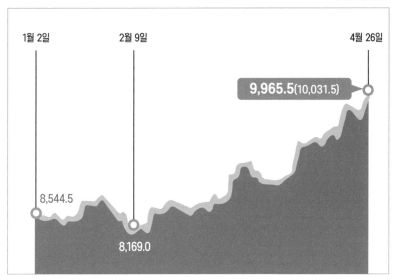

2024년 구리 가격 추이

(단위 : 톤당 달러)

1월 2일

2월 9일

4월 26일

9,965.5(10,031.5)

8,544.5

8,169.0

※ ( )은 장중 최고가

자료 : 런던금속거래소

보하려면 데이터센터를 더 늘려야 한다. 그런데 데이터센터 구축에 많은 양 (MW당 27톤)의 구리 전선이 들어간다는 것이다. 전선 만드는 비용의 90%가 구리다. 이처럼 구리 가격은 전력 수요와 떼려야 뗄 수 없는 관계다. AI 서버를 구동하기 위한 데이터센터(전력 수요)가 늘어나, 구리 수요는 2030년까지 100만 톤 이상 증가할 것으로 보인다.

• 그 위에 주요국 정부의 친환경 정책과 전력망 개선 추진도 신재생에너지 전환의 핵심인 구리 가격을 끌어올린다. 게다가 늘어나는 전기차의 모터에 구리가 사용되고 배터리 음극재도 구리로 만들어지므로 압박은 더 커진다.

• 각국의 전력망 개선 때문에도 구리 수요는 급증할 전망이다. 가령 백악관은 최근의 전력 수요 증가에 따라 앞으로 5년 동안 약 16km의 송전선을 업그

레이드하여 송전 네트워크 용량을 확장할 계획이다.

✦그렇다면, 구리 공급은 어떨까?

한마디로 공급은 불안하기 짝이 없다. 남아메리카와 호주 등지 광산들이 법원의 개발 위헌 명령, 광산 안전성 문제, 노조 파업 등의 이유로 폐쇄됐거나 생산 중단 상황이다. 구리 생산에 차질이 심각하다. 그렇다고 수요가 증가할 때 광산들이 곧바로 공급을 늘릴 수 있는 것도 아니다. 사업 타당성 검토, 인허가, 자금 조달, 건설 등의 과정이 20년씩 걸리기도 하니 말이다. 게다가 광석을 제련해야 구리를 쓸 수 있으니, 광산에서 끝날 문제도 아니다. 세계 구리 제련 물량의 절반을 처리하는 중국 제련소들은 제련 물량을 5%~10% 감산하기로 합의해놓은 상태다. 광석 공급이 부족한데 제련 물량을 확보하려고 수수료를 경쟁하듯 인하하다 보니 수익성이 나빠져서다.

제10장

네거티브 요인들:
AI 혁명의 발목을 잡게 놔둘 건가

나는 2023년에 펴낸 책 <챗GPT 혁명>에서 챗GPT를 위시한 생성 AI가 지닌 문제점을 8개로 나누어 소상하게 설명한 바 있다. 그 후 1년여 사이, 그런 문제점들은 얼마나 해소되었을까. 혹은 더 악화했을까. 혹은 다른 문제점이 더 불거지진 않았을까. 그리고 AI 산업은 이들에 어떻게 대처하고 있을까. 하나씩 훑어보고자 한다.

진짜 vs 가짜,
구분조차 어려워

◆ 올해의 단어 '진짜'; 얼마나 가짜가 범람했기에

우리가 흔히 '뽀샵'이라 부르는 포토샵은 미국의 영상처리 소프트 웨어 기업 Adobe Systems(어도비) 제품으로, 사진 이미지의 색깔이나 모양을 마음대로 조절한다. 어도비가 새로 개발한 'Firefly(파이어플라이)'는 강력한 생성 AI 솔루션인데, 사용자의 프롬프트에 따라 그야말로 몇 초 안에 '가짜' 이미지를 척척 만들어낸다. 배경이나 주변 인물까지도 멋대로 바꿈으로써 시간, 장소, 동반자(주위 환경) 등을 조작할 수 있다. 아예 사실-진실이 뒤집히고 역사(스토리)가 조작되는 셈이다. 파이어플라이가 생성한 이미지는 2023년 말까지 30억 건을 넘어섰다.

챗GPT와 생성 AI의 확산으로 벌써 '진짜와 구별조차 안 되는 가짜'

가 미디어 뉴스나 블로그 포스팅 형태로 범람하고 있다. 단 몇 초 만에 인간을 감쪽같이 속여넘길 글, 사진, 음성, 영상을 만들어내기 때문이다. AI 기술로 인기 팝가수인 테일러 스위프트의 얼굴과 음란물을 합성한 딥페이크는 전 세계에 파문을 일으켰고, 기업, 정부, 시민사회 전반에 경종을 울렸다.

✦ '가짜 스위프트'에 뒤집혔다

AI 발전 덕분에(?!) 가짜 동영상 deepfake(딥페이크)와 생성 AI로 위조한 목소리 deepvoice(딥보이스)가 얼마나 쉽고 빠르게 확산하는지, 상상을 초월한다. 술이나 마약에 찌든 미성년자, 성적 노리개가 된 여성, 총을 든 소년의 이미지 등이 온라인에 넘쳐난다. 특히 인기 팝가수 테일러 스위프트의 얼굴을 합성한 딥페이크 음란물 사태는 소셜 미디어의 안전장치가 얼마나 느려터지고 불성실한지를 여실히 보여주었다. 이 이미지 생성에 MS의 AI 도구인 'Designer(디자이너)'가 쓰였다는 주장이 나도는 가운데, MS는 '책임 있는 AI'를 내세우면서도 해로운 콘텐트를 만들 수도 있다는 경고는 어디에도 붙이지 않았다. 이미지 확산의 주범이라는 X도 마찬가지로 미적지근한 태도다.

오롯이 AI의 생성물로 도배된 웹사이트도 늘어나 다양한 분야에서 매일 수백 개씩 기사를 양산하고 있다. 물론 꾐에 빠져 들어오는 사용자들로부터 광고 수익을 내려는 스팸 사이트다. 검색엔진도 이런 스팸을 전혀 걸러내지 못해 인터넷 정보 신뢰도는 크게 떨어지고 있다. AI의 결과물을 눈으로 보고 귀로 들으면서도 진짜 학생이 쓴 논문인지, 진짜 어느 정치인이 한 발언인지, 믿을 수 없을 정도다. 수백만 명이 사용하는 포

털의 메인 화면에 AI가 만든 가짜뉴스가 버젓이 게재되고, 유명인의 목소리와 영상으로 조작된 혐오 발언이 소셜 미디어에서 독가스처럼 번진다. AI가 저지르는 일인지라, 국경도 없고 제약도 없다. 누구나 만들 수 있고, 영역도 가리지 않고, 대상에도 거리낌이 없다. 시도 때도 없이 벌어진다.

뒤집어 말하면 불과 1년 만에 '진짜'의 가치가 그 어느 때보다 소중해졌으며, 진실의 복권이 무엇보다 중요하다는 뜻이기도 하다. 누구든 순식간에 허위 정보를 만들 수 있으니, '진위의 구별'만큼은 확보하자는 것이다. 오죽했으면 미국인들이 가장 신뢰하는 사전 Merriam-Webster(메리엄-웹스터)가 'authentic(진짜·진정성)',을 올해의 단어로 선정했을까. 아닌 게 아니라, 우리는 AI가 초래하고 있는 '진짜의 위기', '탈진실(post truth)의 시대'를 목격하고 있다.

✦ AI의 거짓말 막는 갖가지 신기술

물론 글로벌 테크 기업과 AI 연구자들도 수수방관하고 있는 것은 아니다. AI 서비스의 개발과 확산이 눈부셨던 만큼, 그 부작용의 해결을 위한 기술도 빠르게 개발되고 있다. 생성 AI의 헐루시네이션과 악의적인 가짜 콘텐트를 탐지하거나 사전에 차단하는 기술이 차곡차곡 만들어지고 있다. AI 생태계의 한쪽에서는 가짜를 최대한 진짜같이 만들도록 학습하는 생성기가 작동하고, 다른 한쪽에선 끝까지 가짜를 구별해내도록 학습하는 판별기가 돌아간다. 경찰과 범인처럼 서로 경쟁하면서 창과 방패의 역할을 한다. AI는 진실을 노리는 창이기도 하고, 지키려는 방패이기도 하다.

막으려는 실리적인 이유도 있다. AI의 거짓 콘텐트가 늘수록, 당연히 AI 기술과 서비스에 대한 신뢰가 떨어지고 AI 비즈니스는 위축될 테니까 말이다. 거짓을 막는 AI 기술의 동반 발전은 마치 컴퓨터 바이러스가 늘면서 사이버 보안도 함께 성장한 것과 다름없다. 챗GPT 이후 인력과 시간과 자본이 대거 투입되어 AI의 생성 기술 개발과 확산이 이루어졌다면, 이제부턴 '페이크'를 가려내고 차단하는 데도 대규모 투자가 절실하다.

인텔이 내놓은 'FakeCatcher(가짜감별사)' 시스템이 그 일례다. 이 소프트웨어는 딥페이크(가짜)에서는 혈류 변화가 감지되지 않는다는 원리를 이용해 영상 속 인물의 진위를 판단한다. 또 다른 예로 MIT 연구원들이 만들어 무료 배포한 'PhotoGuard(포토가드)'는 이미지에 일종의 노이즈 신호를 심어 AI의 인식-변형-위조를 불가능하게 해, 딥페이크 음란물이나 가짜뉴스 제작을 차단한다. 앞서 예로 든 어도비는 아예 'CAI(Content Authenticity Initiative, 진짜 콘텐트 이니셔티브)'라는 이름으로 콘텐트 위조와 변조, 가짜뉴스 제작과 전파를 막는 기구를 결성했다. 뉴욕타임스와 Getty Images(게티 이미지)를 비롯한 전 세계 375사가 회원으로 참여하고 있다.

우리나라엔 '오픈 코(Ko) LLM 리더보드'라는 플랫폼이 있다. 한국형 챗GPT 혹은 한국어 생성 AI의 성적을 보여주는 일종의 게시판이라 할까. 'AI가 거짓말을 못 하도록 만들었는가'가 테스트의 핵심이어서, AI의 진실성을 테스트하고 한국 역사·문화 이해도도 측정한다. 또 스트리밍 플랫폼 숲(전 아프리카TV)은 축적한 수백만 개 영상으로 AI를 학습시킨 실시간 음란물 필터링 기술을 보유하고 있다. 정확도는 최대 97%에 이른다.

아마존은 부적절한 콘텐트를 감지하는 AI 필터링 서비스 'Amazon Rekognition(아마존 레커그니션)'을 클라우드 고객에게 제공한다. 가짜 혹은 유해 콘텐트, 얼굴, 물체 등을 인식한다. 구글 클라우드에도 비슷한 용도로 쓸 수 있는 'SafeSearch(세이프서치)'가 있다.

◆ 민주 선거 망치는 딥페이크 차단

2024년은 한국을 포함한 주요국에서 80개 이상의 큼직큼직한 선거가 열리는 터라, AI로 만든 딥페이크나 가짜뉴스의 유권자 기만이 큰 걱정거리다. '가운을 입고 병원 침대에 누운 바이든 대통령', '경찰에 체포된 트럼프 전 대통령' 따위 이미지가 돌아다닌다. 선정적이거나 부정확한 AI의 영향은 치명적일 수 있다. 딥페이크나 헐루시네이션이 실제 투표 결과에 모종의 영향을 미치는 일이라도 벌어진다면? 상상만으로도 끔찍하다. 이에 20개 글로벌 빅 테크 기업이 정부보다 먼저 나서 'Deceptive Use of AI in Elections(AI 기술이 선거에 기만적으로 사용되는 것)'을 막겠다는 합의문을 발표했다. 이 협약은 AI로 생성된 오디오, 비디오, 이미지에 적용되며 후보나 이해관계자의 외모, 음성, 행동 위조는 물론 유권자에게 선거 관련 잘못된 정보를 제공하는 콘텐트가 모두 포함된다.

생성 AI 개발사와 소셜 미디어 업체들이 동참한 이 협약에 의하면, (1) 기업들은 AI가 생성한 콘텐트를 식별할 방법을 개발하고, AI로 만든 콘텐트에는 레이블을 붙인다. 또 (2) 딥페이크를 걸러낸 사례를 공유해 다른 플랫폼으로 번지는 일도 막고, (3) 플랫폼이나 AI 도구에 안내문을 싣고 교육 프로그램도 제공한다. 명시적 문구가 없는 자율적 합의여서 강제성이 없긴 하지만, AI 거인들이 자진해서 나선 것은 AI를 기업 스스로 관리하라는 압박이 높아지고 있기 때문이다. 그릇된 AI 사용이 민주주의를 파국으로 몰고 갈 수 있는 만큼, 기업이 먼저 대응책을 제시한 모습이다.

✦ 네이버·카카오는 "대책 없음"

총선을 코앞에 둔 우리나라는 어땠을까? 막강한 영향력을 행사하는 한국 포털들은 딥페이크와 관련해 뚜렷한 대책이 없다. 네이버는 선거관리위원회에서 금지한 콘텐츠에 대한 신고를 받으면 검색 때 드러나지 않도록 처리하고, 선관위의 판단에 따라 처리한다고 한다. 이미지의 유해성 여부를 95% 이상 정확하게 판단하는 '클로바 그린아이' 서비스를 적용한다지만 두고 볼 일이다. 카카오 역시 카카오톡 대화방에 오르내리는 콘텐츠를 감시할 권한이 없어서 신고에 의존할 뿐이다. 한편 정치 분야의 딥페이크 증가를 새로운 기회로 본 스타트업 딥브레인AI는 총선을 앞두고 딥페이크 영상 탐지 솔루션을 내놓았을 뿐 아니라, 개발도상국으로의 수출 방안도 모색 중이다.

✦ 워터마크를 넣자

Digital watermark(디지털 워터마크) 제도를 통해 특정 콘텐츠가 생성 AI의 결과물인지 아닌지를 나타내도록 할 수도 있다. 인류가 수백 년 전부터 써온 워터마크는 종이를 불빛에 비추거나 종이가 젖었을 때만 볼 수 있는 표식으로, 이로써 진품 여부를 증명할 수 있다. 만일 AI가 생성한 작품에 디지털 워터마크를 부착하도록 규제한다면, AI로 인한 '가짜 공포'를 상당 부분 줄일 수 있지 않을까. 실제로 EU는 생성한 콘텐츠에 워터마크를 의무화하는 법안을 세계 최초로 통과시켰다. 한국도 같은 맥락에서 AI 활용 표기(Made by AI)를 위한 입법화 논의가 있지만, 아직은 요원해 보인다.

AI 기술 발전으로 온라인에 유포된 딥페이크 영상이 10만 개에 이르고 관련 범죄가 극성을 부리자, 2024년 2월 말 600여 명의 AI 분야 석학과 전문가들은 아예 딥페이크 공급망을 붕괴하라는 요지의 서한을 공개했다. 딥페이크 제작과 유포를 형사처벌 하라고 요구했으며, 소프트웨어 개발-배포자는 딥페이크 생성을 방지해야 할 뿐만 아니라, 적절히 방지되지 않는 경우 사용자와 함께 책임을 지는 법적 기반도 촉구했다. 사회 구성원 모두가 AI 기술 활용의 책임을 나눠 가지자는 취지다.

✦ AI 이미지에 레이블을 달면 될까

'가짜의 진원지' AI 업계는 물론 바짝 긴장하고 있다. '메타 AI'로 만든 이미지에 이미 'Imagined with AI(이매진드 위드 AI)'라는 레이블을 붙여 AI가 만든 이미지를 식별해온 메타는 페이스북, 인스타그램, Threads(쓰레즈)에서도 AI 생성 이미지에 꼬리표를 붙이겠다고 한다. 보이지 않는 워터마크나 일부 메타데이터를 식별할 도구를 연구해온 메타는 이를 바탕으로 다른 회사의 AI 도구로 만든 이미지도 인식하도록 만든다는 계획이다. 중요한 선거에서 쓸모가 있을지 두고 볼 일이다. 이미지 생성 기능 오류로 곤욕을 치른 바 있는 구글 역시 제미나이에 선거 관련 프롬프트를 제한하기로 하고 세계 최대 규모의 총선을 앞둔 인도에서 이미 시행에 들어갔다. 오픈AI도 챗GPT가 제공하는 정보나 달리가 제공하는 이미지를 누가 어디서 만들어졌는지 등의 출처를 제공하기로 했다.

딥페이크와 딥보이스는 틱톡의 새로운 골칫거리이기도 하다. 정치 광고는 '노 쌩큐' 방침을 세우고 있지만, 다양한 방식의 '가짜'로 틱톡을 정치적으로 악용하는 건 어려운 일이 아니기 때문이다. 물론 틱톡 앱에 있는 생성 AI 도구로 콘텐트를 만들면 저절로 레이블링이 되도록 했다고는 하지만 다른 기업의 AI로 만든 콘텐트에는 마땅한 레이블링 방법을 못 찾고 있다. 결국 AI 산업 전체가 나서서 공동으로 방지책을 확립하지 않는 해결은 어려워 보인다.

AI,
양날의 칼

✦ AI 덕분에 대중화하는 해킹

'WormGPT(웜GPT)'라는 AI 모델이 있다. 생성 AI 기반이지만 모든 윤리적 안전장치를 제거해버린, 그래서 정교한 사기성 이메일이나 악성 프로그램을 제작할 수 있는 '벌레만도 못한' '사기 GPT'다. 현재 해커 포럼에서 거래되고 있다. 간단한 명령만으로 사이버 공격 도구를 만들고 해킹 코드를 작성하거나 관련 도구를 만들어 해킹 문턱을 낮춘다. 예전엔 악성코드를 만들어 심는 데 5시간 걸렸지만, 이젠 악성코드의 기본 형태가 다 '세팅'돼 있어 시간이 10분의 1로 줄었다. 웜GPT가 '해킹의 대중화'를 앞당기고 있다고 말하는 이유다. 챗GPT 공개 후 1년간 피싱 공격이 무려 1,265% 증가했다는 조사 결과도 있다. GPT를 활용한 해킹 방법이 공유되는가 하면, 2만 달러 상금이 걸린 해킹 프로그램 경진대회까지 열린다. 어차피 생성 AI는 양날의 검이다. 해커도 보안팀도 모두 AI를 이용하기 때문에 보안에 선제 투자하지 않으면 AI 시대 '힘의 균형'이 해커 그룹으로 넘어간다.

웜GPT는 대부분 오픈소스로 공개된 AI를 활용해 만든다. 대량의 다크웹 게시물을 챗GPT에 학습시켜 범죄 AI로 재탄생시키는 것이다. 해킹에 생성 AI를 써먹으니, 해킹의 칼날은 한층 더 예리해진다. 최근 어떤 해커가 AI로 만든 영상과 변조된 목소리를 이용해 CFO로 행세하며 홍콩 기업으로부터 약 2억 홍콩달러를 빼 간 사건이 있었다. 챗GPT를 악용한 랜섬웨어로 중국 기업을 공격한 해커들도 있었다. AI로 만든 사기성 메시지는 탐지를 회피하는 훈련까지 받기 때문에 피하거나 막기도 더 어려워질 것 같다.

챗GPT 이후 1년간 피싱 공격이 무려 1,265% 증가했다는 조사 결과도 있다. GPT를 활용한 해킹 방법이 공유되는가 하면, 2만 달러 상금이 걸린 해킹 프로그램 경진대회까지 열린다. 어차피 생성 AI는 양날의 검이다. 해커도 보안팀도 모두 AI를 이용하기 때문에 보안에 선제 투자하지 않으면 AI 시대 '힘의 균형'이 해커 그룹으로 넘어간다.

문명의 이기가 생기기만 하면, 그걸 나쁜 목적으로 악용하는 자들이 꼭 나오기 마련이다. AI라고 예외일 수 없다. 인간 속성의 한 면인 걸 어쩌겠는가. 어떤 형태의 AI 프로그램이든 해로운 정보를 생성해 낼 수 있고, 다양한 범죄에 악용될 수도 있다.

✦ "저 칼로 과일을 깎는가, 누굴 해치는가?"

짧은 동영상 플랫폼 틱톡은 'Transparency & Accountability Center(TAC; 투명성과 책임 센터)'라는 기구를 운용한다. 유해 콘텐트 가려내기가 소셜 미디어 기업의 운명을 좌지우지하는 이슈로 떠오르자, AI를 활용해 유해성을 정밀 식별하고 자동 삭제하는 기술을 개발하려고 부랴부랴 설치한 기구다. 가령 비디오에 과도가 나온다 치더라도, 그걸로 사과를 깎는다면 AI는 '안전'으로 판단하고, 그걸로 누군가의 팔을 긋는 내용이라면 위험하다고 판단해 자동으로 삭제하는 식이다.

1분 내외의 숏폼으로 급성장한 틱톡에는 유난히 자극적이고 선정적인 콘텐트가 범람한다. 2023년 3분기에만 1억 3,650만이 넘는 유독성 영상이 적발됐는데, 그중 65%를 AI가 적발해 삭제했고, 나머지 35%는 4만여 전문 심사 인력이 삭제했다. 이들은 동영상을 보고서 틱톡의 커뮤니티 가이드라인에 따라 삭제, 계정 정지, 알고리즘 배제 등으로 조치한다.

AI 기술은 양날의 칼이다. 대량 살상이나 자율 살상 무기에도 사용돼 (아니, 그 자체로 가공할 만한 살상 무기가 돼) 우리 목에 칼을 들이댈 수도 있다. 적군, 아군도 가리지 않는다. AI 기술에 기반을 둔 생화학 테러라든지 대량 살상 로봇의 출현은 목전의 위협이다. 인간의 통제를 벗어나 AGI 상태로 진화한다면 아예 인류 생존까지 위협할 수 있다. AI의 잠재적 안보 위협은 핵무기의 그것을 넘어선다는 우려까지 나온다. 이 문제는 전 지구적 문제이기 때문에 해결책도 범지구적이어야 한다. 다자간 협력기구 같은 걸 만들어 전 세계 AI 관련 안전을 도모하고 AI 활동을 관리해야 하는 이유다.

AI,
'전기 먹는 하마'

전기 없이는 AI도 없다. 고로 AI가 에너지 위기를 부를 수 있다. AI 서비스가 제대로 확산하면 AI 학습과 운영에 엄청난 에너지가 소요된다. 컴퓨터가 복잡한 연산을 빠르게 풀어야 첨단 AI를 구동할 수 있고, 이를 위해 빅 테크들이 구매하는 AI 반도체는 전력을 더 많이 소비할 것이기 때문이다. AI와 더불어 늘어날 데이터센터와 수퍼컴퓨터 등의 전력 수요도 급증할 것이다. 지금부터 30년 안에 전기 사용량이 현재의 1,000배 수준으로 늘어나 전기차로 소비되는 전력의 몇십 배가 될 거로 예상하는 전문가들도 있다. 기후변화를 심화시킬 거라는 경고까지 나온다. 전력 확보를 위한 획기적 돌파구 없이는 심각한 전력 부족 사태가 일어날 수 있다. 이미 몇 년 전에 제기된 문제점이지만, AI 혁명이 급속도로 확산하면서 상황이 다급해졌다.

가령 MS의 AI '코파일럿' 개발에 사용된 약 7,200MWh의 전력은 웬만한 도시가 사용하고도 남는 화력발전소 2곳의 발전량에 해당한다. 뉴욕타임스는 4년 안에 AI가 연간 무려 130TWh(테라와트시) 이상의 전력을 쓸 것으로 예측한다. 네덜란드나 스웨덴 같은 국가가 1년 사용하는 전력량과 비슷하다. 여기에는 AI 학습과 서비스 제공만 고려되었을 뿐, 소비자들의 AI 기기 사용으로 늘어나는 수요는 포함되지도 않았다. 국제에너지기구가 예측해본 2026년 상황을 보기로 하자. 그땐 전 세계 데이터센터가 소모하는 전력량이 일본 전체에서 한 해 동안 사용하는 전기량(939TWh)과 같은 수준일 거라고 했다. 인구 1억2,000만 명의 경제 대국이 1년간 쓸 전력이라니, 무슨 비유가 더 필요하겠는가.

이처럼 게걸스러운 AI의 전력 소모를 감당할 돌파구는 어디에 있을까. SMR(소형 모듈 원자로)에 투자하는 MS처럼 급한 대로 원자력 발전을 해결책으로 꼽는 이들도 있고, 아직 본격 상업화를 기다리는 핵융합 발전

AI 개발에 쓰인 전력

(단위 : MWh)

7,200

1,248

312

바드(구글)   챗GPT(오픈AI)   코파일럿(MS)

을 추천하는 이들도 있다. 특히 바다에 무한정 존재하는 중수소가 원료인 핵융합 발전은 방사성 폐기물과 탄소를 배출하지 않는 차세대 청정에너지여서 관심이 높다. 기후변화에 대한 경각심이 높아지는 추세이므로, 추가 소요 전력의 대부분은 해상풍력 등 신재생 발전으로 충당될 것 같다.

미국 일부 주는 데이터센터 신설을 제한하는 법이 잇따라 발의됐다. 영국 런던시는 '데이터센터 TF(태스크포스)'를 구성하고 데이터센터 신규 건설을 깐깐하게 보기 시작한 게 벌써 2년 전이다. 싱가포르와 네덜란드 암스테르담도 한시적으로 신규 데이터센터 건설을 막고 있다. 데이터센터가 우후죽순 생기며 전기를 빨아들이자, 대책 마련에 나선 것이다. 후진국에서나 일어날 법한 '전기 구하기 전쟁'이 지난 수십 년 동안 전기 걱정이라고는 모르고 살던 선진국에서 벌어지고 있다.

4

누가 내 재산을
함부로 이용하는가

✦ 마구잡이 데이터 컬렉션

생성 AI 도구는 무궁무진하다. 생성 AI 개발 경쟁이 불붙으면서 IT 기업들은 AI 학습 데이터 확보에 목숨을 걸고 있다. 오픈AI는 GPT-4 개발 중 AI 학습용 데이터가 바닥을 보이자 오픈소스에 공개된 데이터만으로는 부족해 100만 시간이 넘는 유튜브 영상과 팟캐스트 등의 콘텐트를 마구잡이로 사용했다. 이를 위해 영상 속 말소리를 받아적는 자체 프로그램 'Whisper(위스퍼)'까지 개발했다.

하지만 유튜브의 규정은 다른 독립된 기능을 위해 영상을 사용할 수 없다고 명시한다. 또 '위스퍼' 같은 수단으로 영상을 후처리할 수도 없다. 오픈AI는 이러한 규정 위반 가능성을 알았을까. 물론이다. 그런데도 그런 방식으로 자신들의 AI를 학습시켰다. 정당한 행위가 될 수 없다. 유튜브 영상을 AI 학습에 활용한 게 오픈AI 하나뿐이었겠는가. 유튜브의 주인인 구글조차 유튜브 영상을 자체 AI 개발에 사용한 건 마찬가지. 그래서일까, 당시 구글은 오픈AI의 무단 사용을 인지했음에도 이를 막지 않았다. 역설적으로 저작권 침해 소지를 잘 알기 때문에, 오픈AI의 행동을 문제 삼는다면 구글도 함께 엮였을 테니까. 지금은 저작권자와 AI 기업의 협상이 무산되면서 소송으로 이어지는 사례도 점차 늘어나고 있다.

◆ 그래도 돈 주고 사는 미디어 콘텐트

유튜브는 하나의 예에 불과하다. AI 학습을 위한 미디어 콘텐트 마구잡이 사용도 오랫동안 논란거리였다. 지금은 생성 AI 개발사들이 잇따라 언론사와 로열티 계약을 맺고 '신뢰할 수 있는 정보'라는 공통의 목표를 위해 미디어 업계와 손잡는 모양새다. AI가 아무리 교묘해도 진정한 저널리즘과는 상대할 수 없기 때문이리라. 가령 오픈AI는 AP통신 등과 저작권 계약을 체결한 데 이어, 독일 최대 미디어 그룹 Axel Springer(악셀 슈프링거)와도 연 수천만 유로의 사용료를 지급하는 계약으로 파트너십을 구축했다.

미디어 업계는 20년 가까이 구글 등 빅 테크에 광고 수익의 상당 부분을 빼앗겼다. 앞으로 AI 기술이 발전하면 훨씬 더 큰 악영향을 미칠지 모른다. 인터넷 시대 초기처럼 헐값에 콘텐트를 넘겨서는 안 된다는 공감대가 미디어계에 퍼져 있다. 거꾸로 생각하면 어떨까. 미디어 산업이 이렇게 위축되면 빅 테크에는 정확한 고품질 데이터가 말라버리게 된다. 양측이 손을 잡으면 '누이 좋고 매부 좋은' 시너지가 난다는 얘기다.

결국 구글은 NYT에 콘텐트 사용료로 3년간 1억 달러를 내기로 했다. NYT가 뉴스 배포와 구독은 물론 마케팅·광고에 구글의 툴을 사용한다는 내용도 계약에 포함됐다. 애플 역시 품질 높고 정확한 데이터 확보를 위해 Vogue(보그), NBC 뉴스, People(피플), IAC 등과 협상하고 있다. 인간의 미디어는 창의성과 판단력 발휘에 초점을 맞추고, AI는 빠르고 저렴한 콘텐트 제작으로 생산성을 대폭 높이는 방향이 바람직해 보인다.

✦ 인간의 창작물은 어떡하나

급기야 AI가 창작 영역까지 건드리게 되자, 창작자들도 가만 있을 리 없다. 메타와 오픈AI가 자신의 회고록을 AI 학습 텍스트로 활용했다며 소송을 제기한 미국의 배우. AI 시스템이 수만 권의 책을 활용하고 있는 사실이 드러나자, 역시 소송을 제기한 존 그리샴 등 유명 작가들. 자신들의 이미지를 무단으로 사용했다며 소송을 시작한 게티 이미지 등.

적법하게 접근할 수만 있으면 AI가 창작물을 무제한 학습하도록 해야 할까? 아니면 저작권자의 권익을 침해하니까 금지해야 할까? AI가 결과물을 만드는 과정에서 수집·이용하는 데이터·저작물을 둘러싼 법적·윤리적 문제는 피할 길이 없다. 사실 AI의 핵심은 데이터 마이닝(채굴)이므로, 사회적 논의가 필요해 보인다.

한국의 AI 업체들은 어떨까. 한마디로 저작권 문제에 소극적이다. 가령 네이버가 언론사의 사전 동의 없이 생성 AI 하이퍼클로바X 학습에 뉴스 콘텐트를 사용하는 건 저작권 침해라는 의견을 한국신문협회가 냈다. 하지만 네이버는 언론사와 맺은 뉴스 제휴 약관에 근거가 있다고 주장한다. 그리고 약관 자체가 뉴스 노출·제공을 위한 것이기 때문에 AI 학습에 적용해선 안 된다는 반론에 네이버는 언론사와 상생 방안을 찾겠다는 동문서답만 하는 식이다.

AI에 도둑맞은
주의력·기억력

현대인은 원시인보다 시각도 후각도 무디다. 근력과 지구력도 훨씬 더 초라하다. 사냥터에 나가 목숨 걸 필요가 없으니 그런 능력이 퇴화한 것이다. 그렇듯 새로운 기술은 인간의 이런저런 능력을 퇴화시킨다. 이걸 자연스러운 일이라고 해야 하나. 물론 그렇다고 반드시 나쁜 변화란 뜻은 아니다. 퇴화하는 능력이 있으면, 대신 꽃피는 새로운 능력도 있으니까. '이쪽'에 쓸 필요가 없어진 에너지는 '저쪽'에 쓰면 되니까. 기술의 발달·개선은 일부 능력의 퇴화와 동전의 양면 같은 관계다.

하지만 이번엔 좀 다르다. 챗GPT와 생성 AI 등장 이후 발전에 발전을 거듭하고 있는 AI 기술들은 파급력이 심상찮아 보인다. 인간의 본질이라 해도 지나치지 않을 선택과 주의집중 능력을 퇴화시키고 있다. 그것도 아주 빠른 속도로. 챗GPT 혁명 이후 검색 버튼 누르는 일이 적어졌다. AI가 빅데이터를 기반으로 사용기록과 패턴을 분석해 입맛에 딱 맞는 콘텐트를 끊임없이 토해내기 때문이다. AI가 나보다 나를 더 잘 알아서, 나 대신 저절로 선택해주고 추천해준다. 온라인 쇼핑도 같은 식이다. 내가 생각해보고 골라볼 겨를도 없이 사야 할 것, 사고 싶은 것을 AI가 절묘한 타이밍에 척척 내놓는다.

스마트폰 속에 AI가 들어오기 전에도 우리는 멍하니 생각 없이 스마트폰만 들여다보며 서너 시간을 속절없이 써버렸다. 그런데 별의별 신기한 AI 기능이 다 탑재된 AI 폰이 넘쳐나면, 인간은 그 편의와 재미에 푹 빠져 뭔가를 배우거나 노력할 필요성을 느끼기나 할까. 무슨 수로 주의 집중의 능력을 배양하거나 유지라도 하겠는가. 그래서 AI 알고리즘 앞에서 인간의 집중력은 거센 바람 앞의 촛불 신세다.

AI 알고리즘은 내가 원하는 것, 좋아하는 것만 아는 게 아니다. 반대로 내가 싫어하고 반대하는 것도 스스로 알아서 걸러준다. 반드시 눈여겨봐야 할 대목이다. 이렇게 되면 AI 때문에 나도 모르는 새 확증편향이 강해지기 때문이다. '친구 아니면 적'이라는 이분법이 굳어지고 타협은 물 건너갈 수 있다. 이 또한 AI가 초래할 수 있는 인성의 퇴화다.

6

디지털 디바이드와
AI 빈익빈부익부

치열한 경쟁으로 LLM을 개발한 빅 테크 기업들은 현재 AI 서비스 유료화를 본격 추진 중이다. 챗GPT 무료 공개 이후 석 달 만에 유료화를 추진했던 오픈AI는 서비스의 양과 질에 따라 차등 유료 모델을 운영하고 있다. AI 챗봇 챗GPT는 대중에 무료로 제공하지만, 답변의 길이나 속도, 이미지 인식, 실시간 검색 가능 여부 등 세세한 측면에 제한이 있다. 2024년 1월 문을 연 AI 앱 장터 GPT 스토어는 유료 고객에게만 열린다. 그런가 하면, MS의 업무용 AI 서비스 'Copilot(코파일럿)'의 개인 서비스도 이미 유료로 바뀌었다. 워드, 엑셀, 파워포인트에 GPT-4를 접목한 'MS 365 코파일럿'을 이용하려면 월 20달러를 내야 한다. 공짜 AI 시대는 이미 저물어가고 있다.

구글의 제미나이 최상위인 울트라는 공개 당시부터 19.99달러(약

26,500원)의 유료 서비스였다. 대규모 다중작업 언어 이해에서 인간 전문가를 초과하는 데다 창의적인 프로젝트까지 지원하는 모델이니, 그 정도면 오히려 싸다는 얘기도 나온다. 게다가 이 AI 모델을 이용하려면 반드시 'Google One AI Premium(구글 원 AI 프리미엄)'이라는 구독 서비스를 구매해야 한다. 구글 클라우드, 지메일, 구글 미트 등의 업무용 서비스를 통합한 구글 원에다 제미나이 울트라를 추가해서 가격을 그렇게 올린 것이다.

생성 AI 모델을 구축하고 운영하는 비용이 워낙 막대할 뿐만 아니라 장기적인 수익모델을 위해서도 불가피하므로, 유료화는 필연적이고 또 이미 예측돼온 바이기도 하다. 공짜 AI 서비스를 미끼로 고객을 확보한 뒤 서비스마다 등급을 매겨 유료로 바꾸는 건 자본주의 논리 아래 막을 수 없는 정주행로다. 그럼에도 유료화로 인해 정보 불평등이 심해질 거란 우려는 여전히 근거가 있다. 지급 능력이 있는 사람들만 양질의 정보에 접근할 수 있기 때문이다. 디지털 활용 능력에 따라 정보 및 비용 격차가 커지는 'digital divide(디지털 디바이드)' 현상이 더 심해진다는 비관론에도 귀를 기울여야 한다. 안 그래도 충격파가 큰 AI는 전반적인 불평등을 악화시킬 터이므로, 정책 입안자들은 사회적 긴장 촉발을 막기 위해 이 문제를 적극적으로 해결해야 한다.

◆ 미국의 독점욕, 중국-중동의 AI 투자 가로막기

Rain AI(레인 AI)는 AI 구동에 특화된 반도체, 특히 뇌의 생물학적 작동 방식을 응용한 차세대 반도체 설계를 연구하는 7년 차 스타트업이다. 최근 미국 정부는 사우디아라비아 국영 석유 회사 계열의 펀드가 보유한 레인 AI 지분을 팔도록 대놓고 압박해, 뜻을 이루었다. 첨단 AI와 반도체에 대한 중국의 접근을 차단하더니, 이젠 첨단 AI 기술 투자에 대한 중동 자본까지 견제하고 나선 것이다.

국가안보를 빌미로 AI 첨단 기술을 통제하려는 미국의 입김은 더욱 거세질 것이다. 2023년 8월 중동 국가들에 대해서도 엔비디아와 AMD 등의 첨단 AI 칩 수출을 금지한 것과 같은 맥락이다. AI와 반도체 등 미래 혁신을 주도할 산업에 중국은 말할 것도 없고, 다른 국가들의 접근도 용납하지 않겠다는 욕심을 미국은 숨기지도 않는 형국이다.

✦ MS·구글 조사: "AI 기술 독점 안 돼"

돈이 돈을 부른다고 했던가. 성공적인 AI 기술 개발은 미래의 달러 박스임이 분명하지만, 호주머니가 두둑한 글로벌 거대 기업이 아니고선 거기에 들어가는 자본, 시간, 인력을 감당할 수가 없다. AI 기술이 몇몇 업체에 독점되는 현상은 피하기 어렵다는 얘기다. 지배적 기업이 추구하는 투자와 파트너십이 AI 생태계의 혁신을 왜곡하고 공정한 경쟁을 거의 불가능하게 만들 것이란 우려가 AI 시대의 전망을 어둡게 한다.

2024년 벽두부터 EU는 오픈AI에 대한 MS의 투자를 대상으로 반독점법 조사를 예고했다. 거의 같은 시기에 미국 연방거래위원회는 AI 스타트업에 대한 빅 테크 기업들의 대규모 투자에 대한 조사에 돌입했다. MS, 아마존, 구글 등의 이러한 투자가 AI 기술의 경쟁 구도를 왜곡하거나 AI 기술 장악으로 시장에 독점적 결과를 부를 소지가 없는지를 살펴본다.

야금야금
노동시장 점령하는 AI

샘 올트먼이 블로그를 통해 '일자리의 미래'를 예언한 게 2022년. 서두에서 그는 불과 5년 뒤 AI가 법률과 의학 자문을, 10년 후엔 어셈블리 라인에서 작업을 도맡을 거라 했다. 그다음이 재미있다. "시계를 10년~20년가량 미래로 돌려보라, AI가 못 할 일은 거의 없다. 반도체 '무어의 법칙'은 AI와 일자리 공식에도 적용된다. AI가 대체하는 일자리가 매년 폭발적으로 늘어날 것이다."

✦ 위협받는 전문직

올트먼의 주장은 현실이 되고 있다. 기업은 효율성과 수익성 면에서 성과를 거두고 있지만, 근로자들은 좌불안석이다. 초당 10억 장의 판례를 분석하는 AI 변호사, AI 챗봇이 환자들로부터 질문을 받으며 누비는 대학병원. 단순 노무직은 물론 전문직 업무들도 하나둘씩 AI에 자리를 내주고 있다. 구글, X, 메타, 테슬라 등 거대 기업들이 하나같이 'AI의 일자리 습격'을 목전에 두고 폭풍 전야 분위기다. 미국 테크 업계에선 2024년 들어 2주 만에 5,500명 이상이 직장을 잃었다. AI 때문에 하루아침에 일자리를 걱정하는 인력이 부지기수다. 실제로 구글, 듀오링고, 교육기업 체그, IBM, 드롭박스 등은 정리해고 이유가 AI의 등장이라고 명시했다.

조사기관들도 생성 AI로 인해 2032년까지 미국 내 전체 직업의 90%가 없어지거나 변화할 것으로 전망했으니, 우울하다. 은행처럼 대규모 고용을 책임지던 업종은 특히 문제가 심각하다. 빌 게이츠가 말마따나, bank(은행)는 사라지고 banking(은행 업무)만 남는다는 위기감이 높아지고 있다.

AI에 노출된 일자리

대체 가능성이 높다	대체 가능성이 낮다
화학공학 기술자	음식 관련 단순 종사자
발전장치 조작원	대학교수 및 강사
철도 및 전동차 기관사	상품 대여 종사자
상하수도 처리 장치 조작원	종교 관련 종사자
재활용 처리 장치 조작원	식음료 서비스 종사자
금속재료공학 기술자	운송 서비스 종사자

자료 : 한국은행

한국의 분위기도 다르지 않다. 국내 일자리 중 AI로 대체될 가능성이 큰 일자리가 전체의 12%에 해당하는 341만 개에 달한다고 한국은행이 분석했다. 변호사, 회계사, 자산운용사, 일반 의사, 전문 의사, 한의사, 화학공학 기술자, 연구원 등 전문직이 AI 잠식에 노출되어 취약하다. AI 시대엔 고소득·고학력 근로자가 크게 영향을 받을 것 같다. 과거의 기술 혁명과 다른 점이다.

✦ 극심해지는 불평등

거대 기술기업은 신기술로 생산성이 높아지고 순식간에 억만장자가 된다. 노동 비용이 급격히 줄어들며 임금은 더 낮아진다. 근로자들의 대규모 실직이 현실로 된다. 일자리 퇴출은 우울증과 자살과 약물 남용 같은 사회적 문제를 낳는다. 불평등은 심해진다. AI가 인간의 일자리를 대체하면서 뒤따르는 불평등 확산의 시나리오다. 어떻게 막을 수 있을까. 기본소득제도 도입이 도움 될까. 아직은 회의론이 더 무겁다. 반대로 AI가 오히려 숙련-비숙련 근로자의 격차를 줄여 불평등이 감소할 것이란 의견도 있다. 조금 더 지켜봐야 하는 걸까.

✦ AI 시대에도 자동화할 수 없는 '소프트 스킬'

AI가 직무에 미치는 영향력은, 아니, 충격파는 빠르게 확대되고 있다. 우리가 아는 직무의 44%는 5년 안에 그 핵심 기술이 바뀔 것이다. 세계경제포럼의 전망이다. 우리는 근무 시간의 40%를 AI와 협업한다든지 생성 AI의 영향을 받으며 보내게 될 것이다. 컨설팅 기업 액센추어의 조사 결과다. 이렇게 어마어마한 변화가 일어날 일터에서 폭넓은 충격을

'White Collar(화이트 칼라)' 아니고 'New Collar(뉴 칼라)'

고도의 기술력이 필요하면서도 4년제 학위는 필요 없는 일자리가 '뉴 칼라' 직종이다. '블루 칼라'도 아니고 '화이트 칼라'도 아닌 새로운 노동자 범주라고 할까. 최근 떠오르는 AI, 사이버 보안, 로봇 같은 첨단 기술 분야가 뉴 칼라의 대표적인 예다. 전기차 분야의 숙련 노동자들은 한때 '그린 칼라'라고 불렸지만, 한 단계 높아진 기술을 습득한 지금은 '뉴 칼라'로 분류된다. 숨 가쁜 AI 기술 발전으로 곧 사라질 일자리가 많다고 걱정이 늘어졌지만, '뉴 칼라' 낙관론자들은 느긋하다. 첨단 기술을 다룰 줄 아는 숙련 노동자여서 기회 잡기가 더 좋다는 뜻이다. 비즈니스 인맥 공유 사이트 LinkedIn(링크트인) 이용자가 9억 명을 넘었지만, 그중 1억5,500만 명은 4년제 학위가 없는 노동자들이라니, 놀랍지 않은가. 4년제 대학을 나오지 않아도 좋은 일자리를 얻다니, 기뻐해야 할 일일까. 두고 볼 일이지만, 실제 노동자들의 불안을 과소평가하게 만들 수도 있으니 조심해야 할 것이다. 노동시장은 절대 여유만만한 유토피아가 아니다.

감내해야 할 우리에게 'AI 시대'는 어떤 기술을 요구할까.

한마디로 소프트 스킬(soft skill)이다. 지식을 활용하고 다른 사람과 상호작용하는 능력이 곧 소프트 스킬이다. 업무 수행을 위해 필요한 전문 지식과 기술을 뜻하는 하드 스킬과 대칭되는 개념이다. AI 솔루션을 다루고 빅데이터를 활용하는 하드 스킬도 중요하지만, 효과적인 소통이나 팀워크나 리더십이나 유연한 사고 등에 필요한 소프트 스킬을 한층 더 요구할 거란 얘기다. 미국 경영진에 물었더니 72%가 그런 요지로 응답했다는 조사도 있다.

✦ 소프트 스킬에 대한 수요가 왜 새 시대에 늘어나는 걸까

(1) AI를 통한 자동화로 대체할 수 없는 능력이기 때문이다. AI는 기존 데이터를 학습해 이를 기반으로 다양한 근사치를 도출하는 방식으로 작동한다. 하지만 지금까지 한 번도 본 적 없는 카피를 쓰는 것, 이용자가 평소 듣지 않았던 음악을 추천하는 것과 같이 완전히 새로운 구조의 답변을 제시하는 창의력을 발휘하면 AI의 도전으로부터 자유로울 수 있다.

(2) 직위·직급 대신 기술이 기반이고 프로젝트가 중심인 조직 구조에선 리더십에 대한 요구가 도리어 커지기 때문이다. AI 시대엔 높은 사람의 지시로 일사불란하게 움직이는 게 아니라, 협업·설득의 커뮤니케이션, 공감의 리더십 스킬이 중요한 구조다. AI가 확산할수록 사람은 '사람 대하는 업무'에 집중하게 된다. 사람과의 소통은 자동화할 수 없고, 고객의 신뢰나 관계 강화는 AI로 자동화·고도화할 수 없다.

(3) AI 활용으로 빨라지는 변화의 속도를 받아들이고 거기 적응하는 '소프트' 능력이 요구되기 때문이다. 적응의 능력과 회복탄력성이 무엇보다 중요해진다.

AI 전문가와 석학들은
어떻게 생각할까?

　'딥 러닝의 아버지'로 통하는 제프리 힌턴 교수를 위시해서 얀 르쿤, 요슈아 벤지오, 앤드루 응 교수 등은 흔히 'AI 4대 천왕'으로 불리는 이 분야 석학이다. 챗GPT 혁명이 시작된 후로 AI의 문제점과 위험성은 여기저기서 수시로 논의되어왔다. 뜨거운 'AI 철학 논쟁'이 벌어져 이런 석학의 견해는 극명하게 갈리는 일도 흔했다. AI를 적극적으로 발전시키고 활용해 인간을 도와야 한다는 'Boomer(부머; 개발론자)'와 AI가 인류에게 실존적 위험이 된다고 주장하는 'Doomer(두머; 파멸론자)'의 두 캠프로 나뉘어 입씨름이 점입가경이다.

부머의 낙관론 [샘 올트먼, 얀 르쿤, 앤드루 응 등]

- AI는 엄청난 비즈니스 기회다, 개발에 속도를 붙여라!
- AI의 미래에 대해 지나친 걱정은 금물이다.
- AI 개발을 이익 추구와 완벽하게 구분한다는 것은 허상!

두머의 비관론 [제프리 힌턴, 일리야 수츠케버, 요슈아 벤지오 등]

- AI 폭주는 위험천만이다, 개발보다 안전부터 챙겨라!
- AI 서비스를 내놓기 전에 규제 방안부터 확보하라!
- AI 개발은 오로지 안전하게, 그리고 천천히!

AI 기술의 개발을 이끄는 과학자와 전문가들, AI 산업과 생태계를 구축하는 현장의 기업인들, AI를 투자상품으로 보는 투자자들, 그 밖의 학자들은 챗GPT와 생성 AI의 현재와 미래에 대해 어떤 생각을 품고 있을까. 그들이 직접 했던 말을 들어보자.

얀 르쿤Yann LeCun - 뉴욕대 교수

○ 세상을 놀라게 한 챗GPT도 구글·메타 등이 오래 연구해온 기술로, 전문가들에겐 새로운 게 아니고 아직은 미숙하다. 특정 단어에 이어질 단어를 예측하는 것이 챗GPT의 핵심인데, 이건 복잡한 인간의 사고방식과 매우 멀리 있다. 인간의 지식은 그다지 언어에 의존하지 않으며, 매우 다층적이고 복잡한 인식의 총합이다. 고로 AI가 대화를 잘한다고 인간의 지능을 갖췄다고 말할 수는 없다. 이처럼 AI 기술이 아직 인간에 한참 못 미치기 때문에, 현재 논란의 대상인 AI의 위험은 과장됐다. AI가 실존적 위험이라는 생각은 터무니없다.

○ 현재 진행되는 AI 전쟁에서 젠슨 황은 AI 반도체를 파는 무기상이고, 전쟁이 계속되길 원하니까 AGI 출현에 대해서도 낙관적인 말을 하지만, 현실적이진 않다. AI를 적극적으로 활용하자는 주장에는 동의하지만, 최소한의 규제는 꼭 필요하다. 선제적 규제보단 출시되는 AI 제품별로 세부 규제를 적용해야 한다.

○ 비행기 사고가 무섭다고 엔진 개발 자체를 막을 순 없잖은가. 그랬더라면 우린 아직도 태평양을 건너지 못했을 테다. AI 연구 개발도 마찬가지다.

○ (저커버그 CEO에게) 오픈AI의 기술을 따라잡고 자체 AI 챗봇을 출시해야 한다. 그러지 않으면 페이스북과 인스타그램은 사라질 수 있다.

○ 앞으로 인간의 정보 섭취는 오롯이 AI 시스템에 의해서 조정될 것이다. 그리고 그 AI 시스템은 기본적으로 인류의 모든 지식을 담는 저장고가 될 것이다. 하지만 누군가가 소유한 폐쇄된 시스템에 우리가 그렇게 의존할 수 있겠는가. 그것은 누구나 널리 활용할 수 있는 개방된 플랫폼에 공헌할 수 있을 때만 가능한 일이다. 그러므로 미래는 오픈소스 방식이어야 한다.

제프리 힌턴Jeoffrey Hinton - 터론토대 교수

○ AI가 발전함에 따라 위험성도 함께 증가하고 있다. 생성 AI가 인류 지능을 넘어서 인간사회를 지배할 가능성이 있다. AI의 위험을 최소화하기 위해 정부 기관 등이 적절히 대응하면서 세계적인 개발 경쟁에도 제동을 걸 필요가 있다. 현재의 대책은 불충분하며, 인류는 방향 전환이 필요하다.

○ 생성 AI인 챗GPT는 이미 인간 뇌의 수천 배나 되는 지식을 축적하고 있다. 이르면 2020년대가 끝나기 전에 여러 면에서 인간의 능력을 능가할 수 있다.

○ 미국의 어떤 주요 정당은 선거전을 유리하게 치르려고 가짜 정보의 확산을 용인하고 있다. 가짜 동영상의 제작·소유를 위법으로 정하는 법률이 있으면 좋겠다. 마치 위조지폐를 법으로 금지하는 것처럼.

○ AI가 인간의 일자리를 빼앗으면서 빈부격차가 확대될 가능성이 참 걱정스럽다. AI가 탑재된 무기 시스템은 또 어떤가? 또 다른 심각한 위험 아닌가. AI가 공격 목표를 자동으로 설정하는 시스템이 실용화되면 전쟁을 막을 도리가 없을 것이다.

요슈아 벤지오 Yoshua Bengio - 몬트리올대 교수

○ 빅 테크 기업들은 우리가 알고 있는 이상으로 거대하고 정교한 AI를 개발하고 있다. 2024년 에는 더 크고 성능이 뛰어난 AI가 본격적으로 등장할 것이다. 스스로 의심할(self-doubt) 줄 아는 AI가 그 시작이다. 챗GPT 같은 챗봇과 차세대 AI의 결정적 차이는 '추론 혹은 논증(reasoning)' 능력이다. 단순한 문서 정리, 정보 검색, 이미지·영상 생성 기능을 뛰어넘어 답변의 진실성과 가치관을 따지는 '보다 사람 같은' AI의 등장을 곧 보게 될 것이다.

○ 현재의 챗봇은 지능만 발달한 어린아이 같다. AI의 다음 단계는 스스로 내놓는 답의 진위를 되묻는 것이다. AI가 가짜 답변 대신 '확실치 않습니다' 또는 '잘 모르겠습니다' 같이 답할 줄 알게 되면서 본격적인 진화가 시작될 것이다.

○ 당장은 AI를 100% 통제하기 어렵지만, 다른 선택지가 없다. 맨해튼 프로젝트나 아폴로 프로젝트와 동등한 수준의 투자·연구로 99%라도 통제할 수 있어야 한다. AI의 가장 큰 문제는 나를 비롯한 그 누구도 AI가 어떻게 작동하는지 정확히 알지 못한다는 것이다. 안전장치도 없이 언제 터질지 모르는 폭탄을 개발하는 꼴이다.

○ AI 기술을 갖지 못한 국가들이 입을 손해를 생각하면, AI 권력 쏠림은 중요한 문제다. 향후 수년간 AI와 관련한 중요한 결정들이 내려질 텐데, 이 논의에 개발도 상국·제3세계 국가도 동등하게 참여할 수 있어야 한다. AI는 모두에게 영향을 주는 문제이므로, 모두가 발언권을 누릴 수 있는 장이 마련돼야 한다.

○ AI 전문가조차 없는 나라들이 허다한데, 한국은 뛰어난 대학과 기술기업이 훌륭한 AI 역량을 갖춰가고 있다. 빈곤·기후변화 등 거대 문제를 해결하는 AI 국제 공동 연구에도 중요한 역할을 할 수 있을 것이다.

유발 하라리|Yuval Harari - 예루살렘 히브리대학교 교수

○ 지금까지 인간이 개발한 다른 어떤 기술과도 달리, AI는 스스로 결정하고 새로운 아이디어를 창출해내는 도구다. 어떤 의미에서 독립적 행위 주체자. AI가 어떤 아이디어를 창출하고, 어떤 결정을 내릴지는 예상하기 어렵고, AI의 안전성 확보도 훨씬 더 어려울 수밖에 없다. 그래서 나는 AI를 완전히 낯선 '외계 지능(Alien Intelligence)'의 줄임말이라고 본다. 마치 외계 생명체의 지능처럼 의사결정 방식이 인간과는 근원적으로 다르니까. 불멸에 도전하고, 인간과 비슷한 존재를 창조해내는 인류는 AGI를 넘어 초지능(super intelligence)을 꿈꾼다.

○ 새로운 AI 도구들을 만들어내기 위해 필수인 데이터의 독점을 막아야 하고, 일단 AI를 가지게 된 후에도 끊임없는 데이터의 흐름이 반드시 유지돼야만 한다. 그러기 위해서는 수십억 명의 선호, 기호에 관한 데이터를 끊임없이 수집해야

한다. 따라서 데이터의 흐름을 장악하느냐의 여부가 경제적, 정치적 힘의 핵심이다.

○ 경제 측면에서 보자. 가치가 수천억, 아니 수조 달러에 이르는 데이터에 세금이 부과되지 않고 있다. 가령 테슬라는 나의 데이터를 공짜로 가져가서 AI 도구를 만들고, 그렇게 개발된 AI 도구를 다시 나한테 되팔고 있다. 그리고 세무 당국은 이 모든 과정의 핵심인 데이터 양도에 어떻게 세금을 부과할지를 몰라 쩔쩔매고 있다.

○ 나는 AI의 위험을 알아야 하고 안전에 투자해야 한다고 주장할 뿐, AI 개발에 반대하진 않는다. AI는 당연히 금지할 수도 없고, 금지해서도 안 된다. 자동차 사고의 90%는 음주운전 같은 인간의 과실 때문에 발생하므로, 만약 AI가 운전하면 아마 매년 백만 명 이상의 목숨을 구할 수 있을 것이다.

○ AI가 전통의 구시대 미디어를 몰아낼까? 사라지는 미디어도 있겠지만, AI가 언론을 완전히 대체하는 건 불가능하다. 왜냐고? 언론의 핵심 기능은 콘텐트 생산이 아니라 큐레이션(어떻게 보여줄 것인가)이니까. 언론도 AI에 적응해야 살아남는다. AI 시대에도 사람들은 계속 큐레이션을 요구할 것이다. 가짜뉴스 때문에 더욱 그렇다.

○ 20년 후의 노동시장? '새로운 기술 배우기'를 평생 이어나가야 할 것이다. 젊을 때 배운 것을 평생토록 하는 일은 없을 것이다. 학습의 기술, 변화의 기술에 초점을 맞추고, 교육은 감정 지능을 키우는 데 집중해야 한다. 어떻게 하면 유연한 마음을 가질 수 있을까, 끊임없는 변화, 불확실성, 실패에 어떻게 대처할 것인가를 봐야 한다.

○ AI 혁명은 5년, 아무리 길게 잡아도 50년 안에 이뤄진다. 앞으로 20년 후 인류 사회의 모습은 전혀 알 수 없고, 우리에게 어떤 기술이 필요할지도 모른다. 단지 세상이 아주 빠르게 끊임없이 변하리란 사실만 알 수 있다. 이건 인류 역사상 최초로 겪는 문제다.

앤드루 응 Andrew Ng - 스탠퍼드대 교수

○ AI는 전기처럼 경제, 사회 등 모든 분야에서 응용되는 다목적 기술이다.

○ AI는 지능의 보조 배터리다. AI의 도움으로 지능을 끌 어올리기 때문에, 생성 AI를 브레인스토밍 파트너로 활용하는 사람이 많다. 인간의 지능에 AI가 더해지면 인류가 당면한 여러 과제 의 새로운 해법이 보일 것이다.

○ AI 규제는 혁신을 억누르고 인류의 발전 속도를 늦춘다. 핵심 기술을 규제하면 모든 것이 느려지고, 안전성도 훼손될 수 있다. AI 기술이 눈부시게 성장한 것 은 실리콘 밸리가 워싱턴DC의 규제기관과 멀리 떨어져 있기 때문이다. 투명한 정보 공개가 중요하며 오픈소스로 자유롭게 소통하는 것이 AI 발전에 윤활유가 될 것이다.

○ AI 혜택을 제대로 누리려면 10대는 물론 20대·30대도 코딩 교육의 대중화가 필요하다. '컴퓨터와의 대화'인 코딩을 알아야 AI를 완성도 높게 통제할 수 있으 니까. 최근 코딩이 없어도 앱을 만드는 기술이 나오고 있지만, 코딩으로 개발하 는 것과 품질·성능에서 차이가 크다.

○ 한국은 전자, 자동차, 조선, 화학 등 다양한 산업의 기반이 탄탄하고 훌륭한 소프트웨어 엔지니어가 있어 우수한 환경이다. AI를 통해 정교하면서 효율적으로 생산성을 혁신할 수 있으리라 본다.

샘 올트먼_{Sam Altman} - 오픈AI CEO

○ 오픈AI는 진심으로 범용 인공지능을 만들고 싶다. 이를 위해 할 수 있는 모든 일을 할 계획이다. AGI 구축에 집중하기 위해 모든 부차적인 일을 최소한으로 줄일 것이며, 반도체 구축 여부도 그런 시각에서 결정할 것이다.

○ 컴퓨팅은 미래에 가장 중요한 currency(통용 수단)가 될 것이라고 확신한다. 그리고 나는 AI를 '언제나 최대한으로(all of the time at full tilt)' 사용하는 것 외에는 어떤 관점도 갖고 있지 않다.

○ AGI 시대가 열리면 가장 기대되는 것은 과학적 발견이다. 과학 발전의 속도를 높이는 것은 경제성장의 유일하고 진정한 동력이라 할 수 있고, AI는 우리가 더 많은 것을 얻게 할 테니까 말이다.

○ 데이터센터 확산이 글로벌 에너지 부족을 초래할 거란 지적이 있지만, AI가 발전할수록 더 효율적인) 발전 기술을 찾아내는 데 도움이 될 것이다. 핵융합이나 풍력, 태양광 등으로 에너지를 제공할 방법을 찾게 될 것으로 본다.

○ AGI 개발의 난관으로 데이터 부족을 꼽을 수 있다. 장기적으로 봤을 때 AI가 고

도화되면서 사람이 생성한 데이터가 부족해지는 소위 '데이터 장벽(data wall)'에 도달할 것이다. 따라서 더 적은 데이터로 더 많이 학습할 AI 모델이 절실히 필요하다.

머스크는 왜 올트먼에 소송을 제기했을까?

오픈AI의 공동 창립자였던 일론 머스크가 기본 철학의 차이로 3년 만에 이사회에서 물러났던 이력은 이미 잘 알려져 있다. 그랬던 머스크가 오픈AI와 올트먼을 상대로 소송을 제기했다. 챗GPT를 제작한 오픈AI와 올트먼이 공동 설립 당시의 계약 내용, 특히 인류의 보편적 이익을 위해 비영리법인 형태로 AI를 개발한다는 사명을 위반했다는 이유에서였다. 즉, 비영리법인이 왜 MS 휘하에 들어가 상업화에 속도를 붙이고 한낱 이윤만 추구하고 있느냐는 요지다. AI가 '모든 인류에게 이익이 되도록' 한다는 게 지금도 오픈AI의 표어이고 보면, 묘한 아이러니가 아닐 수 없다. 머스크는 소송에서 오픈AI가 모든 연구·기술을 대중에게 공개하고 불법 관행으로 번 돈을 포기하라는 명령을 내려달라고 요청했다.

머스크는 AI의 무분별한 개발이 치명적인 결과를 초래할 수 있다고 오랫동안 경고해왔고, 챗GPT에 대적할 AI를 만들겠다며 xAI를 설립했다. 그러나 오픈AI의 대답은 "왜? 우리 회사에서 너무 일찍 손을 떼서 후회되냐?" 식이어서 일종의 신경전으로 번지고 있다. 뭐, 빅 테크 거인들이 AI의 미래를 둘러싸고 불화하는 게 어제오늘 일인가. 부와 명성에서 둘째가라면 서러울 머스크, AI 시대를 대표하는 기업가 올트먼, 세계 최고의 기업가치를 뽐내는 MS 등이 뒤엉킨 치열한 싸움. 미래 인류를 위한 AI의 득실과 함의를 곱씹어보는 계기가 될 것 같다.

순다르 피차이_{Sundar Pichai} - 구글 CEO

○ AI라는 거대한 변곡점을 앞두고 '마이크로 모먼
트(micro moments; 순간순간 일어나는 자질구레한 일들)'에
신경 쓸 수는 없다.

○ 구글은 다양한 AI 제품을 내놨지만, 아시다시피
우린 아직 AI의 '껍데기민 훑고 있는(scratching the
surface)' 상태다. 앞으로 AI의 진화 가능성은 무한하다.

○ 이제 AI 혁신을 허용하는 게 무척이나 중요해질 것이다. 허용하지 않으면 뒤처
질 위험이 있으니까. 인터넷이 어떤 의미에서 훌륭했던가? 거대 플랫폼을 통해
세계를 연결하는 방식으로 글로벌 이익을 창출한 것 아닌가? AI도 똑같다. 결국
혁신은 세계를 유익하게 해준다.

데미스 허사비스_{Demis Hassabis} - 딥마인드 CEO

○ AI는 인류 역사상 가장 혁신적인 발명이다. 그건
맞다. 하지만 AI에 대규모 투자가 몰리면서 암호
화폐 등에 몰아친 '과장된 열풍'이 이 분야에도
등장했다. AI 시장에서 과열된 자금 유치 경쟁
때문에 정말 혁신적인 AI 성과는 오히려 외면당
하는 분위기다.

○ 과학을 궁극의 도구로 사용할 수 있는 AI가 필요하다. 끌어오기식 경쟁에 AI 시

장이 매몰되어서야 쓰겠는가.

○ AI가 뭐냐고? 나는 AI가 기계를 똑똑하게 만드는 과학이라고 생각한다. 그리고
머신 러닝이란 AI의 하위 부문으로, 스스로 학습하며 데이터와 경험으로부터 직
접 배울 수 있는 종류의 AI 시스템이다. 그리고 그것이야말로 지난 10년~15년
간 AI의 르네상스를 불러왔고 지금 우리가 연구하고 있는 종류의 AI다.

○ 내 기억으로 나는 15살~16살 때부터 이런 컴퓨터 게임의 프로그래밍을 했고, 17
살이 되었을 즈음엔 이미 나의 커리어가 AI와 관련되고 AI를 구현하는 일이 되
리라는 걸 또렷이 알았다. 박사학위를 포함해서 그 밖에 내가 선택한 모든 것은
바로 그 목적에 봉사하는 것이었다.

세르게이 브린Sergey Brin - 구글 공동창업자

○ 나는 AI의 발전이 너무 흥미로워 은퇴에서 돌아
왔다.

○ 왜 AI가 좌파적 성향을 띠는지, 나도 그 이유를
충분히 이해할 수 없다. 우리의 의도는 아니다.
하지만 최근 테스트에서 정확도를 80%까지 향
상했다.

○ AI는 맞춤형 광고를 제시하면서 엄청난 가치를 창출할 것이다. 광고는 여전히
구글의 주 매출원이겠지만, 다른 비즈니스 모델도 발굴할 것이다.

워런 버핏Warren Buffet – 벅셔 해써웨이 회장

○ (연례 주주총회에서 AI 관련 질문을 받고) 핵무기의 개발은 램프에서 지니(Genie)를 꺼내는 짓이었고, AI도 그거랑 어느 정도 비슷하다. 그 지니가 요즘 끔찍한 짓을 하고 있어서 나는 그 지니의 힘이 두렵다. 어떻게 지니를 다시 램프 속에 넣을지 모르겠다.

○ AI를 활용해 만든 이미지와 영상은 매우 설득력이 있어서, 진짜인지 아닌지 구별하기가 사실상 불가능하다. AI가 만든 내 이미지는 우리 가족도 가짜란 걸 알아내기 어려웠을걸. 나 자신도 어느 이상한 나라에 있는 '가짜 나'에게 돈을 보냈을 거다.

○ 만약 내가 사기에 투자하는 데 관심이 있다면, AI야말로 'growth industry of all time(역대 최고의 성장산업)'이 될 것이다. 물론 AI가 좋은 일을 할 수 있는 잠재력이 있지만, 해를 끼칠 수 있는 엄청난 잠재력도 있다. AI 기술의 잠재적 위험은 원자폭탄 개발과 매우 유사하다.

팻 겔싱어Pat Gelsinger – 인텔 CEO

○ 우리가 늘 와이파이를 쓰듯이 AI 사용이 당연한 날이 올 것이다. 그래서 우리는 AI 반도체를 출시하면서 '인텔 에브리웨어(Intel Everywhere)'라는 모토를 내세웠다. AI는 세상을 바꿀 기술이며, 10년간 이어질 혁신의 항

해가 시작됐다.

○ AI 기술이 빠르게 확산하는 현시점을 나는 'Centrino(센트리노)의 순간'이라 부른다. 센트리노가 무선 인터넷 시장의 막을 올렸듯이, AI 시장도 본격 확대가 목전에 와 있다.

○ 우리가 자랄 땐 인터넷이 뭔지 몰랐어도 지금은 매일 인터넷을 사용하고 있다. 마찬가지로, AI는 그게 어떻게 가능한지 이해할 필요조차 없이 그렇게 생활 속에 들어올 것이다.

○ AI 노트북이 확산하면 3년~4년이던 기존의 디바이스 교체 주기가 당겨질 것이다. 몇 달 전에 스마트폰이나 노트북을 샀더라도, AI가 장착된 기기가 나오면 새 제품을 사지 않겠는가.

○ AI 시장을 본격적으로 열기 위해선 규제도 필연적으로 따라와야 한다. 의료 서비스부터 자동차에 이르기까지 다양한 사례를 통해 규제를 업데이트하고 수정해야 하며, 인텔도 거기에 참여할 것이다.

손정의 - 소프트뱅크 그룹 회장

○ AI 혁명이 폭발적으로 커질 것이라는 예감을 강하게 느끼고 있다. 우리는 물밑에서 준비하고 있으며, 앞으로 혁명의 첨단을 책임질 것이다. 그동안 수비는 충분히 했다. 이제 반전 공세에 나설 때가 되니 마음이 설렌다.

○ 바둑의 프로가 두는 수는 당장 그 자리가 아니라 멀리 떨어진 곳을 바라보는 것이니, 이후 50수 혹은 100수가 지나면 비로소 효과를 발휘한다. 3년, 5년, 10년이 지나면 왜 지금 이런 수를 두는지, 그리고 ARM이 소프트뱅크 그룹에 어떤 의미가 있는지 알 수 있을 것이다.

염재호 - 태재대 총장

○ AI의 등장은 큰 사건이다. 직게는 정치 시스템, 크게는 문명사를 바꿀 수 있다. AI는 요하네스 구텐베르크의 금속활자와 비슷한 역할을 할 것이다. 금속활자 시대 이전엔 신부의 말씀만이 진리였고 얼마든지 정보의 왜곡이 가능하지 않았나. 종교 권력의 거짓말이 드러나고 르네상스가 시작될 수 있었던 것은 인쇄술의 발달로 독일어 성경이 대중화한 덕이다.

○ AI가 좀 더 발달하면 국회의원 등 정치인의 공과를 숨길 수 없게 된다. 국회의원의 입법 성과와 SNS 발언은 물론 학교 폭력과 탈세, 위법행위 등까지 낱낱이 드러나게 되니까. 국회의원의 의정 활동을 점수화한 뒤 1등부터 300등까지 매기는 AI가 등장할 것이다. 싫든 좋든 국회의원들이 착하게 살 수밖에 없는 세상이 되는 셈이다.

자, 제가 하고 싶은 얘기는 여기까지입니다.

AI는 원래 인간 지능과 상상력의 산물입니다. AI의 개선과 발전 또한 인간 지능과 상상력 없이는 불가능합니다. AI는 이제 단순히 암기하고 계산하고 반응하는 영역을 넘어 인간을 닮아가는 하나의 거대한 생태계를 이루어가고 있습니다. 이런 흐름이 계속되면 (인간의 도움으로 계속될 것이 확실합니다만) '인류'의 뜻을 재정의하게 만드는 새로운 세계까지 구축할지도 모르겠습니다. 점차 AI가 인간을 닮아가고, 인간을 능가하고, 인간으로부터 완전한 독립을 이루어 인간을 위협할지도 모른다는 우려는 어제오늘 일이 아닙니다. 인간과 AI가 협력하고 공존하는 또 다른 신인류의 세계를 상상하는 이들도 적지 않습니다. 어느 쪽이든 지금 예단할 수는 없습니다.

지금 우리가 할 수 있는 일은 배우고 익히고 활용해서 뒤처지지 않는 것입니다. 업무에서든, 일상에서든, 투자 활동에서든 새로운 흐름과 기술을 이해하고 익혀서 삶을 풍요롭게 만드는 데 써야 할 것입니다. 나무의 움직임도 주목하고, 숲 전체 기운의 바뀜도 파악하십시오.

그렇습니다, AI는 나의 현재인 동시에 미래입니다.
세상은 AI를 쓰는 자와 못 쓰는 자로 갈립니다.
'AI 예감'을 느끼고 누리시기 바랍니다.

AI 비즈니스와 투자를 위한 격이 다른 현장 분석

AI 예감

초판 1쇄 인쇄 2024년 5월 24일
초판 1쇄 발행 2024년 6월 03일

지은이 | 권기대
펴낸이 | 권기대
펴낸곳 | ㈜베가북스

총괄 | 배혜진
편집 | 배태두, 김초롱
디자인 | 최지애
마케팅 | 김신, 김효린

주소　　| (07261) 서울특별시 영등포구 양산로17길 12, 후민타워 6-7층
대표전화 | 02)322-7241　　　　**팩스** | 02)322-7242
출판등록 | 2021년 6월 18일 제2021-000108호
홈페이지 | www.vegabooks.co.kr　**이메일** | info@vegabooks.co.kr
ISBN | 979-11-92488-70-7 (03320)